NEOCOGITO

阅读即行动

新人文科学译丛 主编 周计武

Passing Strange and Wonderful
Aesthetics, Nature, and Culture

Yi-Fu Tuan

如此陌生而奇异

感官与审美的地理学

〔美〕段义孚 著

王如菲 译

上海人民出版社

主编的话

在数智时代的浪潮奔涌而来之际，我们站在人文科学的十字路口，目睹着它所面临的深刻危机。以大数据、人工智能、机器学习、深度学习、云计算、区块链、物联网等为代表的数字技术，如同风暴一般席卷了社会的各个角落，人文科学在这股强大的科技力量冲击下，正经历着前所未有的震荡。

一、人文科学的危机

数智时代是数据要素（Digital）与智能技术（Intelligence）通过网络连接的深度融合，以全新的智能生态系统重构社会生产方式和治理逻辑的时代。它以技术狂飙突进的方式重塑了我们的生活方式、思维习惯和价值取向。

基因编辑挑战生命伦理的边界，数字技术重构时空感知的维度，人工智能动摇艺术创造的本质。在这场席卷全球的认知风暴中，人文科学倡导的深度思考、人文关怀与精神追求，因为缺乏应对现实的时效性、有用性和服务社会的能力，日益受到人们的质疑与批判。

人文科学充满了外忧：面对人文学科就业难、供大于求的窘境，高校不断削减人文专业、学科经费和事业编制，青年学子更倾向选择实用性较强的理工医商等学科，并从舆论上否定人文学科知识的客观性与有效性。当 AI 写诗、作画、编剧，算法解读《芬尼根守灵夜》(Finnegans Wake)，数据库替代田野考察时，我们不禁要追问：人文学科是否正在失去解读人生、阐释世界的权威？

人文科学同样充满了内患：学科壁垒导致的知识碎片化，使人文研究越来越难以整体回应这个万物互联的时代。传统人文科学对人的观念、语言、行为及其文化的深描，形成了强大的人文主义传统。在人文主义的视野中，知识的生产有助于人类在结构化的变迁之中，理解、把握人与自然、自我与他者、内心与外界之间的社会关系及其文化逻辑，从而更好地捍卫人的价值和尊严。但是，在数智时代，传统人文科学因为固守学科分野的藩篱，回避技术革命带来的本体论挑战，在研究方法上过度依赖经验描述而缺乏范式创新。第一，在学科功能上，传统人文科学倡导"无用之用"，重批判性和反思性，轻实用性和功能性，导致知识生产在书斋化的学术研究中不断与社会实践相脱节，弱化了人文科学介入社会、引领现实的指导意义，使其在大学体制和学科体系中不断被边缘化,缺乏足够的资金支持和人员配置。第二,在研究模式与教学方法上,传统人文科学重道轻器,重人文与审美,侧重文献分析和文本意义的阐释,相对忽视了田野调查、参与式研究等实证分析,没有把定性研究与定量分析有效地结合起来。第三,在专业分工上,传统人文科学壁垒森严,不仅自然学科与人文社会科学之间,而且人文学科与社会科学之间,人文学科内部的基础研究与应用研究之间日益割裂。

当今世界正经历百年未有之变局。人类面临许多共同的挑战,许多复杂的全球性问题,如公共卫生安全、人口老龄化、环境污染和生态破坏、教育内卷与精神危机等,需要不同学科的专家协同攻关,单一学科的理论工具已显捉襟见肘,学科融合的呼声日益高涨。

这套"新人文科学"译丛的编译,正是源于我们对上述困境的双重回应。它不是简单搬运西方理论的概念集装箱,而是精心选择那些能拓展认知边界、打破学科壁垒、重构方法论的著作,期望能在这危机四伏的时刻,为当代人文科学注入新的活力。

二、在算法褶皱处重绘人文星图

在二十一世纪的思想星丛中,我们依然身处现代性的深度危机之中——技术的狂飙突进与价值的深度迷茫，全球化的信息流动与地方经验的剧烈震颤，启蒙理性的遗产与后人类主义的幽灵，构成了这个时代的知识拓扑学。在此语境下，"新人文科学"译丛试图成为一张思想航海图，指引中文读者穿越西方理论的湍流，捕捉那些照亮当下处境的智识光芒。

本译丛的择书标准始终围绕三个坐标轴展开。

一是**问题的当代性**。当代性问题是在技术异化、生态危机、文化冲突等算法褶皱处涌现的、迫切需要理论介入的议题。其核心在于以批判性思维穿透表象，揭示并干预当前人类生存境遇的结构性矛盾。首先，当代性问题是对既有理论框架和思维模式的颠覆性突破。它强调"差异""生成""创造"而非"同一性"，试图用流动的多元视角和跨学科的方法，反思现代文明，重估一切价值。其次，当代性问题是一种共时性、非中心化的时空意识。它既反对等级化的传统秩序和唯我独尊的中心观念，也批判"新即好"的现代价值观，主张以未来的目光穿透历史的迷雾、凝视文明的表象。最后，当代性问题是社会共识的重建。面对各种极端化的政治思潮和反智化的思想诱惑，它弘扬冷静的批判精神，试图在充满歧义与争论的后人文主义世界中，重新思考人与自然、人与人、灵魂与肉身、自我与他者之间的本体性存在关系，以及真理、正义、自由等普适性价值的有效性。

二是**思想的批判性**。理论不仅是作为名词的固态知识体系，更是作为动词的追问过程。质疑、批判、反思、重构人文学科的基础命题是自由思考的必然路径。当代人文思想深入剖析现代性的肌理，对现代文明构建的认知体系、权力结构以及文化领导权展开了全方位的颠覆与重构。这种批判性以解构性、反思性和多元主义为核心武器，在哲学、社会、文化、艺术等多个领域掀起了一场思想风暴。与语言学转向以来的认知科学范式不同，它更突出身份的流动性、符号的生成性和意义的不确定性。一方面，它通过揭示语言符号的流动性和差异性，不仅解构了理性所依赖的稳定意义体系，而且动摇了现代性赖以立足的理性根基；另一方面，它不再将人类置于认知宇宙的中心，而是在技术物、有机体、符号系统的生态网络中，寻找思想多元共生的新引力点。批判性的意义在于保持一种永远质疑的精神，推动人类在解构与重建的循环中不断逼近更具包容性和公正性的未来。

三是**跨文化的对话性**。译丛中的著作在跨文化语境中不仅是文化的转译和交流，而且是思想的对话与争鸣，扮演了"思想桥梁"与"批判引擎"的双重角色。从"普遍真理"到"地方性知识"，从"他者叙事"到"文化间性"，当代人文思想通过理论创新不仅打破了文化中心主义的壁垒,解构了"单一现代性"的文明神话,而且在认知裂缝处催生新的问题意识和"全球在地性"的文化自觉,为实现中国式现代化和中华民族的伟大复兴奠定了多元共生的思想基础。因此,当代人文科学是全球化时代超越"文明冲突论",建构开放现代性的核心理论。它对差异权利的尊重和游牧主体的自觉,为建构新的文化认知框架提供了丰富的思想资源。

在技术重组人类感知的今天,编译这些著作绝非为了建造思想的万国博览会。当数字算法试图将一切经验数据化,我们更需要不同文明的思想资源来守护认知的复数性。

三、游牧主体的返思

传统人文科学关注人的思想、文化和价值,教会我们理解历史、反思自身、共情他人。但在传统价值瓦解、技术颠覆生活、生态危机逼近的今天,旧的解释框架已显得力不从心。我们需要重新思考科技发展与人类命运的关系,追问人文科学如何帮助人类重新锚定自身位置,建立更包容、可持续的生存方式。

这套译丛选择的书籍兼具思想深度和现实关怀,从批判数字资本主义、反思人类中心主义、重构主体性等角度,重新思考语言与意义、人与自然、艺术与审美、媒介与伦理之间的关系,为当代人类的精神困境提供多元的思考入口。译丛中的著作或许在理论探讨上显得晦涩难懂,但它们探讨的都是最现实的问题:如何在信息洪流中保持判断力? 如何在技术统治下守护人性温度? 如何与不同的生命(包括非人类生命)共处? 这套译丛或许无法给你答案,但它会激发你独立思考的勇气和担当,对抗技术规训,重塑数字伦理。

这套译丛倡导"游牧主体的遐思"立场——在游牧中嵌入沉思,在流动中创造锚点。德勒兹与布拉伊多蒂提出的"游牧主体"概念,强调去中心化、跨边界流动与差异生成,是一种动态、多元、流动的存在方式和思维模式。在当今全球化、信息化快速发展的时代,社会环境复杂多变,人们面临着来自不同文化、价值观的冲击,"游牧主体的遐思"能更好地适应这种多元和变化。它鼓励人们超越人类中心主义的视野,突破固定的身份、观念和地域限制,在不同的思想、文化、生活方式之间自由穿梭,不断拓展认知边界,创造新的可能性。比如,在算法操控的信息茧房中,游牧主体通过"数据漫游"(如 VPN 跳转、多平台穿梭)保持认知的自主性,从而在流动与沉思的张力中坚守生命的韧性。

当然,我们深知,一套译丛的力量是有限的。人文科学的复兴和发展,需要学术界、教育界、社会各界的共同努力。我们希望"新人文科学"译丛能够成为一颗小小的火种,点燃更多人对人文科学的热情,引发更多关于人类命运的思考和讨论。

思想的自由在于不断创新。

是为序。

周计武

献给我的哥哥岱孚

一个苍白得像天边黯淡的残月，

嘴唇青紫可怖，

另一个光明夺目，如生机勃勃的清晨，

以海浪为宝座，

它的气息拂过世界：

二者都如此陌生而奇异！

————珀西·比希·雪莱，《世界的精灵》

目录

序言：光明与阴影

这本书是关于美(aesthetic)在我们生活中的重要性，以及不同文化之中美的诸多形式。许多人可能觉得，美尽管很重要，但却是一种"额外之物"，在基本需求满足之后，我们会乐于身边有它为伴。然而，美其实无所不在，其词根含义暗示了这一点："感觉"①——并非任何一种感觉，而特指"经过塑造的"感觉和感知。其反义词的暗示性更明显：anesthetic，"缺乏感觉"——虽生如死的体验②。我们与世上诸多的美越是协调，生命就越有活力，越有乐趣。

因此，你阅读本书时，可以将它看作对各类审美经验的一种有序化的呈现——一本关于地球之壮丽、人类造物之辉煌的指南。但我希望这本书能有更多贡献。在我看来，它或能开辟一种文化和审美的新视角，由此出发，美不再仅仅是文化的一个

---

① 英语中 aesthetic 一词来源于希腊语 aisthetikos，原意为"感觉，感知"。——译注(后文脚注皆为译注)

② 该词也指麻醉。

层次或侧面，而是其情感—灵感内核，既是其动力，也是其目标。

本书的写作由简单到复杂：从逐一考量人的不同感官经验，到混合的感觉反应（共感觉），从图像和概念的心理混合——比如在隐喻和象征符号中，到象征性空间的创造，最终到美学—政治状况。这种方式强调文化和美学的发展性，尽管很多学者对进步的概念持怀疑态度，但有时仍有必要以发展的术语谈论文化。朝着益加拓展或精微化而改变，新的感觉和创造方式——而非想象力的枯竭、社会和文化的衰落，人类的才智而非人类的愚蠢，这些是我故事的核心。

近来关于环境与社会的著作多倾向于强调那些阴暗面：污染、过度开发、贪婪等等。相比之下，此处展现的前景基本是阳光明媚的。这本书中也潜藏某种不安，只不过是因为每一条被选择的道路都意味着有其他道路被舍弃，每一种新的创造都暗示着先前的破坏，每一种新的感知都会盖过旧的感知，甚至将它完全抹除，而旧的感知自有其价值——也许无可取代。

第一部分
美学、自然与文化

第一章　生活与文化中的审美

我醒来，拉开窗帘，迎面望到一片被晨曦点亮的风景。不一会儿，鸟鸣、清晨空气的清凉触感和芬芳气味将我包围。晨光明亮，露水莹莹，如此景象令世界如同新生，也让我感到生的美好。这一阶段很快便过去，实际需求占据了主导。第一站是卫生间——这里将动物转变成人，将身体改造成社会性存在，将自然转化为艺术。理顺狂乱的头发，为其赋予秩序，这正是"宇宙"（cosmos）及"化妆"（cosmetics）①的原初含义。下一站是厨房。我将厨房台面擦干净，但注意到一些咖啡渣已经嵌入缝隙里，很难清除。蓝边瓷盘里放着一枚单面煎蛋，太阳面朝上，白底上衬着一粒金球。我有些不情愿地用叉子把它戳破，迅速吃下去，只求赶紧消除冒犯完美的罪证。

同样，在办公室，我的思想也在某种程度上吸

---

①　英语单词 cosmos 和 cosmetic 词源相同，源自希腊语 kosmos，基本意思为"秩序"。

纳着物质环境：书架上的书，它们鲜艳的外封在一天中的不同时刻随光易色；关不严的电梯门；冷却机里的温水。我和我的同事们把大部分时间花在操演——以及评判——社会仪式上。如果表现不佳，相应的惩罚不是扣减工资或被人排挤，而是一种阴魂不散的感觉，似乎错过了什么暗示——一个人在面对他人时，举止和行为中表现出某种尴尬，但却反过来体现在其自我形象上。我们都在舞台之上，我也会在有意无意间评判他人的表情、姿态和行为。

有四位同事缺席了预定的会议，椭圆形的桌子于是露出几片空当，给会上沟通带来了些许困难。这些空当就像一张张开的嘴里缺失的牙。我观察到，会上有个人提出了自己的观点，言简意赅，令人信服；另一个人予以呼应，却东拉西扯，连篇累牍。交流偶尔激扬，但更多时候只是龟行般前进。才智的火花有时会抵消房间里弥漫的沉闷感。

为了给一位即将休假两年的同事饯别，大家举办了午餐宴。餐后，我们围在桌旁，起立，同他握手，为他祝福，并开玩笑说他终于得交出大家垂涎已久的停车位了。我们最后拍了拍他的背。如果是拍电影，这一幕就应在此处淡出。然而在现实生活中，我们需要走到衣架前，挑出我们那些随身携带的冬季防寒用具，七零八落地走到电梯，又在那里重逢。这一次大家都毫无计划,没有剧本,只得尴尬地在彼此的陪伴之下静候,直到有个人机智地说一句:"这种烂结局才是真人生啊。"这一句评论立刻救了场,说话人将生活变成了艺术。

正如这段小事所显示的,文化有许多种含义。文化是一个改变自然的物理过程。我将蓬乱的头发梳理整齐,我敲开蛋壳煎一枚太阳蛋。换一个尺度来讲,拓荒者清除森林,开辟农田。

文化在于感知。我看到黎明的美,品味清晨空气的芬芳,注意到关不严的办公室电梯门并为之心烦。在一个更复杂的层次上,我(借印象派画家的帮助)认识到大教堂外墙上斑驳的阳光的美。

文化在于言说。人类使用语言,不只是为了传递事实信息,更多是为了构建世界,人们点亮现实的某些侧面,而将其他方面投入阴影,同时唤起某些形象,促使人评价或采取行动。一个故事如果讲得好——即便它讲述的是一项科学实验或商业投资——便是一种成功的修辞,一种高超的遣词造句技艺,足以令听众由衷信服。言说,还能影响物质环境:一场沉闷、冗长的讲话甚至会让房间里的家具显得单调无聊,而一句机智的评论则会让空气变得轻盈,或为一个普普通通的玻璃杯增添一抹亮光。

文化在于表演——表情，姿势，以及社交芭蕾。形象和表演渗透了我们的社会，正如它们渗透着其他所有社会，只不过表现方式因时因地而异。在一些道德家眼中，这种无所不在的自我展示冲动是一种恶疾，人丧失优雅，走向堕落，神话式的黄金时代失落了，那时的人更真诚（尽管具体如何真诚难以说清），不会装模作样。然而，"世界是一个舞台"这句话，并不是出自某位 20 世纪公共关系专家之口。[①] 人类现实的戏剧模型早已深深嵌入西方思想。如果说这一模型在其他文化和文明中并非如此有力和持久，那或许只是因为事实已如此显而易见，无需多言。

审美、意识与情感

审美冲动常被理解为"感官苏醒"，它会引导人注意其自然根源。不过，尽管它根源于自然（生物机制），但它却受到文化的指引和浸染。事实上，欣赏美的能力通常被理解为一种专门的文化能力，它因人而异，因群体而异。自然、文化和审美的意义因何而不同？尤其是，究竟是何种特质令审美成为

---

①　出自莎士比亚《皆大欢喜》第二幕。

深植于自然和文化中的一部分，但同时又具有其自身的独特性？

　　大部分社会都会区分自然与文化，并认为这种区分具有重要意义。一般来说，但凡在可以辨别这种区分的地方，生物的、天然的和本能的，无意识的和原始的，都被归为自然；而形式与秩序，意识和思虑，发展和实现的理想，都被归为文化。尽管在观念层面上二者的区分很明确，但自然和文化互相渗透，很多时候其实难以判断一种事物或行为究竟偏向哪种更多。文化，很容易通过习惯成为第二自然——就像优雅的姿态令人感觉是自然而然的，一直存在，而非被选择或构建。同样，稳定的习俗和制度也常常隐入意识的背景中，正如自然不变的循环。

　　那么，意识的层次不仅是区分自然与文化的指征，也是区分文化与审美的指征。文化活动在不同程度上都是意识活动。在一切新项目之初，意识都处于巅峰期：人们必须主动设想如何可行、正确、合适，排除不可行、错误、不必要和丑陋。有时人们会频频停下来鉴赏，此时文化活动同时也是审美活动。然而，大多数实践性的文化活动迟早都会成为常规，随后人们就不再能觉察自己所做的事了。如果任务复杂，人或许感到有必要停下来想想下一步如何进行，但这种停顿是以目标为导向的行动中的一部分，仅仅是为了便于进行实际的思考。但是，如果人们利用这种停顿来品味自己所做之事，并设想尚未达成的"完美"，这就是一种主动的文化活动——审美模式下的文化活动。

审美模式的发生需要某种程度上远离生活的浪流、自然的嵌入、文化的常规。它是一种情绪，一种感觉，一种情感。但不能采取极端的形式：暴烈的情感（如愤怒或情欲）会破坏必要的心理距离；困倦和怠惰则会令人回到自然的怀抱——回到嵌入的状态。哪些属于上述极端？我们为什么要抵抗它们？哪些情感属于真正的审美经验的范畴？

睡眠，怠惰，梦

意识与遗忘对立，正如知觉（aesthesia）与麻木（anesthesia）对立。酣睡中的人不仅对世界，而且对睡眠本身也毫无察觉。睡眠无法被欣赏，因此不是一种审美体验。当一位健康的年轻人在清晨的阳光下伸展双臂，展露笑颜，自称享受了一夜好眠时，她是在享受睡眠的影响——健康愉悦、精力恢复的感觉——而不是睡眠本身。人也可以享受进入睡眠的遗忘之前的那一刻。蒙田就发现，丝绸一般滑入无意识的体验如此迷人，于是他让男仆早早就喊他起床，如此一来，因为知道时间尚早，他就能重复那种体验了。[1]

但是飘入睡眠的陶醉感并不真正属于一种审美感受,因为那种享受的体验并不外在于自我:那种存在状态,无法在艺术与文化的支持下习得和完善。同样,济慈的名作《怠惰颂》中赞颂的状态,也不属于审美感受:

> 倦睡的时刻甘醇甜美;
> 慵懒夏日的极乐之云
> 麻痹了我的双眼;我的脉搏越来越弱;
> 痛不刺人,欢愉的花环上没有鲜花:
> 噢,你为何不融化,给我的感官
> 留一个清净,再无干扰,除了那——虚无?

在昏昏沉沉之中,人仍可以享受各种舒缓、愉悦的感觉,体会暖阳照耀、花香拂面。受限的唯有视觉世界。一个人如果"沉浸于蜜糖般的懒散之中"(如济慈在别处所说),就难以从周围环境中全然脱身,放眼"外界"。感官蒙雾,变得"柔软"。不仅疼痛被拔除了它的刺,欢愉的花环也失去了鲜花——不再有外部现实的形象。外面只有"虚无"。[2]

美国作家保罗·古德曼(Paul Goodman)则描绘了怠惰的另一番图景。他身在意大利时,目睹异国景象,对不熟悉的地方和语言微感不适。"但是,行船的尾流随滴水的船桨转出旋涡,我躺在小船腹中,沐浴着阳光,此时我感觉与在家乡的塞内卡湖上一般自在,我是不属于任何地方的公民,是这个世界的一只动物。我很幸运,走了这么远,却回到原点。"[3]在小船腹中,无法欣赏风景。只有动物般的自在感,无所定处,这种感受是在文化和审美之下的。

当然,沉睡等于遗忘。不过,睡眠中的美梦是一种审美体验吗?做梦者的"风景"常常是一种情绪,引发它的多是某种特定的特征(房屋、树桩、死鸟)而非一整片地貌。尽管梦之风景有时似乎也呈现独特的地形特征,但此时做梦者在精神上并没有能力抽身出来。人在清醒时,可以很轻易地拉开充分的距离,从而说出这样的话:"生活如梦。"但人在梦中却无法自由说出:"一切与醒时一样。"在梦中,人无法进行哪怕最基本的思考——比方说,尽管在此地,但可以设想去别处,或者,虽然此时阳光灿烂,但下周可能有雨。简而言之,梦是一种沉浸,做梦者被他身处的环境和时间所俘虏。噩梦尤为如此,人被那环境死死捆缚,插翅难逃。其独一无二的恐怖就在于一切在其魔掌之中,人必须对那令人心悸的邪恶世界俯首称臣,没有一丝一毫可以挽救、可以回归正常的机会,比如余光瞥见一个人在扫落叶的时刻。

狂怒与仇恨

另一个极端则是强烈的情感,它们会消泯自我和他者的距离。它们溢出边界,摧毁现实的独立存在。愤怒如火山爆发;狂怒是一股洪流,也许它原本针对某个人,但对所有站在它去路上的人都具有杀伤力;性欲吞噬一切、狂暴激烈、不分皂白。强烈的人类情感常被比作自然界的力量。例如荷马史诗中的英雄被比喻为狂暴的自然——像雷霆或雄狮一样咆哮,像洪水一般席卷他们面前的一切。英雄们是骄傲的疯子。古典学者加斯帕·格里芬写道:"战斗之狂不仅仅是一种修辞而已。在宙斯的刺激之下,赫克托耳怒不可遏,口吐白沫,目光如炬,战斗时头盔剧烈晃动,令人胆战心惊。史诗中描写英雄之怒的词,往往也用来形容疯狗的疯狂。"在荷马史诗的世界里,食人以及生食动物都是被许可的行为,是回归原始自然之举。阿喀琉斯对垂死的赫克托耳说:"愿我心热忱,助我把你剁碎,生食你的肉身。"赫卡柏则以牙还牙,渴望吞下阿喀琉斯的肝脏,为赫克托耳之死复仇。日耳曼文化中也有类似做法,据格里芬所言,"这恰恰是古代印欧人对那些可怕的英雄之举的真正想法"[4]。

一直到现代,暴怒在西方文化中仍然被社会所接受。即便在良好的社会中,暴怒也并不会被视为对生活的严重干扰。愤怒可以令一个人容貌扭曲,但只要称其为正义之怒,便可以说事出有据,甚至值得称赞。18世纪,在家中怒形于色变得有些不可接受,tantrum(耍脾气)这个词开始出现,temper(脾气)这个词也染上了贬义。维多利亚时期,人们开始严厉压制愤怒:家庭尤其被视为宁静天堂,家人之间应不惜一切代价避免动怒。[5]

愤怒及其他暴力形式都超出了审美的范畴。西方文化史所书写的故事,是礼仪的完善、对强烈情感越来越有力的控制,以及对本能的、动物性的暴力的回避。延迟是礼仪修养的关键——熟食取代生食,用刀叉取食,而不是扑向烤肉,牙撕手抓。暂停是控制情绪的关键:暂时抑制感觉的浪潮,再将之导向更巧妙的方式,尽管杀伤力丝毫不减——轻蔑的神情代替愤怒的狂吼,冷眼代替唾骂。

仇恨不同于愤怒和欲望,因为它指向外部世界的特定对象。仇恨不只是一种迷狂或爆裂的情绪,也许它因此可以被归为"冰冷"的。西蒙娜·薇依举了一个例子:假设我憎恨一个男人,他靠近时,某种可恨的——一种令人生厌的特质——便迫近我。"如果他一头金发,那便是可恨的金色,如果他一头棕发,那便是可恨的棕色。"[6]通过仇恨的滤镜,一种颜色可以获得一种可恨的生动性。恨也注重细节，与爱有令人不安的相似。约翰·厄普代克写出了仇恨如何调动起一个美学家细致入微的辨别力。

> 他恨他——恨他的外表、他的身形、他的举止、他的自命不凡——他在爱中从未对细节如此热衷。他室友的物质存在的每一个小细节——他嘴边闪现的细纹、枯萎的双手、被得意地擦得锃亮的皮鞋褶皱——一切像有毒的食物，奥尔森却忍不住不吃。他的湿疹严重恶化了。[7]

然而，仇恨也并非一种审美情感。我们只要拿它与爱比较，原因便一目了然。

性，爱，情欲

苏珊·桑塔格将性欲描述为"人类意识中的恶魔之一——时不时便把我们推向禁忌和危险的欲望，比如突然之间无端产生对另一个人施暴的冲动，再如对意识消失、对死亡本身的甜蜜渴望"[8]。性激情升至某一强度，便超出了审美的范围。低于这种强度的时候，激情缓和下来，变成欲望或渴求，情欲（eroticism）便向对美的感受注入活力，为被爱

之物赋予光芒———一种触手可及的温暖———那便
是它搅动生命的活力所在。

　　此外，情欲极大扩展了散发迷人魅力的对象的
范围，人类的美不可避免地沾染着情欲的色彩，在
此所说的美是人由衷感受到的，而非习俗所规定的
反应。婴儿的外形、奶香、柔嫩的皮肤、牙牙学语的
动人音乐，这一切赋予他成年人无法抗拒的魅力。
人身体上几乎所有部分都可能产生巨大的审美—
性吸引力。几千年来，女性的双眼和秀发引发了无
数西方诗人的称颂。但一个人也可以被"情人的
眉"所吸引，或者半透明的耳垂、微斜的鼻子、雕塑
般的嘴唇、阳刚有力的手指，甚至双脚。情人会看
到无关者视而不见或毫不关心的细节。约翰·奥
斯本①的剧作《我的爱国者》(*A Patriot for Me*)中的
一个人物宣称："我告诉你：你永远不会像我一样了
解那具身体。他眼下的皱纹，你知道有多少吗？你
知道他一只眼下的皱纹比另一只少吗？还有他耳
后的伤疤，以及他鼻孔里的毛发，哪边鼻孔最多？
什么光线下是什么颜色？"[9]

　　尽管恨也同样痴迷于细节，但恨与爱之间隔着
巨大的心理距离：是奴役与着魔之间的差别，是被

————————

　　①　约翰·奥斯本(John Osborne,1929—1994)，英国剧作家，因剧
本《愤怒的回顾》(1956 年)而闻名，被称为第一个"愤怒"的年轻人。

"嘴边闪现的皱纹"俘虏——一种削弱生命的力量，与被"双眼下的皱纹"所迷醉——一种增强生命的力量之间的区别。是非审美与审美之间的区别，意味着囚禁的俘获与意味着开拓与解放的俘获之间的区别——尽管后者看似悖论。

　　正如人的美学吸引力不可避免地被情欲之光照亮，在人类心灵的隐喻效力下，许多地形特征的美学吸引力也受此影响。想想地貌的拟人化表达多么常见：山脚、海岬①、河口、风暴眼、悬崖面、山脊之眉、峡谷之肩、大海之臂。当我们望向峡谷的"肩膀"时，目光循着它浓重而大胆的曲线游走，这种欣赏当中无法否认有一种情欲的色彩。

抽象物的审美

　　过于强烈的感情不允许保持距离，但距离对于审美经验却必不可少。静休的状态也无法维持合理距离，因为此时意识被温柔的感觉蒙蔽，几乎不会向世界延展。如果距离太远，停顿过长，其经验将更接近于智识而非审美，因为缺乏与感官现实更亲密、更温暖的接触。但难道智识不能同时也是审美吗？智识的理解是否真的缺乏温度？它是否一

———————

①　英文为 headland，直译为"头地"。

向欠缺与情感相伴的身体状态变化（目光闪烁、皮肤刺痒）？对罗兰·巴特来说，举例讲，"抽象与感性绝不相悖"。他认为智识活动与快乐存在天然的联系："比方说，纵览全景——比如在埃菲尔铁塔上——既调动智力，又令人狂喜：即便仅仅是'理解'整个视野的错觉也足以令躯体得到解放。"[10]

从埃菲尔铁塔顶望去，人就如蝼蚁——移动的斑点，抽象之物。从那个高度看来，现实是一张地图而非场面或景观。人的身心皆从日常生活的纷纷扰扰中抽离。沉思活动自有其情感温度和感受特质，与直接的情感介入相比，缺失的温暖与热情可以在这种收获中得到补偿。收获之一是崇高感，比如当一个人离开熟悉的多感官空间，进入马歇尔·麦克卢汉所称的"广袤的、吞噬一切的视觉空间"时[11]。埃德加如此向盲人葛罗斯特描述悬崖边的景色（《李尔王》第四幕第六场）：

> 把眼睛一直望到这么低的地方，
> 真是惊心眩目！
> 在半空盘旋的乌鸦，
> 瞧上去还没有甲虫那么大。
>
> （朱生豪译）

与其说恐惧，不如说远景会给人一种掌握大地的力量感,其各个部分在下方铺开,供帝国之眼享受。群山一直是远景的供应地,只不过在前现代的欧洲,几乎没有人为此目的而登山。即便在莎士比亚的时代,悬崖之下的空间所引发的也更多是恐惧而非掌控感。最终,登山以及随之而来的全景视野,获得了勇者的青睐。飞行也能带来同样的满足感,无论是乘坐热气球(发明于 18 世纪晚期)还是我们这个时代的新式飞机。对那些不愿登山或飞行的人来说,制图学的种种技术可以提供现成的上帝视角。从地形图到航拍图,再到卫星图,它们所揭示的大地马赛克图画不仅提供了信息价值,其抽象图案的奇异之美也为人所欣赏:地面上有些东西人们早已习以为常,几乎不会多看一眼,但从高处观之,它们却变得陌生而美丽。

最后,远景可以或深情,或温柔,而非冷酷。情感并未消失,而是获得了另一种性质。公元前 4 世纪有一首中国古诗,受萨满教影响,描写了一个人飞离地面、冲上碧霄时眼前的景色:

> 陟升皇之赫戏兮,
> 忽临睨夫旧乡。
> 仆夫悲余马怀兮,

蜷局顾而不行。①[12]

在莎士比亚的《理查二世》中，冈特的约翰对英格兰陷入沉思时，仿佛身在高塔之顶，他满腔热情地描述道："这小小的世界，这枚镶嵌在银色海面的宝石。"②（第二幕第一场）宇航员回望地球也会产生一种柔情，那美丽而脆弱的生命之鞘正遭受污染的威胁——城市与山火升起浓烟，脏污的河水入海，沿岸留下浓重污迹——这一切从航天器上可以看得清清楚楚。俄罗斯宇航员格奥尔基·格雷奇科（Georgei Grechko）拥有 3200 小时的飞行记录，他说："在太空里，我发现人的感知产生了变化——你会开始珍惜在地球上觉得理所当然的东西，像新鲜空气、山间溪涧、林中日出、树叶摇动——所有这些，我们在下面一般不会太注意。我们选了一张照片挂在空间站的墙上，其实只是一片普普通通的枫叶。"[13]

在高山、飞机或航天器上，人对大地的感知是抽象的，因为一切只剩下眼睛所见，而不能凭借所有感官共同体会。除了调用双眼之外，通往抽象还有更进一步，即用"心灵之眼"观看。性欲冲动为所

① 出自《楚辞·离骚》。
② 引自孙法理译本。

有感官审美经验注入了温度,但似乎无法穿透抽象的数学领域。但艾伦·图灵却(也许略带调侃地)声称从数学中获得了性愉悦。[14]许多物理学家和数学家认为美感是他们工作的意义和真理的终极指引。非专业人士很可能会认为这种审美吸引力几乎完全是脑力活动,因此是"遥远"而"冷静"的。但科学家们自己却使用了更强烈的词语。S. 钱德拉塞卡尔①以"震撼""深刻""令人战栗"来形容他在数学上的成功时刻。数学家 G. N. 沃森②则借用一个生动的法语短语"鸡皮疙瘩"(*chair de poule*)来形容一种奇异之感。他有时感到出于本能的敬畏,有时则是反复思考之后才生出赞叹。还有,斯里尼瓦瑟·拉马努金③说,一个方程带给他的兴奋,几乎等于凝神思考米开朗基罗某些雕塑之美时的感受。[15]

伯特兰·罗素也许说得最好。于他而言,情感强度并非关键。他说,数学"能创造与音乐一样伟大的艺术成就",不是因为它能带来同样强烈的愉悦,"而是因为在绝对的完美之中,它将神一般的自

---

① S. 钱德拉塞卡尔(Subrahmanyan Chandrasekhar, 1910—1995),印度裔美国天体物理学家,诺贝尔物理学奖得主。

② G. N. 沃森(George Neville Watson, 1886—1965),英国数学家,应用复分析工具研究特殊函数的大师。

③ 斯里尼瓦瑟·拉马努金(Srinivasa Ramanujan, 1887—1920),印度历史上最著名的数学家之一。

由与不可逃避的宿命感两相结合——这是一切伟大艺术的特点；因为，它构建了一个理想世界，在那里，一切既完美且真实。"[16]

文化：物质转化的视角

我已经注意到，文化史可以书写为一个礼仪逐渐精致化的故事：原始的激情屈服于更微妙的情绪和感觉，对于一些人来说，甚至数学公式也可提供一种审美激情。但文化史也可以从另一个角度来书写——自然的物质转化史。人类学家曾一度将人类定义为"制造之人"（*Homo faber*）。我们的显著特征即制造。尽管这个标签因不够科学，已被弃用，但流行观点仍认为，我们的独特之处正在于我们在自然的第一世界之上建造的"第二世界"，且此"第二世界"是以牺牲自然为代价的。

我们制造的许多东西是功能性及经济性的——为维持生存之必需。而经济活动常被视为非审美，甚至反审美活动。当原始材料或无形之物被赋予形状时，当黏土被制成陶器，这种创造仅会被描述为工匠艺术（artisanal-artistic）。然而，平凡事物的创造——哪怕是最寻常的，甚至如一根排水管——也具有真切的心理价值，很难说为何审美冲动要被从中排除。达成预期的最终产品，能令人愉悦。而从"令人愉悦"到具有"愉悦性"，只有一步之遥，后者无疑是一种具有审美内涵的描述。

从一个层面上说，工匠制造工具和器物、家庭用器和家具，以支持某种生活。从另一个更大的层面上说，农学家清除灌木或森林，以制造出一个他们自己的世界。如果我们有机会观察，会以为这种持续的努力与审美毫不相干。无论出现于何处，热带森林也好，19世纪的美国或澳大利亚也好，其艰巨性都超乎想象。歌德告诉我们："一切始于艰难。"一位澳大利亚历史学家化用这条箴言来解释自己的国家，他说："在澳大利亚，一切的开始不仅艰难，而且遍布人类苦痛与肮脏的疤痕。积聚如山的苦难、物质上的艰辛、文化上的半荒漠，这一切都是开始发展畜牧业的代价。1850年之后开始的经济活动沿袭了这一传统。农业亦历经产痛，在其诞生时引发了更多的肮脏、不幸和痛苦。"[17]

每一项开创性大业之初，生存都是首要问题。但无论是宏大事业，还是日常生活的细枝末节，如果说这些活力充沛、意图创新的人，在缔造新秩序时竟没有在某些时刻感到充满希望，或对周围环境产生喜悦，那简直难以想象。拓荒者一定对美好生活有某种预想——他们想象出农场最终的样子、即将满足的愿望，无论那画面尚且多么朦胧。这种想象行为具有审美属性。尽管边疆环境严酷,但人们艰辛奋斗,并非只为了捱过下一日,而是为了创造和维护一个有秩序、有意义的世界,无论是扫过的角落,还是洁净的衬衫、裱好的图画,或者其他以高昂代价从旧家搬到新家的东西。这些熟悉的旧日纪念品几乎没有实际价值,但在粗粝的新环境中,它们却给人带来实实在在的安慰,无论是情感的、心理的还是实质上的。几乎在一切生活环境中,人们都需要某种工艺和美的象征物。

与荒凉的拓荒者农场相比,成熟的农业景观有着不可否认的魅力与美感:威斯康辛农场有高大的玉米、庄严的筒仓、宏伟的粮库;法国卢瓦尔河的葡萄园一片辉煌;中国南方的稻田,层层叠起,壮观如雕塑。这些人造环境证明,即便是主要服务于经济目的的工作,依然闪耀着审美天赋——人们在不自觉中展现出技艺。而一座伟大的城市则展现出更加自觉的美学追求,自其庙宇、宫殿、雕塑、绘画、广场、林荫大道、博物馆、百货商店、喷泉和花园可观。它可被视为一组复杂套盒,宝箱中又嵌宝箱,乃至一间平凡小屋中的梳妆台抽屉,当中还放着一件珐琅缝纫盒,盒中收着精美的乳白色纽扣。

道德困境

当艺术作品的规模已达到城市纪念碑,甚至城市本身的程度,我们便不得不面对这样的事实:审美将与道德相交,并可能与之发生激烈的冲突。人们渴望悦己之物、舒心之事,渴望激动人心或舒缓感官的物理环境,这种渴望本身合情合理,在任何时候,都符合人性。文化如果剔除了这种激励,会变得无法想象。当巨大的渴望与伟大的才华相结合,便诞生出为之献身的艺术家。这种献身需要个人的牺牲,如果牺牲出于自愿,便不存在道德冲突。然而,当设计者和执行者之间出现劳动分工时,道德问题就会凸显出来。下达命令的统治者自己无须做任何工作,但我们却会说:"忽必烈汗建造了堪巴禄克①。"艺术家-建筑师除了在画板上工作,极少亲力亲为。执行设计的众多劳动者挥汗如雨,但功劳算不到他们头上,作品也轮不到他们享受。道德家面对这样的创造,看到的是社会的不公,而不是美的象征;道德的解读令审美蒙上了阴影。

---

① 堪巴禄克(Cambaluc),元大都(今北京)。又称"汗八里"(Khanbaliq),意为"可汗的居所"。

　　唯美主义遭到两种彼此矛盾的批评。一方面，由于它总是贪恋转眼即逝、彼此断裂的瞬间，有不负责任之嫌：唯美主义者如孩童般，一枚气球、咖啡馆的条纹遮阳篷、高塔般的起重机、燃烧树叶的气味、阅兵式、日落，这一切都能令他兴奋，但他却从未想过这些事物如何构成一个更大的整体，也不去研究它们将对人类生活、社会和自然造成何种后果。另一方面，一旦有充分的权力作为靠山，唯美主义往往不禁要模仿上帝，履行创造万物的特权。常人对于美的追求，不过换个发型，或重新铺设自家花园的步道，而在一个狂妄自大的独裁者——唯美主义者身上，这种追求却可能最终发展为对社会和自然的彻底改造。显然，追求美，享受美，皆充满悖论。美，既可能为道德注入感性吸引力，从而使其增强，也可能以悦目之物为饰，将其遮蔽。审美态度与实践态度相反，通常预设了一种接受和无为的倾向，然而它实则也可成为激发掌控欲的激情。

　　极端唯美主义是一种精妙的态度——这种关于生活与世界的姿态，需经修习方能获得。没有人天生是唯美主义者，但审美冲动是与生俱来的，我们每个人身上都有，或多或少。每个社会都在其年轻一代心中培养这种冲动，促使其扩张、壮大、精致化。在不同文化中，具体艺术与艺术品差异甚大，但儿童在美学能力及美学欣赏方面的发展阶段却较为相似,这同时也是儿童身心走向成熟的阶段。这便是我们下一章将要讨论的问题。

第二章　审美冲动的发展

　　所有对自然与文化截然二分的社会,通常认为儿童起初属于自然生物,经过教育,逐渐接受了社会的价值观及既成规则,而一步步走向文化。

　　的确,幼童似乎往往被动物本能左右。沉睡中的婴儿,身体需求得到满足,如同天使;但醒来后,她可能会突然间怒气冲天,握紧拳头,左踢右蹬,狂号不止,遍体通红像只龙虾。幼童不在乎自己的外表,脾气就像夏日狂风一样突然、猛烈、无法预测。从某个角度来看,幼童其实是通过制造混乱来体验他们在这个世界的效用。如果他们穿戴整齐,举止得体,尊重成年人的有序世界,那是因为他们接受了如此的教育,而且往往伴以暴力威胁。

　　还有另一种观点——这种观点在现代被强烈推崇,很可能受到成年人回忆的影响,那就是幼童生活在一个充满奇异的世界,关于欣赏美,他们非但不迟钝,反而独具优势。

　　但凡不抱偏见,你显然会发现,即便在极其年幼的孩童身上,审美冲动也是与生俱来的,他们会对某些现实条件感到满足和愉悦。新生儿偏好某些声音和节奏:当他们听到心跳声或子宫内诸多血管的血流声的录音时,会放松下来,停止哭泣。他们还表现出视觉偏好。有项实验为一个六周大的婴儿设置了一种吮吸装置,并将装置连接至投影设备。婴儿可以通过调整吮吸速度,使屏幕上的图像变得模糊或清晰。研究者 J. S. 布鲁纳(J. S. Bruner)发现,"同心结构、轮廓清晰的好视觉信号,可以令婴儿完全停止吮吸",他因此得出结论:"新生儿的认识需求并非完全被食物需求及安抚需求所淹没。"[1]饱满的形状与清晰的轮廓两相结合,能令新生儿感到愉悦。对婴儿来说,不仅认识需求,审美需求也需得到满足,此二者是紧密相连的。近来,研究者发现六至八个月的婴儿喜爱"漂亮的面孔";他们对于有吸引力的面孔(据成年人判断)的观看时间会更长,不论他们的母亲相貌如何。这类实验表明,美的概念并非完全取决于文化。[2]

如果我们认为儿童都是以自我为中心的、情绪化的、善变的,那么我们便很容易低估他们的审美能力。例如,我们注意到小孩很少欣赏风景。当大人们下车观赏某地的胜景时,孩子们往往要么兴冲冲地享受一时的自由,要么百无聊赖。然而,如果我们不以这样的视角看待孩子——认为他们全都精力过剩、只关心自己的紧急需求和事务,而是意识到他们只不过是无拘无束，同时又极为敏锐，且不像成年人，总是目标明确，负担沉重，那样的话，我们便会充分肯定他们的审美能力。

时间之外与感官愉悦

许多年幼的孩子似乎往往能安然享受无边无际、脱离了时间的当下，而总是被现实任务缠身的成年人，却对此求而不得。如何描述这种状态？或许那是一种奢侈的懒散感，又隐隐有无聊之虞？或许那是一场感官之浴，沉浸于丰富而散乱的环境刺激中——蜂鸣声、干草与沃土的气息、蚂蚁爬上腿以及阳光温暖前胸的感觉？这种综合的体验严格讲并非审美：它缺乏反思性审美所必要的距离，感受与感官之乐压倒了智性。

从感觉到审美的过渡是微妙的、渐进的，其中一项决定因素是外部现实之于自我究竟意味着什么。一端是如梦一般完全沉浸于感觉中；另一端则是积极地（或批判性地）享受风景。幼童通常处于两者之间。有一种环境很宜于维护这种中间状态，就是僻静角落。可以是客厅沙发后面的小隧道，可以是三角钢琴下面的空间，但最令人满意的是户外那些封闭环境——天然洞穴、高高的草丛中的一方空地、树屋。全世界的小孩都喜欢僻静角落,其特别之处就在于同时提供了一个适合儿童身形的舒适空间,和一个具有诱惑力的开放世界。一方面是子宫般的空心地,另一方面是开放空间,二者结合,以一种可控制、可理解的方式,帮助孩子认识了生活基本的对立关系:黑暗与光明、安全与冒险、闲散与激情、多种感官的放松与视觉的警醒。[3] 对蜷身其中的孩子来说,时间近乎停止:过去与未来不复存在,被超乎一切的当下所取代。罗伯特·格鲁丁忆起儿时的田园生活——周围种种令人欣喜的事物,营造出一种宁静的幸福:"我教弟弟们爬屋后的一棵树,我们家在红岸,我父母至今仍在那儿居住。我们爬上老树,树藤盘成长椅,那便是树顶,我们坐在那里,大嚼浆果,除此之外,便无事可做。在这里,我们爱上了无所事事的感觉,培养出一种特殊的趣味,即一声不响、一动不动地欣赏孤绝而迟滞的时间——这时间在我们周遭冉冉升起,仿佛温暖静默中诞生的一种全新元素。"[4]

惊奇的能力

孩子们天生活力充沛,比成人更可能具有敏锐的惊奇感,以及对于世界的开放态度。拥有这种能力的前提是自我与非自我之间保持一种距离——
能够体认陌生而奇异的他者。孩童对这个世界尚
未习以为常。他们还来不及建立常规或接受阐释
性认知图式,而正是这些图式令世界变得可预测、
熟悉,甚至灰暗无趣。万事万物仿佛尽在明晃晃的
阳光之下,它们独立存在,远离了其他可与之相较
的事物的阴影。理查德·科(Richard Coe)认为:
"那些挑战孩童直觉的事物,恰恰正是无法被人类
同化的东西:蜈蚣、雄蕊、海葵;卵石、瓷扣、已不复
存在的吊灯所遗留的一枚水晶坠子……在童年的
潜意识审美体验中,美以种种随机事物的非理性暴
力,将其自身强加于人。"[5]

追寻逝去的时光

在所有特质之中,鲜艳的色彩和闪烁的光芒似
乎有最强大的力量,能将孩子们送入奇境:"永远难
以企及、有种异样之美的玻璃弹珠中心;一碰即碎、
虹彩缤纷的肥皂泡;满载奇迹的万花筒——它将彩
色玻璃的随机造型变得如同圣礼拜堂的花窗一般
意义非凡;变形的魔力——从一只灰扑扑的蛹中诞
生出五彩斑斓的形象,仿佛施了魔法。"[6]弗拉基米
尔·纳博科夫回忆自己年幼时,曾在婴儿床中玩过

"一枚结实趁手、通体深红色的蛋,不知哪次复活节遗留下的"。他说:"我总是咬着床单一角,令它完全濡湿,然后把蛋紧紧裹在里面,好能够再一次舔舐和欣赏那被包裹的蛋透出的温暖、红润的闪光,光芒与色彩透过床单,奇迹般完整。"四岁时,纳博科夫与父母乘坐地中海豪华列车在国外旅行,他如此回忆:"我倚着卧铺车的车窗,跪在(有点平的)枕头上……忽然我如遭了一记莫名其妙的重锤,只见远山有几点奇异的光在召唤我,接着它们便滑入黑色天鹅绒的口袋中。"[7]

闪光是魔幻的。但其他特质也可以显得魔幻。对年幼的德日进①而言,灰暗沉重的铁捕捉了物质性、完成性与丰富性的本质。[8]襁褓中的 C. S. 刘易斯则在微景观中看见了魔力。"我很小的时候,有一天,我哥哥把一个饼干罐的盖子带到婴儿房来,他在盖子里铺了一层苔藓,用树枝和花草装饰,把它做成了一个玩具花园或玩具森林。那是我第一次见识美……它让我意识到,自然并非一个装满了形状与色彩的仓库,而意味着凉意与露滴、清新与丰盛。"[9]

---

① 德日进(Pierre Teilhard de Chardin, 1881—1955,又译皮埃尔·泰亚尔·德·夏尔丹),法国古生物学家和地质学家,耶稣会士。

自很小时起，我便能画出动态——我画的那些人物，仿佛真的在跑步或战斗——而且透视也不错。但无论是我还是我哥哥，我们的画里没有任何一条线是服从于某种美的概念而画下的，无论那概念是多么原始。我们的画里有动作、戏剧、创造，但没有一分一毫的设计感，而且全然不顾自然形状。树木像竿子上插着棉花球，还有，我们几乎每天在花园里玩，但从画来看，我们似乎不知道任何一片叶子的形状。[10]

儿童是否有审美倾向？这一问题被成年人的倾向所干扰，因为他们总以成年人的标准来判断儿童的喜好和能力。刘易斯辩称，孩提时代的他几乎完全不具备审美意识，然而，绘画难道不是一种关于形式的创造欲吗？如果童年刘易斯能描画动作——这并非一夜之间便能轻易实现的简单任务——为何成年刘易斯如此自信地声称自己幼时的绘画"没有一分一毫的设计感"？儿童审美冲动的问题难有定论，还有一个难点在于对美的认识和再现美的能力之间存在区别。一个孩子夜间透过行驶中的火车车窗欣赏到奇异的光线之美，但他怎么能够用文字或图像去再现它呢？即便非常年幼的孩子也可能懂得欣赏一位更年长者的美学成就；

她看得出别人的画或艺术表演胜于她自己之所能。她可能会因此而感觉难堪。约翰·霍尔特①曾这样描述一个尚未足周岁的小女孩："别人给了她一个塑料小哨子，她很喜欢吹，这是她最喜欢的玩具。有一天她的父母拿起这个哨子，吹了一支小曲。他们玩了一两分钟，便还给了孩子。没想到，她竟然生气地把它推到旁边。"[11]

能力渐进：音乐与视觉艺术

无论是音乐还是绘画艺术，儿童的审美能力的发展都遵循几个非常相似的阶段。[12]在音乐方面，三岁以下的儿童似乎主要欣赏曲调本身，而非节奏或旋律，并且他们会表现出重复乃至掌握该曲调的愿望。幼童喜欢拨动吉他弦，倾听琴弦的声音，从声音初现一直到共鸣声淡出。到了三四岁，他们喜欢进行音响范围的实验，"他们对极其轻柔和极其响亮的声音表现出浓烈兴趣，巨大的击鼓声后，他们露出纯粹的快乐甚至惊恐的表情，振动器或印度

---

① 约翰·霍尔特(John Holt, 1923—1985)，20世纪美国著名教育家、演说家，美国家庭学校运动的倡导者，被称为"美国家庭学校教育之父"。

钹的轻柔声音则令他们着迷"[13]。他们有时仅仅是
沿着乐器的音阶上行或下行,奏出一些音乐片段,
一遍又一遍重复。但他们也会做其他实验,故意改
变速度和响度,调整音程大小,来实现不同的表达
效果。举个例子,一位四岁女孩试图编一支歌来表
达"阳光照耀"的想法。她并不想"阐释"阳光或太
阳这一天体,而是想表达一种充满光辉的内在感
受——一种与"阳光普照"的情形等同的音乐形式。
这样编出的歌与她知道的任何其他歌曲都无关,它
是原创的、个人的、极具个性的。[14]

到了五岁至八岁,孩子的音乐兴趣集中到模仿
之上,个人化的作品开始屈从于社会性的音乐常
规。不同于自编自唱的四岁孩子,七岁的孩子会从
传统中借取音乐形态,如此便可以被别人理解和欣
赏。这种改变未必是一种退化。除非孩童继承大
家共享的音乐遗产,否则他们自己的创作很容易因
材料库不足以提供更多实验的材料而日渐枯竭。
对于既定的音乐观念,儿童必须先熟练掌握,而后
才能超越它们,起初是通过尝试性的游戏,后来是
通过元认知。在尝试性的游戏中,十一岁的孩子可
能会通过音调倒置、无调性实验,或者在句尾加入
个人化的标签的方式,来有意识地改造俗成的曲
调。大约在十五岁时,孩子进入元认知阶段,他们
开始发现某些类型的音乐、某一支曲子,甚或某个

和弦呼应了他们心底某些深藏的感受（正如在其他艺术领域，他们一次次回到某张图片、某些色彩模式，或某一句诗）。元认知的最终阶段是这位年轻的新艺术家在强烈个人价值感的驱动下，开始系统性地建构自己的表现性宇宙。[15]在专业的音乐群体之外，极少有人能达到这个水平。

早在十三个月大时，儿童就开始用力地、痉挛一般地上下前后晃动手臂，画出弧线，以这样的方式来涂鸦。接下来出现的是单一的弧线，这些弧线更稳定，渐渐进化为目的明确的水平或垂直直线。在三岁左右，小孩开始在弧线和直线之外加入圆形和方形，这些二维形状便代表了物体。他们把这些形状拼接、变形，即便不需要孩子的解释，大人也能认出它们是人、树、花、房子或动物。五岁到八岁间，孩子的图式已得到了充分的演练和完善，可以画出几百张画。这些画中，每一张的核心几乎都是单个人物或物品，而不是他们之间的有机联系，也不是在透视规律下他们实际上看见的东西。七岁至十岁的孩子进入了自然表现主义的阶段。动物被精心描绘，可以看出不同的物种。年轻的艺术家们关心如何正确表现物体的大小比例，人不再被画得比房子大，他们还会尝试展现透视，比如调整一棵树的大小以适应其在前景或背景上的位置。[16]

年幼的涂鸦者最初的快乐源自学习控制肌肉，

学习一种技能，并运用这种技能对世界施加切实的影响。这种审美体验，一方面是掌握身体的动觉感受，在有节奏地挥舞手臂时产生；另一方面也是对纸上作品的满足感；又或者，小孩之所以喜欢纸上纠结缠绕的弧线，正是因为它显示出了孩子的动觉能力。随后完成的直线、圆形和方形，进一步让孩子感到自己拥有充分的力量，能将秩序引入世界。单纯的设计对所有年龄段的孩子都具有吸引力。线条、形状、颜色往往对称地或有节奏地出现，但并非为了某种具体的再现。这些设计本身就令人愉悦，与刘易斯关于艺术尝试的幼年记忆形成了反差。即便孩子有具体的绘画题材，但图像的形式感表明小艺术家们尝试在画面的整体设计中寻求满足，而不是关注某个题材究竟以现实主义还是以表现主义的方式表达。[17]大部分孩子的创作动力都是讲故事，呈现一个事件或场景。然而，他们画画时既没有成熟艺术的技巧，也没有成熟艺术的惯例和偏见。他们仅仅呈现他们所知道的世界，时而夸张，时而任性，完全无视透视、比例、整体与部分的关系、色彩的合宜性。他们动作很快，根本不管自己的方式是否正确，而且他们总是对结果很满意，尽管过一阵之后，他们可能把自己的画抛在脑后，再也认不出来了。

西方社会的成年人常常认为儿童这一阶段的

绘画充满新意、创意十足,而下一阶段的现实主义绘画则是创新性的崩塌。但这种意见并不公允,原因有以下几点。第一,这些处于早期阶段的小艺术家们尚未意识到自己完成了某种具有独创性的东西:他们并不是在与传统作斗争,因为他们还不知道传统为何物。第二,他们认为自己的作品不是主观想象,也不是任性为之,而是呈现了一个其他人随时可以进入的世界。也正因此,如果成年人一再要求解释,可能会给他们造成困扰。第三,即便是宠爱孩子的家长也应该承认,在小孩几周之内大笔挥就的几十张画中,虽有些因大胆、出其不意的色彩运用,以及色彩之间的融合与冲撞,颇值得细看,但数量寥寥。

孩童渐渐开始向往现实主义的绘画方式,因为他们越来越认识到存在一个共同的世界。融入这个世界依赖于成功的交流,进而需要清晰呈现客观事实。现在他们必须考虑透视——在杂乱无章的景观中什么能看到、什么不能看到,事物的大小关系以及颜色随距离的变化。这个阶段的孩子慢慢认为自己之前的或弟弟妹妹的画是缺乏能力、任性妄为的表现,而非大胆创新之作。讽刺的是,尽管年长一些的孩子的作品被大人判为"传统"和"无聊",但此时的孩子自己却开始对风格、表现力、平衡及构成等艺术价值越来越敏感。进入中学阶段,他们想知道某些效果是如何实现的。这种对于技法的兴趣，至少有一部分是由对美的体认所驱动的，不单是艺术中的美，而是更广大的世界中的美。[18]

感性的成长

即便幼儿也会被美所吸引。学龄前儿童和年龄大一点的儿童对于物的欲望存在区别，其中之一在于规模。学龄前儿童多关注单个物体，而大一点的儿童则能够越过具体细节的魅力，关注其构成。幼儿的注意力被一截树桩或一块巨石所吸引，大一点的小孩则能够欣赏整个景观，树桩和巨石则是其中的元素。幼儿为色彩鲜艳或闪闪发亮的东西着迷，大一点的小孩则开始学习欣赏自然界或人造物中更为微妙的光线和色泽。

所有的审美反应都必须包含一种神奇的要素，人意识到自己面对的东西既不同寻常，又奇迹般恰当，"比真实更真实"。但对幼儿和大一点的孩子来说，世界的奇妙之处是不同的。比较一下他们对亮灯圣诞树的反应——小小孩欣喜若狂，大小孩则比较冷静。在大人眼中有些粗糙的玩具，足以诱惑一个幼小的孩子。魔力存在于孩子的头脑中，而非玩具中，玩具只是他们想象力的发射平台。随着年龄增长，孩子们开始探索事物本身的美学特质，这些特质必须被孩子们看到，才能重新获得关注和尊重。

相比于幼儿，大一点的孩子和成年人更能与世界产生共鸣。对青少年来说，一片风景可以展示一种情绪。她看到一张画着斑驳的阳光和野餐篮子的风景画，很容易将之看作一个欢乐的场景。相比之下，幼儿则不知如何将情绪赋予无生命的物体，甚至不知如何对应人脸上的表情；他们可以非常就事论事。成熟的人感受美时，情绪或气氛是不可或缺的要素，幼儿则并不如此，他们可以轻而易举进入神奇之国，一把翻过来的椅子可以成为一座堡垒，客厅的地板可以是一片战场。年长一些的人也可能被寻常事物感动，但情况往往大不相同——他们会陷入沉思，有时则是怀旧。于是，被遗弃在路边的三轮车，或抽屉里一面破碎的镜子，对蹒跚学步的孩子来说毫无意义，但却令成年人备感沉痛——那死亡和悲伤的光晕，并不是无拘无束的想象力的产物，而似乎是从事物本身散发出来的。[19]

经验若不承载共鸣，便是浅薄而短暂的。共鸣是一个意义领域向另一个意义领域的延伸——其背景变换、拓宽，于是一种现象超越了其最初出现时的状态。使共鸣成为可能的是人类的隐喻感知和思考能力。年幼的孩子便已有如此高超的能力。据霍华德·加德纳及其同事的说法,三岁儿童已能够使用生动的、隐喻性的语言。比方说,他们会将手电筒电池比作卷起的睡袋,或者把修女比作企鹅。然而,幼儿能够使用和欣赏的比喻往往来自知觉上(铅笔与火箭)或使用上的相似性——被当做发刷使用的铅笔,也会被称为发刷。表现性隐喻和心理隐喻超出了他们的能力。小孩不会想到一支破旧的铅笔有"悲伤"或"失败者"的含义。他们很难理解某些常用修辞——比如"铁石心肠"(heart of stone),他们也不会把爱情比作夏日①。[20]

小孩们可能会胡乱发明一些比喻,仿佛那是可以丢来丢去的玩具。在大人看来,他们的比喻有时恰到好处,但有时完全是离奇幻想。到了七八岁,孩子的比喻会逐渐减少。他们投身于事实,并认为自己之前的语言杂技不过是幼稚的举动。如果需要,他们仍然能够想出那些比喻,但却并不愿意那么做。从他们在音乐和绘画艺术方面的发展明显可以看出,儿童到了入学的年龄,便开始遵守社会规范,进入现实主义的阶段。要想掌握这世界的诸多事实,他们必须全身心予以关注。通过密切关注

---

①　出自莎士比亚的十四行诗《我能否把你比作夏日》("Shall I compare thee to a summer's day?")。

外界事物,孩童学会了如何操纵它们,并由此获得掌控感。在这个过程中,不仅他们的计算能力,他们的想象力也得到了拓展和加强。随着年龄增长,孩子们渐渐能够更全面、更清晰地理解这个世界,从中发现美之精微与深远,美的表现力,以及美的情感和心理深度,这些都远非幼儿之可及。

第二部分
感官愉悦

第三章　近感的愉悦

　　在思想的支持和指引下，感官予以我们世界。一些感官较"近"，另一些较"远"。近感能感知离我们最近的世界，包括我们自己的身体。我们身体的姿态及运动产生了本体感觉或运动感觉，及对空间基本维度的躯体感知。其他近感包括触觉、对温度变化的感觉、味觉和嗅觉。听觉和视觉两种感觉则能令人真正接触到"外面的"世界，这是人们普遍的认识。由于审美体验的关键在于间离，即瞬间将自我抽离于对象或事件，因此近感的审美潜力向来被康德等人低估，也就不足为奇了。然而无论是单一感觉或是综合感觉，近感都令世界的活力与美大大增强，而间离在此类经验中不仅可能发生，且的确发生了。

本体感觉或运动感觉

　　"何为生之证明？运动。"一位芭蕾舞者如此写道。"还有什么比舞蹈更高、更美的运动？我们用身体展现生命本身。"[1]的确，运动即生命。然而，我们大部分人很少自觉采取美的动作，尽管在一位敏锐的观察者看来，那的确是美的。自幼童时期开始，我们便通过教育或模仿而习得如何以得体乃至优美的方式坐、站、动。学习这些姿势、动态——学习社会礼仪——乃是融入所属文化的必要环节。主动觉察自己的动作是有风险的——可能会显得手足无措、表里不一（至少看上去如此），或者干脆动弹不得。尽管日常生活的动作和姿势往往也带有某种风度或气质，但我们总是在它们表现得做作、不得体的时候，才有所发觉。也因此，人的动作就如健康，除非有所缺失，否则我们总是视之为理所当然。不过，在少数时刻，我们也会察觉到自己的某些举止恰当而有效，就像我们有时也会停下来，体会健康带来的感受。

当然，运动可以通过练习来提升，但它也关乎天赋。有些人哪怕在最寻常的动作中——比如系鞋带或翻书——也会展示出动人的优雅。舞者和运动员尤其能够觉察和享受身体的解放性力量，他们中有许多自儿时起就发现了这一点。罗杰·班尼斯特（Roger Bannister），突破一英里四分钟屏障的跑步运动员，时时忆起童年时"在坚实的干沙地上赤足奔跑"的狂喜。他还记得，"几步迈出，竟带来如此巨大的兴奋感"，令他"震惊，惶恐"。"我惴惴不安地环顾四周，看是否有人看我。我又迈了几步，地球几乎在随我而动。我跑起来了，一种清新的律动进入我的身体……我找到了一种全新的力量与美的源泉，那是我做梦都不敢梦到的。"[2] 这些具有天赋的人可能在一瞬间迸发出极丰沛的运动表达，或者能清楚记起青年时代在身体运动或接触自然时的欣喜。一个寒冷而清朗的下午，专业冰球运动员埃里克·内斯特连科（Eric Nesterinko）开着车，不经意来到路中间一大片冰面，他跳下车，穿上冰鞋。"我脱下驼绒外套，只穿了件西装，踩着冰鞋。我起飞了。周围没有一个人。我像鸟一样自由……难以置信！太美了。"[3] 加缪清楚地记得年轻时在阿尔及尔与大海和太阳角逐："游泳的时候，我被水漆过的双臂，伸出水面时在阳光下转为金色，继而随着肌肉旋拧，再度投入水中；我的双腿狂乱地捕捉浪潮，海水流过我的全身——海平面消失了。"[4] 于加缪而言，这是一件许久以前的往事，然而他在自然之中的感官快乐，以及对自己身体——运动中的身体——的满足，仍然保有当下性，仿佛他刚刚从水里出来。

心流体验

许多长于体力工作的人——比如木工、伐树、割草——往往能体会其中的轻松与自然,工作本身及所用技艺,令他们由衷快乐。罗伯特·黑尔(Robert Hale)是一位解剖学家,他的工作乐趣延续到了私人生活中。他说:"你根本无法想象,晚宴当中,我一边吃饭一边解剖一块漂亮的肌肉时那种宁静的乐趣。我多么喜欢羊肋脊啊——一盘羊排的主要部分就是它。又或者,以独特手法切分一枚友好无害的菠萝,围绕它的硬心运刀,于我几乎也是场感官享受。"[5]潜心专注于任何一种智力或体力活动,都可能带来米哈里·契克森米哈赖(Mihalyi Csikszentmihalyi)所称的"心流"体验。"心流"与其说是科学家口中的技术术语,不如说是各行各业的人们广泛描述的一种现象:他们都体会过做事时一切顺其自然,又尽在掌握的感觉——一种毫无阻滞的力量,当你执掌它时,便感到自己完完全全地活着——完完全全感受着自己的运动,以及自己身处的环境。[6]托尔斯泰的《安娜·卡列尼娜》中有一段对于心流体验的著名描写,伴随重体力劳动出现:

列文完全丧失了时间观念,压根儿不知道

此刻是早是晚。劳动使他起了变化,给他带来很大的快乐。在劳动中,有时他忘乎所以,只觉得轻松愉快。在这样的时刻,他割的那一行简直同基特割的一样整齐好看。……列文割得越久,越频繁地处在忘我的陶醉状态中,仿佛不是他的双手在挥动镰刀,而是镰刀本身充满生命和思想,自己在运动,而且仿佛着了魔似的,根本不用思索,就有条不紊地割下去。这实在是最幸福的时刻呀。[7]

（草婴译）

一切动作皆舞蹈

在工厂的日常工作中,重要的是有形的最终产品,而非工人在制造过程中的动作。因此工人往往不会将自己的身体视为需要培养和训练的器具。在体育运动中,其目标和工厂作业同样明确:达到某种速度或高度,击败对手。但与工厂工人不同之处在于,运动员为了实现目标,必须对自己身体的力量和局限有高度的意识。身体是运动员的取胜之道,必须接受培养和训练,身心皆然。运动员必须在脑中演练克服障碍的必要动作。"这杆漂亮!"随着小球进洞,观众发出欢呼。高尔夫球手自己则感觉到那一挥的精简与优雅。在运动中，胜利固然重要，但取胜的方法有其自身的美与正当性。

在舞蹈中，一个舞姿或动作既属于作品的一部分，同时也是目的本身：它必须在艺术上完美无瑕。为使身体与精神尽可能符合站姿与动作的审美要求，一些舞者会训练自己时时刻刻关注周遭一切运动的诗学——报纸沿街翻飞，飞鸟落在电线上——同时也关注自己的每一个动作，诸如摆桌子或品咖啡。"每一天，一整天，从起床的第一分钟开始，一切都可能是一支舞"，编舞家、舞蹈家黛博拉·哈伊如此说。"我是这样跳舞的：通过牵引我的意识去体会身体所有细胞在同一时刻的运动，这样我就能由内而外地感受我身体的某些部分；通过让整个身体同时感受空间的运动，从头到脚，我的觉察抵达我整个存在的边缘，于是我感受到空气在周身流动。"[8]

舞者可以投射出一个全然沉浸的形象，但与此同时，在旁审视自己。苏珊·福斯特写道，他们能亲眼看到"自己的身体轻松完成动作，不费吹灰之力。或者，他们能在舞蹈中放眼凝视观众，仿佛在命令观众欣赏这场优美的表演，并享受其中"[9]。

舞蹈是稍纵即逝的艺术。它镌刻在空气中，而非纸张、画布，或石头上。除非被电影或摄像机记录，一件作品的存在时间仅止于一场演出。和作曲家一样,编舞家无法期待自己的作品能够永存于世——永存,即艺术家和观众都能一次又一次重回现场——这一点对作家、雕塑家或其他视觉艺术家而言却是理所应当的。而对于舞者,一次完美运动的结束,便意味着一次再无法准确复刻的美的终结。舞蹈之美,一部分便源自这种感伤——这存在如此短暂,以至于反而超越了时间。

触觉

皮肤是人类最重要的感官系统。正如人类学家阿什利·蒙塔古①所言:"人倘若失聪、失明,或完全丧失嗅觉和味觉,都可以度过一生,但若失去皮肤的机能,却根本无法存活。"[10] 皮肤刺激是消化和排泄器官正常运作的必要条件,人在幼年时期尤为如此;它对于人的生存及生长至关重要。哺乳动物诞下后代后,在相当长一段时间里,母亲会持续舔舐和梳理幼崽的皮毛。根据蒙塔古的观点,人类在异常漫长的分娩过程中,子宫的收缩可能为胎儿皮肤提供必要的刺激。[11] 所有幼崽都很喜欢挤着挨

①　阿什利·蒙塔古(Ashley Montagu, 1905—1999),美国人类学家。

着,依偎另一个温暖的躯体。

　　这种愉悦并不会随年龄增长而减少。起初或许像是一种内在引导的躯体感觉,由皮肤表面开始,随后迅速弥漫全身。当我们沉入温热的浴缸,感受到水温与水感,便从中获得纯粹的感官愉悦。之后,在用毛巾拭干身体时,我们的皮肤受到刺激,再一次感到愉悦。但此时思想并非置身事外,而是在评判水的质感,欣赏躯体和四肢浸入热水中的感觉,以及毛巾蓬松的、包裹全身的温暖。

　　"触觉美学",尽管听上去有些故作高深,实则描述的却是最寻常、最必要的审美体验。我们的生之乐趣,以及最深层的幸福感,往往来自随时随地的触觉体验:树荫下凉爽的石头,温热的咖啡杯,婴儿光滑的皮肤,结实压在身上的厚毛衣,小猫丝滑的皮毛,硌脚的卵石路,雨滴厚重的吻;"和煦春日的甜美抚慰——我自一排树下走过,阳光与树荫交错,冷暖变换可感"[12];还有当你的脚从软皮鞋中脱出,穿着袜子的脚掌摩挲着毛茸茸的地毯的感觉,甚至"袜子内里在脚底滑动的感觉,那一般只有早起刚穿上袜子时才能体会到"[13]。

　　现代社会和学者往往轻视了触觉愉悦的重要性。身体接触、皮肤之于皮肤的刺激,也许因为在普遍认知中,它们仅与身体健康有关,于是在现代文化观念中几乎没有存在感。"你今天拥抱你的孩子了吗?"这句标签式的提醒表明,就连孩子也不能指望获得足够的身体接触。成年人之间,触摸和拥抱的问候方式也越来越少见了。在美国,甚至握手都已不再流行。淋浴、泡浴和升级版的按摩浴缸,成为身体接触的现代替代品(尽管效果难遂人愿)。在这个追求"美好时光"的社会,人类这一最伟大、最易得的快乐之源,竟然变成了禁忌。

我们正与自然断绝接触——这里的接触,是字面意义上的。孩子们依然喜欢一头扎进树叶堆,抱着树干滑下,或者在雪地里打滚。但成年人早已学会仅凭观看享受自然。当他们渴望触觉享受的时候,倾向于借助极限运动:鞋钉扎在花岗岩里的冲击,冰刀下牛乳般顺滑的冰面,跳伞时猛烈的气流。D. H. 劳伦斯渴望更直接、更热忱的接触,他曾这样描写一个男人与植物的亲密接触:

　　在湿漉漉的山坡上,他感到快乐,这里花草丰茂,光影朦胧。他想把这些花草全都触摸一遍,也让自己沉入它们的触摸里去。他脱掉衣服,赤身裸体地坐在报春花丛中……

　　但它们太软了。他穿过深深的野草,来到一片小枞树丛,这些树还不及人高。柔韧而锋利的枝丫抽打他……向他小腹泼出点点冰凉的雨滴,又用一簇簇柔软锋利的针戳他的腰……在湿黏而清凉的风信子上，躺下，打滚……用大腿去蹭枞树枝条上鲜活的针毛……这很好，一切都很好，令人满足。[14]

与人类其他感官一样，触觉具有探索性，因此有开启新世界的可能。劳伦斯笔下的主人公通过皮肤发现植物，但对我们大多数人而言，手最能凸显触觉的探索、搜寻和欣赏的特性。手向我们展示出一个由诸多零散事物构筑的现实，其中很多可以被拿起来，供人感受其形状、大小、重量、质地。手总是不安分，我们甚至会想说，手是有好奇心的。小孩总是克制不住触摸的冲动，对他们来说，触摸是一种主要的学习方法。在我们的社会中，幼小的孩子常会得到一些柔软、圆润的东西作为玩具。他们最早的创造之一就是"泥馅饼"①。他们把这种无形之物捏一捏，拍一拍，塑造出想要的形状，在这过程中，渐渐熟悉了不同泥土的黏性和可塑性。随着年龄增长，他们开始玩更坚硬、更尖锐的东西，比方说，看到球从球拍上弹开，他们体会到球的硬度；通过玩积木，他们认识到"木工世界"②有清晰的边角；通过拨弄不同东西，他们感受到自然界各种事物的

----

① 即儿童玩的泥巴团。

② 心理学术语，可理解为充斥着人造建筑的环境，与自然环境相对。

质感。

触觉是探索和欣赏世界的精妙工具。一块玻璃上有着 1/2500 英寸深的刻痕，正常人不需要特殊技能，就能分辨出它和光滑玻璃的区别。当我们用手拂过铜版纸、花瓣和经过抛光的木头，立刻便可以察觉它们的温度或质地不同。当然，训练则能进一步提高敏感度，纺织厂的专业的"摸布师"便具有非凡的能力，能判断极其细微的差别。[15]但大多数人即便不接受专业训练，其技巧也足以媲美。试举一例，我们只需用棍子在人行道上轻轻划过，即能分辨出路面粗糙度的细微变化。最惊人之处在于，我们对于路面质感的觉察，并非来自手与棍子相接触的部位，而是棍子的末端，仿佛棍子在解剖学意义上变成了我们身体的延伸——詹姆斯·吉布森①称之为"精细觉触须"。[16]

我们的视力越好，世界就越显得生动、清晰，我们也越有安全感和幸福感。触觉也有与此类似的关系，尽管我们并没有太意识到。也许是因为痛、痒、过冷或过热，以及皮肤的其他不适感，都是我们避之不及的感受：有时意识的麻木或躯体的麻醉倒不失为一种幸运的解脱。不过人的手但凡丧失一

———————

① 詹姆斯·吉布森（James Gibson, 1904—1979），美国实验心理学家，创立了生态光学理论。

点敏感性和灵活性，哪怕仅仅片刻，且程度轻微，也会令人沮丧。我们戴着厚手套开车，或用冻僵的手指系鞋带的时候，都会有这种感觉。尽管小孩子脸上手上糊满果酱也不在意，但大多数成年人都会受不了黏腻感，会觉得奇怪而不适。按理说我们应该会喜欢感受这世界的美好。然而，我们越是能够享受这世界丰富的触觉和热觉，也就越能体会那些令人厌恶的一面：与鲜草、与发丝的柔美触感相对，不健康的皮肤、粪便、尸体则令我们心生厌恶（文化是部分和原因，但并非全部）。[17]

触觉风景

大部分触感都是通过眼睛间接感受到的。物理世界必然具有触感，尽管我们实质上只能触及其中一小部分。发红的、毛茸茸的表面是暖的，浅蓝的、闪着光的表面是凉的。玻璃茶几与抛光的胡桃木柜子形成了一个触觉组合。褐砂石房屋并立，绿树夹道，这样的街区构成一幅悦目的画面，其魅力不仅来自双眼，也来自触感。视觉和触觉的关系如此紧密，甚至于即便我们在观看一件画作，也很难说我们关注的仅仅是其视觉效果。1896 年，伯纳

德·贝伦森①曾作出一句令艺术界颇感意外的评
论,他强调:一幅画仅有卓越的视觉效果是不够的,
还必须具备"触觉价值",能触及甚至拥抱观众。[18]
最近,艺术评论家罗伯特·休斯②如此评价约翰·
康斯特布尔③:"构成他童年的是真实之物而非奇幻
想象:关于霉菌、泥土、木纹、砖块的触觉记忆,变成
艺术史上最具'绘画性'的绘画。《跳跃的马》(The
Leaping Horse)的前景全是实物,松软的泥土、缠结
的杂花野草、幽暗的水滑过隐匿石檐时一闪而过的
水光——一切在画家的狂喜中涂抹而出。这是一
幅触觉的风景画。"[19]

　　大自然之所以具有如此强大的吸引力,原因之
一在于其触觉印象的广泛性和复杂性。仅在矿物
世界的一角,我们便可发现花岗岩与沙土、虬曲的
熔岩和黏稠的泥浆。一株开花植物可能有粗糙的
外皮、光滑如蜡的叶片和嫩如缎面的花瓣。自然奇
迹之一——人的身体本身,作为触觉探索的对象也
能带来极丰富的感受:一位情场老手,徐徐抚摸情

_____

　　① 伯纳德·贝伦森(Bernard Berenson,1865—1959),美国艺术史
学家,长于文艺复兴时期艺术品的研究。

　　② 罗伯特·休斯(Robert Hughes,1938—2012),当代著名艺术评
论家、作家、历史学家。

　　③ 约翰·康斯特布尔(John Constable,1776—1837),英国皇家美
术学院院士,19世纪英国最伟大的风景画家。

人凌乱的头发、结实光滑的胸脯、腋下柔嫩的皮肤、肌肉结实的大腿、坚硬圆凸的膝盖，与此同时，也感受到令人讶异的温度变化——鼻尖是凉的，而小腹如此温热。

景观设计师试图模仿并提升来自自然的感官财富。亚洲园林在造设之时，设计者心中便考虑到了视觉—触觉效果。中国园林体现了阴（柔）与阳（刚）之融合——流水、波涛般起伏的漏窗园墙是柔，崎岖玲珑的假山石是刚。伊斯兰园林讲求光线、声音、气味的协调，它同时还是温度怡人的绿洲——园内荫凉舒爽，与高墙之外的炎炎赤日形成鲜明对比。与之相似，现代住宅的室内设计多少也会将这些因素纳入考量，以便为触觉体验提供舒适性和多样性：厚重的窗帘旁坐一盏长柄铝制落地灯，皮质箱凳边摆一张细腿桌，抛光的拼花地板上铺一块熊皮地毯。同样，城市中也不仅仅只有吸引人双眼的东西。鹅卵石街道、半木结构房屋、铺满阳光的开阔广场，这样的欧洲古镇是视觉与触觉的双重盛宴。[20]小镇的规划者倒未必预想到这样的美学效果，结果如此，也许是幸运的巧合，但更重要的是，人们的感受力在几世纪间经历了考验与提升。我们都知道，某些城市或城市的某些区域，会格外有宜居感，这一点与新旧无关，但为何宜居却难以分析。也许秘密之一就在于触感的变化和暖人的温度。

如其他感官一样，触觉会被强烈的对比激活——冷与热，粗糙与光滑，轻与重。也许触觉的欣赏（或容忍）范围较视觉更窄，因为视觉与人的基本生理过程、情绪及情感的联系更紧密。

触觉、现实与美

触觉是最难被欺骗的感官，因此也最受我们的信任。对多疑的多默来说，眼见未必为实，他必须手触复活的基督才肯相信。归根结底，真实是一种抵抗。触感便是遭遇来自对象的对抗，那种直接的接触有时令人感到猛烈的冲击，而那正是真实给予我们的终极保证。

真与美之间、此二者与触觉之间的关系是什么？真与美都受必然性支配，二者都投射出超越人意志与愿望的必然之感。美是"世界的秩序"（西蒙娜·薇依语），于法则与必然关系所主导的数学中显现；也于自然之力中显现——如万有引力，它塑造出山的褶皱与海的波澜。[21] 它们不会任意出现，而是遵从自然之力而存在，其美感一部分便源于我们对此事实的体认。

薇依说，世界的秩序以图像为中介，间接地触及我们。通过图像，"我们得以思考作为宇宙实质的必然性"，此举本身则依赖于悉心关注。然而，要想直接了解必然性，唯有通过身体接触——"通过其重重的锤击"。对薇依来说，体力劳动是与必然性、与真实，乃至与世界之美的直接接触。进一步言之，在最佳状态下，体力劳动"如此完整充分，没有任何其他形式的接触可以与之媲美"。艺术家、科学家、宗教思想家纷纷尝试穿透虚幻的轻纱，抵达真实，但结果却可能反而制造了更多的幻觉，增加了更多的不真实。那些以体力劳动为生的人却不那么容易落入虚幻的陷阱，因为他们无时无刻不在感受物质的冲击。"当一个人四肢酸痛，因整日劳作精疲力尽，换言之，当他度过了屈服于物质的一天"，他的躯体将承载宇宙的真实与美。[22]

然而，我们不仅承受外部现实的冲击，也反过来对其予以冲击——或者说，施加力量。与其他感官不同，触觉会改变其对象。它提醒我们，我们不仅是世界的旁观者，也是行动者。一旦怀有这种觉悟，我们便会对自己的行动与创造的能力产生自豪，但这种自豪也会蒙上愧疚的阴影，因为破坏往往先于创造：我们既是破坏者，也是创造者。

饮食、味觉与文化

饮食是一种接触。塞缪尔·巴特勒（Samuel Butler）说："吃，是一种彻底的接触。"它迫使我们想起自己的动物本性。文化为人类的动物性戴上面具，一旦面具滑落，我们便须面对那难以摆脱的事实：我们必须靠吞食其他生物方能存活。

看别人吃饭，观察他们在吃什么食物，大体不会是一种愉快的体验，如果他们来自另一种文化，则尤为如此。对中国人来说，饮食与健康、医药及宇宙观存在密切关系。准备食物、享用食物，皆为艺术。但这种高级的文化观念并非一向显而易见，至少在中国并不能通行于每一个地方，外部人士则更是无从理解。比方说，科林·施伯龙[1]就认为，中国人对食物痴迷过甚，以至于到了"暴食豪饮"的地步，令人厌恶。施伯龙描写了 1980 年前后广州非旅游区一处饮食场景。以男性为主的一众饕客，围桌而坐。"一道道菜肴纷纷落入餍足之圈，被饥渴的目光和狂热的叫喊淹没。食客们一边打嗝，一边

---

① 柯林·施伯龙（Colin Thubron, 1939— ），英国作家，英国皇家文学学会会员，著有《在俄罗斯人当中》（*Among the Russians*）、《长城之后》（*Behind the Wall*）等旅行文学作品。

咂嘴，享受着贪婪的欢庆。在粤菜烹饪中，入口之物无一神圣，反映出中国人对周遭事物的无情。每种动物的每一个部位——猪的肚、山猫的胸、整只的竹鼠——全成了腹中之物。"为了找些自己可以吃的东西，施伯龙走进一家人声嘈杂的饭馆，而服务员竟不屈不挠地向他推荐"猫肉浓汤和菌菇炖蟒蛇"。[23]

这段叙述的确暴露了对不同口味与价值的盲点，但也足以令一切思考此事的人对饮食之事感到不安。这类饮食活动中浮现出一些令人忧虑的关联：人的生物性需求与感官享乐、屠戮生命与艺术创造、动物本性与文化主张、品尝（一种口腔过程）与所谓更高级的成就——"好品味"。随着人越来越在意作为有尊严的文化者的地位，进食/品尝如果在公共场合进行，唯有伴以其他更受尊重的活动，比如社交聚会或音乐。如果不得不独自在餐厅吃饭，人们通常会假装正同时进行一些更高级的活动，比如看杂志。

不过，进食/品尝本身确实为一种文化活动，有着悠久的历史。我们不妨来考量世界上这两个地方的食物制备与饮食美学——欧洲与中国。

欧洲食物与饮食礼仪

自中世纪到现代，欧洲在有关食物的方方面面逐步历经完善——食物制备、菜肴呈现、餐桌礼仪、餐饮用具，以及餐厅的整体布置。与此同时，口味，或者说好品味，也经历了发展。这些进展绝非直线式的，而是在不同理念间数度摇摆，一面是简朴，一面是奢华；一面是遵循食物本味，一面是推崇丰富味觉——即艺术性地运用简单调料，实现交响乐般的味觉效果。

直至中世纪晚期，食物制备仍是东拼西凑，杂乱无章。极其昂贵的香料与食材往往不幸与不新鲜的肉搅在一起，而且恐怕也早已沾染了厨房的脏污。食物的种类和数量会令现代美食家咋舌乃至作呕。14、15世纪金雀花王朝的历任国王可以大口吞下一切有翼生物，大鸨、麻雀、鹭鸟、白鹭、麻鸦等。还有一切游泳生物，从小鱼到鼠海豚。中世纪厨师用起蔬菜和草药来肆无忌惮，有时会把手边可得的一切绿色食材一股脑放入菜肴。一道炖野兔里可能会有卷心菜、甜菜、琉璃苣、锦葵、欧芹、水苏、韭菜白、嫩荨麻尖和紫罗兰。玫瑰、山楂和报春花也有办法挤进菜谱。[24]

中世纪富裕阶级的正餐仅有两三道菜肴，但每道菜可能包含多达十几种不同的食物，高筑于盘中。宾客眼前的大宴一上来是煮熟腌制的野猪肉、牛奶小麦炖鹿肉、油炖菜、腌雄鹿、野鸡、天鹅、阉鸡、七鳃鳗、鲈鱼、兔肉、羊肉、烤蛋奶和酸果。第二道菜又是满盘大鱼大肉，和第一道菜几乎没有分别。[25] 至于上菜顺序的概念——汤，鱼，肉，甜点——则直到 17 世纪末才出现。前现代烹饪艺术的关键概念是"丰裕"而非"区别"。厨师们对下锅的食材有何独特口感与风味毫不在意。法国评论家、诗人尼古拉·布瓦洛-德普雷奥①曾提及一种巨量混合烧烤，一只野兔、六只鸡、三只家兔、六只鸽子，均满满当当盛在一只大盘中。这一大堆杂食全都烤过了头，可能是因为这些野味都比较"高级"。有一种炖菜，深受路易十四及其廷臣的喜爱，这种炖菜是将多种肉类和禽类放入大锅，再加入大量香料，连炖十二个小时。借 W. H. 刘易斯②的说法："那么多麝香、琥珀，还有五花八门的香料，炖上十二小时，这道菜不大可能还有的救。"[26]

　　17 世纪之前，大部分菜肴的准备工作，即便是

---

　　① 尼古拉·布瓦洛-德普雷奥（Nicolas Boileau-Despreaux，1636—1711），法国诗人，文学理论家。与莫里哀、拉辛、拉封丹等为友。著有《诗艺》等。

　　② W. H. 刘易斯（W. H. Lewis，1895—1973），历史学家，英国军官，英国作家兼学者 C. S. 刘易斯的兄长。

顶级盛宴上的酱料、肉食和配菜,都不需要深思熟虑或独具匠心。后来才出现了精心烹制的膳食,以飨更具鉴别力的读者。法语中的"好吃客"(gourmand)和"美食家"(gourmet),最初都是用来表示非正式的赞赏,后被欧洲上流社会广泛接受。品位提升的另一个标志是以数个小碟来代替大盘,由此将互不融合的口味分开。1700年以后,越来越多的人接受了这样一种观点,即衡量菜肴优劣的标准,应该是独特的风味和口感,而非原料的数量和花费。18世纪中叶有一场为贝桑松大主教举行的招待宴会,其菜单清楚地展示了精心的烹饪过程:"鳌虾蔬菜浓汤、女王汤、酱汁青蛙、烤鳟鱼、炖蛇鳗、梭鱼片、杜河鲤鱼配鳌虾浓汁、鲤鱼鱼白饼。"[27]

法国大革命之后,法国引领了全欧的美食风潮,将烹饪变成一种高雅的艺术、一份光荣的职业,文献积淀,大师辈出。这一时期最杰出的厨师是安托南·卡莱姆①,他在创制菜肴时,既彰显华丽,又力求简洁,尽管二者看似矛盾。他的专长是糕点,糕点制作是一门鼓励创新的艺术,他的匠心在于将建筑手法全面运用于烹饪中。盛宴之上,他有时会用猪油雕出生动如画的古代遗址,用糖和杏仁蛋糕

---

① 安托南·卡莱姆(Antonin Carême,1784—1833),法国传奇厨师,有"现代糕点之父"之称。

造出美轮美奂的希腊神庙，不仅刺激了美食家的味觉，还愉悦了他们的心灵。卡莱姆的菜肴的建筑性还体现在它们"构筑"了一种个性：它们由菜泥、浓汁和酱料构成，这些料汁本身的调制过程就非常复杂，但在菜谱中却仅仅被列为简单的配料，就像一根芹菜，或一些碎洋葱。换言之，一道菜是漫长而精心的工作过程的成果。[28]

卡莱姆将鸡冠、牛羊胰这些中世纪遗物清出菜单，从而实现了简洁。更重要的是，他确立了以肉配肉、以鱼配鱼的原则。在罗斯柴尔德男爵的一场宴会上，他的烹饪美学被希德尼·摩根夫人①记录了下来："没有深褐色的肉汁，没有红辣椒和甜胡椒，没有番茄酱和胡桃泡菜，一扫过去粗俗的烹调陈习，不再见大火大水的痕迹。唯有美食的精粹，提纯成银色的露滴，手法如化学家一般精准……这是一切的基底②。每种肉都散发出其天然的香气，每种蔬菜都呈现出其独有的青绿色泽。"[29]即便是卡莱姆最复杂的作品，他也不会将各种味道叠加、混合，而是试图分离它们，释放它们。[30]

尽管在创造"简洁"口感与独特风味方面，卡莱姆有其独到之处，但总体来说，他的菜肴相当浮夸，

---

① 希德尼·摩根夫人（Lady Sydney Morgan，1776—1859），爱尔兰作家。

② 原文为法语。

为追求盛大的视觉效果,牺牲口味也就在所难免。至少从罗马时代开始,烹饪大师们向来屈从于这种诱惑:佩特罗尼乌斯曾描述过这样一场盛宴,野兔仿造飞马被插上翅膀,烤猪肉被雕刻成游鱼、鸣禽、大雁。[31]千百年来,西方大厨常常"游戏食物",将食材用作雕刻或建筑材料,但创造诱人的风味本身却无助于提升他们的行业地位。

及至近代,出现了一位名气与影响力都不输卡莱姆的名厨,乔治·奥古斯特·埃斯科菲耶①。同他的前辈一样,埃斯科菲耶也擅长建造宏伟的美食建筑,但他的声誉则更依赖于在少量优秀食材中取得完美的味觉平衡——有的是松露与小龙虾这种珍稀食材,但也有寻常食材,最普通的中产阶级厨房也可负担。埃斯科菲耶最著名的创作之一是"蜜桃梅尔芭"(Peach Melba);这是一组香草冰淇淋与桃子的搭配,他将奶油的柔滑香甜,桃子的独特风味与略带阻滞的咀嚼感完美平衡,最后以覆盆子的酸味调和,使其臻于完美。[32]

食物为本。人的口味倾向于传统、保守,往往会回到家庭或本地的老食谱。人们喜欢自己一直所吃的东西。"发明"新口味似乎是一种值得怀疑

---

① 乔治·奥古斯特·埃斯科菲耶(Georges Auguste Escoffier,1846—1935),法国名厨、餐馆老板和美食作家,他在有生之年推广了传统法国烹饪方法。

的冒险。然而，烹饪以及口味的创新和变化有着相当长的历史。在大革命后的法国，贵族们或逃亡，或殒命，失去了赞助人的厨师们纷纷自立门户，互相竞争，抢夺人数日增、偏好复杂的客户群。这驱使他们提供新鲜的美食享受。19世纪，这种对于口味创新的需求只增不减。埃斯科菲耶为了维持自己的盛名，不得不持续不断地创制新菜肴。他写道："我已经数不清自己花了多少个夜晚尝试新的组合，白天的沉重工作已经将我压垮，这些夜晚本来应该是供我疲惫的身躯休息的。"[33]

最大的挑战并非不吝使用昂贵的食材和强烈的味道，而是（正如埃斯科菲耶那样）用少量精选食材，营造令人沉醉其中的美食体验。在西方烹饪史中，简洁与细腻会周期性被提升到很高的地位，成为美食标准。最近一次人们普遍排斥浓厚的酱汁和复杂的食物，是在20世纪60年代，一种新的饮食风格应运而生——"新烹饪"（nouvelle cuisine）。厨师们坚持采购市场上当天上市的新鲜蔬菜和肉类。对新鲜的推崇——或者说突出食物本身特质的渴望——要求缩短大部分海鲜、野禽和小牛肉，尤其是绿色蔬菜的烹饪时间。"新烹饪"多使用清蒸的烹调方法。缩短时间、蒸法烹饪，这两个重点都反映了中国菜的影响。

中国食物与饮食礼仪

若论对烹调艺术的重视，或从食物中获得的享受，恐怕没有哪个文明可与中华文明相比。自古以来，烹饪就在中国文化中占据了崇高的地位，这一点，其他文化不仅难以匹敌，甚至也无法理解。儒家经典《礼记》中的记载可追溯至公元前5世纪，甚至更早，该书将文化演进与烹饪技术的演进相提并论：

> 昔者先王未有宫室，冬则居营窟，夏则居橧巢。未有火化，食草木之实，鸟兽之肉，饮其血，茹其毛。……后圣有作，然后修火之利。……以炮，以燔，以亨，以炙，以为醴酪。……以养生送死，以事鬼神上帝。皆从其朔。①[34]

仪式能训练人的注意力，鼓励人们提高辨别与鉴赏能力。《礼记》中如是说："羞濡鱼者进尾。冬

① 出自《礼记·礼运》。

右腴，夏右鳍……凡齐，执之以右，居之于左。"①[35]
每件关乎礼仪之事，必须行之得当，饮食正是其中
大事之一。孔子曾说："割不正，不食。不得其酱，
不食。"[36] 固然，这位圣人无疑是严于礼法之人，但
这也并不排除一种可能，即他同时也具有精细的味
觉，以及高超的美学敏感性。

　　食亦为药，毫无疑问，人们对于食物的了解也
因这种联系而大大加深——人们不仅关心食物的
口感和味道，也关心其滋补疗愈功效。在中国，食
物的种类异常繁多，一方面反映了生活的贫乏，人
们不会嫌弃任何可以充饥的食物，另一方面也反映
了人们对药物之学（materia medica）的不懈探
索——植物、动物及其各细微部位的治疗功效皆得
到细致研究。健康取决于饮食调理，这是千百年来
中西共通的理念。但中国人的不同之处在于将食
物与医药纳入涵括一切的大原则——阴阳学说之
下。大多数食物的属性非阴即阳，智者则知晓食物
平衡之法。和谐为上，饮食如此，中国人生活中的
其他方面也如此。极端和过度则是不可取的。

　　话虽如此，过度饮食却时有发生。普通百姓但

---

　　①　出自《礼记·少仪》。大意为：进献的是浇上汁的鱼，要让鱼尾
朝前。冬天上鱼时要让鱼腹朝着人的右侧，夏天上鱼时要让鱼脊朝着
人的右侧，这样便于人用右手取食。凡调和食物的滋味，要用右手拿着
调味品，用左手拿着羹汁等。

凡有机会便大吃大喝,因为他们无法保证随时都可获取食物。富人举办宴席,佳肴堆积如山,只为了彰显其能耐。18 世纪的诗人、享乐主义者袁枚在《随园食单》中写道:"余尝谓鸡、猪、鱼、鸭,豪杰之士也,各有本味,自成一家,海参、燕窝,庸陋之人也,全无性情,寄人篱下。"①但燕窝却地位崇高,鸡、猪只是寻常。当时一位太守宴客,"大碗如缸,白煮燕窝四两",袁枚食之不以为然,宣称:"丝毫无味。"[37]

另一极端则是禁欲。西方隐士及其他精神修行者往往以寡淡无味的面包和白水果腹。中国人则很少做到这种程度。佛教徒禁食肉类,但他们巧妙地创制了"素肉",即口感和风味都令人垂涎欲滴的仿制肉。有些文官不满于城市及朝廷的浮华,转而歌颂田园生活的质朴,但那种质朴,至少在饮食方面,并不必然以美味为代价。如是,13 世纪的一位剧作家不无美化地描写了这样一餐——葫芦棚下,人们在举办一场丰收宴:"开筵在葫芦棚下,酒酿在瓦钵磁盆。茄子连皮咽,稍瓜带子吞。"②[38]

中国人对食物的热爱——对口腹享乐的追求——首先便体现在食物的多样性上。中国人是

----

① 出自《随园食单》之《戒单》篇。
② 出自关汉卿《五侯宴》第三折。

名副其实的杂食者，几乎没有禁忌，即便有，也是因地而异。牟复礼[1]曾如此描述中国人的肉食："除了野兔、鹌鹑、乳鸽、野鸡等（在西方）较为寻常的食物，明代（1368—1644）的一份资料还提到以下种类：鸬鹚、猫头鹰、鹳、驴、骡子、老虎、多种鹿类、野猪、骆驼、熊、野山羊、狐狸、狼、几种啮齿动物，还有各式各样的软体动物和贝类。"[39]

　　第二，美食之爱还表现在专营饭馆的数量和普及程度上。在杭州，大约与马可·波罗到访该地同时，已出现专门供应冰镇食物的店铺，其他类似的专营店及所售食物还有："杂货场前甘豆汤，寿慈宫前熟肉，钱塘门外宋五嫂鱼羹……猫儿桥魏大刀熟肉，五间楼前周五郎蜜煎铺……[2]更具异域风味的菜肴还有酒烧香螺、五味杏酪鹅、莲子头羹、改汁辣淡菜、梅鱼[3]；此外，最常见的还有馒头、炊饼、糖蜜酥皮烧饼、夹子、薄脆等等。"[40]

　　第三，汉语中描述味道及质地的词汇异常丰富。这些词汇并非厨师及美食家的专用术语，而属于日常用语的一部分。举例而言，"脆"是一种极高

---

① 牟复礼（Frederick W. Mote, 1922－2005），美国儒学学者、汉学家、中国学家、东亚学家。

② 出自宋代吴自牧《梦粱录·卷十三·铺席》。原文此处为转引，出处见本书附录注释。

③ 这几种菜肴出自《梦粱录·卷十六·分茶酒店》。

的品质,与新鲜度密切相关,暗示着勿过度烹饪的重要性。"脆"体现了食物对牙齿的阻抗,但紧接着便是 E. N. 安德森(E. N. Anderson)所说的,"汁香四溢",如新摘的竹笋、熟而未软的水果、大火快炒的新鲜蔬菜,以及快煮至刚熟的鸡肉。安德森继而列举了其他几个评价食物的词语:"爽"(韧而弹,介于松脆与劲道之间,诸如某些海藻的口感),"甘"(亦释为"甜",但甘又包括一切醇厚诱人的味道)。油炸食物应"酥"——多油但清爽——反之则为"腻"。最重要的是,食物应"鲜",不仅要新鲜,还要恰到好处……中国东部及南部地区的人们往往特别强调"清",即"清澈""纯粹",意味着食物具有细腻、微妙、精致的风味——不突出,不刺激,不厚重。[41]

中国人对美食的热爱,最后一点则体现在有关食物地理的详尽知识,于中国文人而言,这些知识不过是教养的一部分。特殊食物往往以所在地命名——北京烤鸭便是一例。一旦说某物为某地之特产,独具风味——哪怕仅仅是一种醋,也会为其增添一份令人难以抗拒的魅力。中国人对于茶叶和泉水的鉴赏可谓登峰造极。17 世纪初的文人张岱就是一位品茶家,一天,他前往另一城市造访声名远播的茶人闵汶水,一进府宅,他便闻到一股奇香。

余问汶水曰:"此茶何产?"汶水曰:"阆苑茶也。"余再啜之,曰:"莫绐余。是阆苑制法,而味不似。"汶水匿笑曰:"客知是何产?"余再啜之,曰:"何其似罗岕甚也?"汶水吐舌曰:"奇,奇!"余问:"水何水?"曰:"惠泉。"余又曰:"莫绐余!惠泉走千里,水劳而圭角不动,何也?"汶水曰:"不复敢隐。其取惠水,必淘井,静夜候新泉至,旋汲之。山石磊磊藉瓮底,舟非风则勿行,故水之生磊。即寻常惠水犹逊一头地,况他水耶?"①[42]

在现代西方读者看来,这两位朋友关于茶质与水质的讨论似乎有些过分——如此深入的鉴赏更适合音乐和绘画等高级艺术。不过,这段交流的确显示出中国人在传统上对于味觉的重视。有文化者,第一,要熟读礼仪经典;第二,能吟诗作画;第三,要懂得食物鉴赏,能细致地欣赏食物的味道和质地。然而,尽管优秀的厨师备受尊敬,但烹饪有切、剁、烹、炸,难免沾染暴力,且与鲜血与死亡关联密切,因此会引起不安。品尝的行为本身应受质疑,因为它终结于破坏,但不知为何,中国人(和西

---

① 摘自明代张岱《琅嬛文集·闵老子茶》。

方人一样)以某种方式压制了这种认识。如此一来,品尝几乎完全成为一种审美活动。

嗅觉

当我们说一种食物很美味时,就生理机能而言,我们的描述并不确切,因为食物的"美味"很大程度上来自嗅觉。味觉器官和嗅觉器官如此接近,二者的功能效果也难分彼此,以至于我们习惯性地将它们视为一体。

嗅觉为我们带来了许多纯然的乐趣,但其审美地位却很低,西方文化中尤其如此。比如康德就彻底否定了嗅觉的审美性。[43]弗洛伊德认为"直立行走"是"人类文明的命运中决定性的进程",也因此,眼睛取代鼻子成为性兴奋的主要来源。[44]18世纪,欧洲旅行者和思想家相信野蛮人的嗅觉比文明人更发达,其中年轻者尤甚。文明之士理所当然地认为嗅觉处于感官的最底层;闻、嗅或喜欢强烈的动物气味或性气味,在他们看来都是可疑之举。眼、耳是高贵的器官,鼻子是原始的、动物性的器官,这种偏见如今依然普遍。

联结与记忆

的确,人类是视觉动物。我们的距离感应器是眼睛,非灵长类哺乳动物则不同,他们是靠鼻子来探测空间,并精确定位远处的目标对象。狗和鹿鼻子的敏感表面大小是人类的三十倍左右,他们的嗅觉世界不仅更大,而且充满丰富的细节和复杂的区别,远非人类所能想象。[45]与视觉和听觉相比,嗅觉对我们情感的影响更深层,更隐蔽。嗅觉与大脑中的一种原始结构有关,它控制着情绪情感以及诸多非自主的生命过程,包括呼吸、心跳、瞳孔变化以及生殖勃起。食物的气味会令人口舌生津;与性相关的腺体气味——身体散发出的类似"烤面包"的气味——能令人不由自主产生性兴奋。萨默塞特·毛姆说,要想判断一个女人是否真正爱上一个男人,不是看她是否喜欢他的外表,而是她是否喜欢他雨衣的气味。气味的吸引力超越于理性之上,也可以说,深埋于理性之下。恋足癖不仅关乎视觉,同样也关乎嗅觉,但文明社会对此矢口否认。有些怀特殊癖好之人甚至认为腋窝是"迷人的洞穴,充满令人惊喜的气味"[46]。

一位母亲不厌其烦地欣赏自己婴儿那小巧可爱的手指,这也是一种审美体验——这恰恰是能够增强母子联结的诸多经验之一。气味也能强化这种联系，但却更不易察觉。仅仅六周大的婴儿就会对母亲的气味表现出强烈的依恋，而对别的女性则不然。同样，母亲也能够仅凭气味分辨出自己孩子的摇篮，哪怕孩子出生仅两天。小孩对环境最早的依恋很可能就是通过嗅觉产生的。母亲是新生儿的第一个，也是最重要的一个"地方"，而孩子识别母亲的方式更多是通过气味而非面部特征。当孩子长大，学会走路，开始探索非人类的环境时，他们喜欢抱紧一个毯子，从中获取安慰和安全感。毯子的柔软质感是令他们安心的一个因素，但另一个因素同样重要，那就是毯子中丰富的人的气味。[47]

　　嗅觉是直截了当、一触即发的，视觉则抽象且具有因人而异的构成性，二者形成了鲜明的对比。也许正因如此，嗅觉往往能勾起过去栩栩如生的回忆，这一点，视觉完全不具可比性。关于这一现象，我有亲身经历可以证明。我离开澳大利亚悉尼时还是小孩，二十三年后重返此地，本以为这次旅程会充满怀旧之情。但事实并非如此。我不在的这段时间里，悉尼经历了翻天覆地的变化，许多旧日地标被拆除，被闪闪发光的新建筑取而代之。我的旧屋还在，在海滩旁边，临着一条滨海步道。海滩、步道以及建有一排秋千的小活动场大体如故。不过，旧日岁月依然离我很远。我无法让自己回到童

年,除非可以动用智力去想象。尽管物理空间没有
改变,但我对它的感知早已变了。童年的我以一种
眼光观看这片海滩,成年的我已换了另一种眼光,
关注点和价值观都不同了。我努力追寻过去,但我
的双眼并不让我如愿。但我的鼻子却做到了。就
在我即将认定家再也回不去了的时候,一股强烈的
海藻味扑鼻而来,我一下子被抛回童年。那一瞬
间,我站在沙滩上,又回到了十二岁。气味之所以
具有这种重建过去的力量,是因为与视觉图像不
同,它是一种封存的经验,这种经验在很大程度上
还未被阐释和发掘。

生活之味

除非有一天被剥夺了嗅觉,否则人们通常不会
意识到气味给生活增添了多少乐趣。普通感冒会
在短时间内抑制嗅觉,头部创伤则可能损伤嗅神经
束,导致嗅觉永久性丧失。那种丧失感极为强烈。
一位受这种创伤困扰的人说:"你会去闻人的气味,
书的气味,城市的气味,春天的气味——也许并不
是有意识的,但它却为其他一切提供了丰富的无意
识背景。事故发生后,我的整个世界一下子变得索
然无味。"[48] 失去了香气的食物毫无吸引力,甚至令
人生厌。吃饭变成了生存任务。另一位患者也说:

"我自然要吃东西——毕竟我还不想死。但寻常食物全像垃圾一样……我能喝一点冷牛奶,吃一点放凉的煮土豆,吃一点香草冰淇淋,那些东西味道不算好,但也不差,其实就是根本没什么味道。"他再也不能喝咖啡,因为关于咖啡香气的记忆实在令人难以忍受,而他此后也仅剩记忆了。[49]

食欲丧失往往还伴随着性欲丧失。失去了气味,生活和世界变得灰暗无光,嗅觉刺激能唤起人最深层的情感和动物性的本能,视觉和听觉之美并不能弥补其缺失。

如果一个人拥有非凡的嗅觉会如何? 如果嗅觉成为人的主导感官,就像狗那样,又如何? 当然,我们无法完全进入另一种动物的经验现实,但我们可以从反常经验中窥探这些问题的答案,比如神经学家奥利弗·萨克斯就描述过这样一段经历。一位医学生在服用安非他命期间,有天晚上做了个生动的梦,梦见自己变成一只狗,生活在充满了丰富气味的世界中。醒来后,他发现自己仍然在这样的世界。

他产生了一种嗅觉冲动……性的气味如此浓郁,令人心旌摇荡,但他也并不觉得那比食物或其他气味更诱人。嗅觉的愉悦是强烈的——嗅觉的烦恼也同样强烈,但他却感到,嗅觉的世界不是仅仅有快乐与烦恼两种体验，而是提供了一套完整的美学、整体的价值判断、全新的意义，这一切将他包围。"那是一个纷繁而具体的世界，一个一切在即刻间发生、即刻便产生意义的世界。"作为知识分子，他原本倾向于反思性、抽象性的思考，但现在他却感到抽象和分类变得困难，而且有些不真实。[50]

教养之鼻

从一个角度看，我们可以认为气味是"原始"的，与食物和性密切相关。但从另一个角度看，我们会发现香味的鉴别和欣赏能力也可以不断进步，永无止境。人类的嗅觉和其他感官一样，如果想充分发挥潜能，也须在文化的支持与压力下发展。幼儿或许具备敏锐的嗅觉，但他们的注意力范围过窄，因此限制了他们的嗅觉世界。他们贴地爬行，地板是丰富的气味来源；他们在草地上行走，植物的芳香可能恰好漫过他们的脸庞，但如果他们没有特别去关注，这些香气大多会在不自觉间从他们身边逃逸，或者仅仅在无意识中产生影响，永远难以再寻回，除非偶然间勾起某种回忆。

人类的嗅觉很早就开始发挥作用。出生仅仅几天的婴儿便对气味表现出敏感。不过，他们仅仅对气味的强度有反应，而非气味的特征或类型；几乎没有证据表明他们对某些气味有偏好。一个幼儿在某次实验中表现出更喜欢黄樟素而非丁酸，但在下一次实验中可能得出相反的结果。随着年龄增长，孩童的气味偏好会渐渐变得不再随意。从四岁起，他们开始渐渐区分出令人愉悦的气味和令人不快的气味，他们的气味偏好从果香发展到花香，之后则转向更加复杂和微妙的香味。[51]

尽管爱花公牛费迪南德①的故事非常动人，但几乎没有证据表明公牛喜欢花香。狗的鼻子虽然灵敏，但狗似乎对果香和花香也并不特别感兴趣。但遍观世界各地，人类却普遍喜欢花香。这种偏好并无明显的适应性目的，很大程度上是文化使然。蒙克里夫（R. W. Moncrieff）写道，"忍冬的芬芳和乡间五月的甜香对蜜蜂来说当然很实际，但对人类来说，它们的价值主要是审美价值，并且某种程度是抽象的"，或许还有助于"提升情感的成熟度"。[52]

---

①　故事源自曼罗·里夫 1936 年的童书，后被改编为电影，讲述了西班牙一头名为"费迪南德"的公牛的故事，它的绰号又叫作"爱花牛"。

天然香气

嗅觉带来的不仅有生理刺激,还有一个在美学享受上堪比视觉与听觉世界的气味世界,尽管如此,但它却没有得到类似的开发。图书馆里,图画地理比比皆是,散文诗歌汗牛充栋,赞颂着大自然多种多样、辉煌灿烂的视觉之美。但嗅觉地理和嗅觉美学却几乎不存在。没有哪种文化会将气味视为其自然环境的首要元素。人们最多只会将香味用作环境中的一种辅助性或次要艺术。例如,中国有无数诗歌赞颂自然的形状、色彩甚至声音。"归鸟赴乔林,翩翩厉羽翼。"①拟声词在诗文中很常见,但气味描述,即便在应当出现之处也罕见:"夏李沈朱实,秋藕折轻丝。良辰竟何许。"②[53]气味有重返过去的力量,然而,尽管中国诗人多有怀古之情,对气味却不甚敏感。他们的诗中的香气描写,大多伴以女性形象出现。相比之下,所罗门王的《雅歌》中频频以香气象征热烈的爱情,这是中国文学绝难见到的。

人类与自然之间普遍存在某种情感联系。然

---

① 出自三国曹植《赠白马王彪·并序》。

② 出自南北朝谢朓《在郡卧病呈沈尚书诗》。

而,美学欣赏,包括对于自然气味的欣赏,却不那么
常见,因为这种欣赏的前提是人对于掌控自然的信
心。在西方世界,荒野只有在失去了彻底的压迫性
时,才能引发愉悦。深山茂林渐渐有了人迹,不再
是猛兽、敌人、恶魔的藏身之处,此后才获得了审美
价值。这一过程是迟缓而坎坷的。直至18世纪,
即便在出身高贵、教养良好的人之间,对自然的古
老恐惧也没有完全消除。大地深处散发的臭气加
剧了这种恐惧:"某地的空气混合了烟雾、硫磺、水
汽、挥发物、油性及盐性气体,恶臭难闻。"采石场是
开放的疮疡,自地底深处发出可怕的威胁——向人
鼻孔和大脑袭来的"金属气体"。农民的健康受到
损害,是由于他们躬身耕作时,离土壤太近所致。
耕种土地,特别是开荒,会令整个村庄暴露于"病态
气体"的威胁。各种形态的水——雾、露水、海上飘
来的空气——即便没有气味也都可疑,但毫无疑
问,最大的危险来自沼泽和滩涂,动植物在那里腐
烂发酵,散发出恶臭而有毒的瘴气。[54]

　　中国与欧洲一样,只有当疑虑散去,人们才会
开始欣赏自然。北方人从人口稠密、地势平坦的黄
河流域向南迁徙,来到茂林密布的丘陵地区,那里
陌生而强烈的气息令他们很是矛盾。唐代诗人发
现北方相对无味,而南方气味浓烈,但他们几乎不
太注意花梨木、樟树或丁香这些外来植物的气味,

而是被橙、橘这些熟悉的气味吸引。

> 林暗交枫叶,
> 园香覆橘花。
> 谁怜在荒外,
> 孤赏足云霞。①

　　香味唤起的是淡淡的喜悦与思念的忧郁,但并非欢乐。爱德华·谢弗注意到,尽管南方香气宜人,"在地域上与印度馥郁的园林和寺庙如此接近",本可能受佛国影响,崇尚香气,但事实上这种现象并未发生。对中国人而言,"此地非天国,而是令人恐惧的荒野,唯有当沉重的空气中飘来一缕橘花香时,其险恶才得以稍稍抵消"。[55]

乡村香气

　　关于人为景观(除花园外)的气味,仅有少量记述,其中绝大多数着力描写臭味或混合气味。18和19世纪,欧洲人对腐烂和死亡的气味非常敏感,这种气味充斥在他们周围的建筑中,特别是监狱、收容所、济贫院和贫民区。即便在富人区,未修筑下

---

　　①　出自唐代宋之问《过蛮洞》。

水道或下水道淤塞的地方,或在通风不良的富人宅邸,一样臭不可闻。19世纪至20世纪初,前往东方和非洲的欧洲旅行者大大丰富了有关刺激性气味和有毒气味的文献。波蒂厄斯写道:"从吉普林到最近流行的 M. M. 凯耶和杰弗里·穆尔豪斯,没有哪本关于印度的书不谈那片次大陆的特殊气味——半是腐败,半是芳香,混合了粪便、汗水、炎热、尘土,还有腐烂的植物和香料的味道。"[56]

城市人来到乡村,常会注意到那里丰富的气味:中国农田弥漫着浓烈的有机肥的气味,欧洲乡间则可以闻到粪便和农场的各种家禽家畜味道。城市人乐于把乡间美景的照片带回家,但绝不会想把有机气味带回家。不过,只要是在当地,他们倒也能欣赏这些气味。某种程度上,他们对待第三世界国家的强烈而独特的地域气息,也是这种态度。扑鼻而来的特殊气味会令一个地方显得真实可信,仅靠视觉形象则不够充分。此外,炎热、汗水和香料混合,会给人一种生机勃勃的印象。

人适应一种气味其实很容易。拉开面包店的大门,我们立刻会被烘焙的甜香征服,但几分钟后,我们就不再有所察觉了。同样,难闻的气味也是如此,我们闻过后,过一小会儿就会消失。[57]气味在周期性出现时更容易被注意到。也许正因如此,在漫长而平淡的寒冬结束后,突如其来的春天激发了大量关于香气的文学描写。托尔斯泰描写了孩提时代一场春雷带给他的兴奋："四面八方都能听到云雀的欢歌，它们时而盘旋，时而轻巧地俯冲……到处是木香……白桦树、紫罗兰、腐叶、蘑菇和野樱桃的气味如此迷人，我实在坐不住了。"[58]

传统村庄和农场还有一种气味，备受旅行者欢迎：日落后，农民和牧民回家休息，开始准备晚餐，木柴燃烧，香气四溢。欧洲、非洲、南亚的小路上都能闻到这种香气，因燃烧的木材不同，香气也各有分别。一位身在西班牙的旅行者如此描述他在安达卢西亚闻到的特殊香味：

> 牛羊被赶回家，男男女女彼此呼唤的声音仿佛空气中荡漾开的水流纹……那甜甜的香气是什么？我环顾四周，只见每一个灰色的平屋顶上都有一个小烟囱，每一个小烟囱都飘着一缕青烟，缕缕青烟汇聚，在村庄上空形成一层薄雾。女人们在做晚饭，她们烧的柴是用驴子从附近山里驮来的迷迭香、百里香和薰衣草。[59]

还有一种季节性气味也深受 18 世纪作家和自然爱好者称颂，就是新鲜干草的气味。那不是花香或某种突出的香味，却十分诱人，很大程度上是因为引发了人们关于自然，关于健康与户外活动，以及关于清新与青春的联想。新鲜干草对如今的城市人仍有吸引力——这种吸引力源于一种怀旧情绪，因为人们意识到，随着城市化进程的深入，在新鲜干草香气中醒来，已是极为罕有之事了。[60]

城市香气

城市的气味大多令人不悦。城市化的支持者总是罔顾鼻子的意见。人群大量聚集之处，不大可能会有好闻的气味。在过去，令人不悦的气味多来源于有机物。随着新的卫生措施的实行，那些气味得到了控制，但新的刺激性气味又扑鼻而来——汽车尾气和工业废气。城市可能因为某些传统做法而留有一些好闻的气味，尽管这些做法早已为现代城市所不容。比如，尽管市政当局明令禁止，罗马的某些区域还可闻到室外烧柴的馨香。有些城市还会因某种特定产业而拥有独特的香味。比如，巴尔的摩因为有香料工厂，终日散发浓烈香气。还有些木材城则笼罩在锯末的清香中。在繁华的大都市，林荫道旁商铺连排，满目琳琅，可为懂香之士提供极大享受。漫步街头，我们或许在蔬果摊前驻足，闻一闻柑橘和柠檬的浓香，其间还夹杂着卷心菜和土豆的泥土气息；旁边是一家二手书店，那纸张味和淡淡霉味，对爱书之人则有难解的魅力；咖啡店向人行道倾洒独特香气，鞋店也是如此，每次开门迎客，都泄露出一股皮质香；在高端街区，我们还能从衣着光鲜、妆发靓丽的女士身上闻到昂贵的香水味。小摊贩对城市的嗅觉环境贡献颇大。近来，纽约的空气中弥漫着蜂蜜烤花生的香味。"卖家用深腹平底锅和隐藏炉子，将花生和糖浆混合，造出一种奇妙香气。自本世纪上半叶的烤番薯摊以来，还没有哪群摊贩能给城市带来这么浓郁的气味。"[61]

衡量视觉和嗅觉不同地位的标准之一是二者在建筑环境中的使用程度。对理想城市的设计者来说，视觉吸引力是首要因素。甚至一个建筑的触觉和动觉价值也是间接通过眼睛衡量的：我们凭目视来感受一面墙是粗糙还是光滑，而非通过触摸或亲身体验。但无论如何，气味无疑是环境的一部分，自古以来，高级文化都试图对气味环境实施控制，通过焚香来提升一个地方的嗅觉氛围。焚香最初是用于驱散邪灵，或向神灵祈祷。[62]但事实上，炉中香气会在房屋中弥漫，久而久之，即便不燃香时，房屋乃至家具都依然会散发幽香。

有些建筑的确考虑到了芳香设计。巴比伦人

是芳香建筑的先驱。萨尔贡二世①(前722—前705年在位)在豪尔萨巴德的宫殿中使用了雪松木,西拿基立②(前705—前681年在位)也同样,设法令大门开关时都散发出怡人香气。所罗门圣殿使用了黎巴嫩雪松。这座圣殿是基督讲道之处,建于公元前20年,因为有黎巴嫩雪松,终日散发香气。有些印度神庙被称为"芳香之屋",人们把岩兰草③的根放在露台上,用水将其浸湿。"微风拂过时,香气被送入宫殿或神庙中,满室芬芳而清爽。人们还会编织草帘——他们称之为'*khus tattis*',同样是为了让屋里散发岩兰草香。"[63]玄关这类要紧处可能用檀香木制作,这种木材还有防虫之功效。在中国,香樟木既散发芳香又能抗白蚁,从3世纪起就成为一种流行的建筑材料。建筑师们用其来制作宫殿及庙宇的雕栏画柱,以及游廊廊顶的桁架檩条,它们为漫步其下的文人墨客遮风挡雨,令他们得以欣赏盛景,品味木香。1703年,康熙皇帝在满洲南部修建了一片宏伟的建筑群④。其中一座大殿,门窗梁柱皆用金丝楠木所制,不施漆画,因而长年散发缕

---

① 萨尔贡二世(Sargon II),亚述国王,曾在登基后不久下令修建一座新的城市作为帝国的首都。
② 西拿基立(Sennacherib),亚述国王,萨尔贡二世之子。
③ 又称香根草,须根含挥发性浓郁的香气。
④ 指承德避暑山庄,又名"承德离宫"或"热河行宫"。

缕清香。①[64]

在世界各地，人们用盆栽花卉植物为屋室营造
怡人香气，已有很长的历史。更不寻常或说更为炫
技的做法是在建筑周围种植芳香植物，再以自然风
或人造风将香气引入室内。13世纪建于中国杭州
的御苑翠寒堂可称为个中典范。它由象牙白色的
日本松木建成。"长松修竹，浓翠蔽日，层峦奇岫，
静窈萦深，寒瀑飞空，下注大池可十亩。池中红白
菡萏万柄，盖园丁以瓦盆别种，分列水底，时易新
者，庶几美观。又置茉莉、素馨、建兰、麝香藤、朱
槿、玉桂、红蕉、阇婆、簷葡等南花数百盆于广庭，鼓
以风轮，清芬满殿。"②[65]

芳香花园

说起具有香气的地方，我们首先会想到花园。
花园的原型是伊甸园或天堂。不同时期，不同文化
中的天堂图景也不尽相同。印度次大陆盛产芳香
植物，因此毫不奇怪，印度教和佛教的天国花园比

---

①　澹泊敬诚殿，为避暑山庄主殿。初建于康熙五十年(1711年)，
因康熙崇俭，原以松木建成。乾隆十九年(1754年)用极为昂贵的金丝
楠木改建，以凸显皇家威严。该殿有雕梁而无画栋，风格古朴而含蓄。

②　出自南宋周密《武林旧事·卷三·禁中纳凉》。与此处原文表
述略有出入，具体见本书附录注释。

伊斯兰或基督教的香气更浓。关于印度教天堂的描述始于视听之美,终于扑鼻之香:"……天国的居所,由莲花池和蜿蜒的河流装点着,水中盛开着五种莲花,它们的金色花瓣凋谢后,甜美的香气便弥漫在空气中。"[66]相比之下,《古兰经》中屡次出现的天堂图景多强调触觉和味觉——清凉的水或空气,柔软的长榻,丰盛而美味的水果,奶与酒之河——但极少提到香气。[67]

不同时期的基督教天堂图景也存在较大差别,但大多数情况下视觉都是主要元素。耶稣的天堂完全以上帝为中心,几乎无处容纳感官娱乐。《启示录》强调视觉与听觉——彩虹圣光照耀着,长翅膀的天使们永不停歇地唱着"全能的上帝,如此神圣"。在奥古斯丁看来,永恒的幸福在于"看见上帝"。但丁的天堂是一个光明与色彩环绕的视觉世界。然而,中世纪早期,气味和自然在天堂图景中变得更突出,这或许是因为当时影响力颇大的修道院多建在气味丰富的乡村。一位 9 世纪诗人僧侣写道:"天堂永远盛开百合与玫瑰……它们的芳香为灵魂带去幸福,永不停息。"1100 年前后出现了一本题为《阐释》(*Elucidation*)的书,在整个中世纪被广为传抄,这本书描绘了末日审判之后的世界,那将是一个芬芳动人的花园。它将由圣人的鲜血灌溉,"装饰着香气袭人、永世长存的百合、玫瑰、紫罗兰"。[68]

谈论理想的芳香花园，便不能不提弥尔顿的
《失乐园》，弥尔顿开始创作这本书是在 1658 年，在
他完全失明之后。其中如此描写大天使拉斐尔来
到伊甸园的情景：

> 他走过他们那辉煌的帐幕，
> 走到那幸福的田野，走过没药树丛，
> 走过肉桂、甘松、白壳杨的花香；
> 到了一个芬芳、甘美的原野。
> 这里的自然，回荡她的青春活力，
> 恣意驰骋她那处女的幻想，
> 倾注更多的新鲜泼辣之气，
> 超越乎技术或绳墨规矩之外；
> 洋溢了无限的幸福。

（朱维之译）

现实中的花园主要取悦人的双眼。西方世界
最大、最华丽的花园尤其强调视觉，例如凡尔赛园
林，它被设计为威望的象征，盛典的舞台，业余表演
及仪式的场所。中国也同样，自 18 世纪起，美学家
们就将园林视作风景画——赏心悦目，又可游览其
中。在道教与佛教的影响之下，园林更成为休憩、
静观、沉思的场所。在此，人们既视外物，又观内

在;半闭双眼,既是一种隐喻,也是一种实际做法。视觉退出主导地位,包括嗅觉在内的其他感官便随之增强。中国园林植物的评价标准不仅涉及形状、颜色及象征意义,还包括其独特气味。因此,亭台水榭的选址也会考虑香气的来源——比如荷花池旁、松树林中。[69]

除中国外,规模不大的封闭式花园在世界上许多地方都较为常见,比如在受伊斯兰教影响的国家。但即便在西方那些吸引人眼球的大型花园,也会辟出封闭的小空间供人休息。在这样的封闭空间,追求宁静的人可以在轻松的情绪中享受种种微妙的声音与气味——轻柔的齐特琴声与鸟鸣声,花草的芬芳。在18世纪的欧洲,花园中隐蔽空间的设计越来越重视香气。在毗邻芬芳花草的"宁静区域"中,甘甜的香气会引人进入一种宁静的境界,人们不再渴望激动人心的景色,不再刻意思考什么,而是沉醉在柔缓的感觉与想法中。

气味偏好与偏见

人们对气味的态度是复杂、模糊、情绪化的。西方存在一种消极态度,即认为自然气味是有害的。我们可以看到这种态度如何形成。人的身体是自然的一部分。在艰苦的体力劳动之后,人体可

能会散发出刺鼻的气味,不同的文化对这种气味的
容忍度也不尽相同。许多没有文字的民族有沐浴
的习惯,古埃及、印度、罗马也是如此。与之相反,
自古代终结,以至现代来临,中间这漫长的时期里,
在欧洲,即便是精英阶层也不关心个人卫生。他们
的解决办法是香水。自 18 世纪末以来,随着医学
和工程技术的发展,中产阶级对有机物腐化和生理
功能的气味越来越敏感,想方设法将这味道从住
宅、街道乃至自己的身体上清除。这导致了对于气
味,甚至好闻气味的矛盾心理。

　　如今,尤其是在英美社会,人们更喜欢清淡的
气味。有些人甚至认为花店、温室、面包房、皮具店
以及民族餐馆的气味过于浓烈。其对立面则是没
有任何气味的地方,比如照相机店,那里则充斥着
一种消过毒的冷酷、疏远的氛围。事实上,大部分
办公室、公共场所以及服务于中产的商店都尽力营
造无味的环境。但也有例外——比如杂货店、老式
综合商店、摆着新旧书籍的书店、百货公司的化妆
品区,这些地方都非常好闻,因为其味道不仅清淡、
丰富,而且独具一格。商家现在意识到,对于由天
然原料制成的商品,保留气味会令其显得更真实、
更有诱惑力,因为几乎所有的自然物,包括岩石,都
有气味。[70]

　　至于自然景观的独特气味这一课题,只能说,

嗅觉地理学的发展仍然严重滞后。人们对自己家乡的景象、声音、气味都习以为常，尤其是气味，通常被认为理应如此。一旦离开熟悉的环境，人往往对全新的环境感到震惊，并强烈地怀念起被他们抛在身后的感觉世界来。对热带雨林的狩猎采集者来说，大草原荒凉而凶险，不仅因为那广袤无边的地平线，还因为气味实在贫乏；夏威夷人来到美国本土中西部地区，会非常怀念自己岛上浓郁的气息，反过来，中西部地区的人到夏威夷之后，却感觉那种气息令他们头昏脑胀。

气味可以捕捉一个地方的审美及情感特质。在中纬度落叶林地区，是春的气息——生命的气息；在北方森林，是松针和松果的气息；在北美大平原某些地方，是鼠尾草的气息；在新墨西哥，是烈日下矮松和杜松的气息；在澳大利亚，是桉树的气息；在海岸地区，是清凉的海风送来的海藻气息；在炎热的沙漠，是暴晒之后土壤和石头微微散发的辛辣气息；凡此种种。说到保护自然环境，人们总是只想到其视觉景观，但是，当一片不老的落叶林被砍伐，种上速生的针叶林时，毁掉的不只是一片剪影，还有那独特的气味。对我们来说，嗅觉地理不是自然出现的。正因此，当我们学会欣赏自然的种种迷人芳香，决意将嗅觉地理书写下来时，我们将展现出一种更为高级、更为复杂的美学。

第四章　人声、声音以及天籁之声

大多数人会认为，与失聪相比，失明是更惨痛的灾难。毕竟，我们只要闭上双眼，就会立刻陷入黑暗；而堵住耳朵，随之而来的却似乎是清净，就像大雪之后的城市，万籁俱寂，一片安宁。此外，寂静还能令目光变得更敏锐：没有了声音的干扰，我们的眼睛更加聚焦，世间一切更显清晰。

但无声会带来死亡之感。生命与运动相关，生物运动时，便会造成声响。无声的运动会显得诡异，鬼祟，隐隐有威胁性。我所住之处，是隔音的高层公寓，我站在观景窗前，俯视城市街景，可以见到车水马龙，人来人往。城市是活的，而我知道——我全身每一处都感觉得到——只要我推开窗户，街道上嘈杂的声音，就会一起涌进来。

人声及日常声音

我们周遭的声音多种多样，其中最重要、我们最敏感的,是人声。因为倾听他人说话,自己也学会说话,我们才成为人。我们参与某个群体,成为其一员,主要也是通过语言,语言可以传达无尽微妙的信息,爱与恨,警戒与赞美。失去了听力的人,不得不与这个予人确信感的声音之茧隔绝。

人声和其他同样熟悉、同样带来确信感的声音混合在一起。如果完全孤身一人,我们很难保持对自我的认识。他者的存在是必要的——正如约翰·厄普代克所说:"夜晚温柔的杂音——母亲在楼下说话,祖父喃喃回答,汽车飕飕驶过……我们需要那些持续在场的他者发出响动和轻叹。我们需要神明。"[1]厌倦了城市喧嚣的都市人向大自然寻求安宁——安宁,而非寂静,因为在大自然中,我们仍能听到流水的咆哮、树叶的涛声、众鸟的闲谈。绝对的寂静将令人无法忍受。在自然之中,我们乐于倾听潜鸟①的呼喊和其他令人期待的声音,但除此之外,还有不计其数的响动和轻叹将我们包围,成为温柔的背景音,在更深层次上,这些声音支撑着我们的生活。

---

　　①　潜鸟鸣声很有特色,包括喉声和怪异的悲鸣声,在北美称为"笨鸟"。

生物节奏

　　人主要是视觉动物，但某些时候，听觉也会占据主导。胎儿在子宫中可以听见妈妈的呼吸和心跳、消化过程、肌肉及关节运动。他们还能捕捉到来自外部世界的信息，比如大声的交谈。甚至在出生前，他们就已经渐渐熟悉了父母的声音。[2]因此，胎儿对外部世界最初的觉察，就来自有机声音及人声，而非视觉。有机生命具有稳定的声音，特别是心跳，这些声音令胎儿感到舒适。即便是惯用左手的母亲，也倾向于把孩子抱在左怀中，很显然，这是因为她本能地知道婴儿喜欢接近母亲的心跳。人成年之后依然会保留这种偏好。德斯蒙德·莫里斯①称："每当你产生不安全感时，你便可能会不自觉地寻找近似心跳的节奏，它们可能以各种伪装出现。比如前后摇摆……大多数民间音乐、民间舞蹈都包含某种切分节奏，这并不是偶然……年轻人的音乐被称为'摇滚乐'，也不是偶然的。"[3]音乐理论

---

　　① 德斯蒙德·莫里斯(Desmond Morris, 1928—)，英国动物学家和人类行为学家，其行为学专著有《人类行为观察》《裸猿》等。

家默里·谢弗[①]说，澳大利亚原住民最基本的鼓点是在心跳节奏上下波动。贝多芬的《欢乐颂》也是。心跳节奏是人类衡量快和慢的一种尺度，例如，军乐加快速度时，人的动作也随之加快，目的感增强。呼吸则提供了另一种尺度。谢弗谈到，人们在海边会感到放松，其中一个原因就是海浪的节奏。尽管这种节奏并不均匀，但每次碎浪大体持续八秒左右，和人放松时的呼吸节奏相似。[4]

声音，情感，美学

相比于单一的视觉，声音更能激起人强烈的感情。晨报上耸人听闻的新闻头条，能吸引我们的注意，但并不能攥住我们的内心。关于灾难的照片可能引起更多反应，但都比不上救护车的鸣笛或撕心裂肺的哭喊，这些声音瞬间就让我们感同身受。

声音和气味是来自环境的线索，向动物提示关于食物、交配机会及危险的信息。人类对于声音和气味的依赖比非灵长类动物小，后者不分晨昏黑夜，总是在应对生命的愉悦与危险。声音是重要的

_____

① 默里·谢弗（Murray Schafer, 1933—2021），加拿大作曲家、作家、音乐教育家和声学生态学家。

警示：雷声预示着危险；野外露营的人对树枝碎裂的声音格外敏感，以此判断是否有熊接近；即便在家中的时候，人们有时也会在深夜突然问一句："厨房里那是什么声音？"不过，听觉方面，我们最敏感的，莫过于他人声音的音量及音质。婴儿的哭喊，突然提高的声音，愤怒的吼叫，这些声音的意义很明显，但不仅如此，人还格外擅长判断对方语气中极其细微的友善或敌意，不论字面意义如何。

这些深层情感是由声音美学所引发的吗？毫无疑问，声音具有美学特性，没有声音的运动是"死"的。另一方面，在听觉世界中要实现"间离"，通常比在视觉世界更难：声音总是包裹着我们。尽管如此，我们也不大可能完全沉入声音之中无法自拔，而是多少能抽身出来，从旁倾听。在丰富充实的听觉环境中，我们依然可以品味那些独特的声音，无论是单一地去听，还是作为合奏来欣赏——鸽子咕咕叫着；叠叠浪花拍击海岸，交织着远处海风的叹息；我们爱着的某个人语气中的抑扬顿挫；乐团激昂的乐声中，破空而出的小提琴音。

不祥的寂静

也许因为声音总是作为离散事件进入我们的

意识，因此对我们来说，这些声音似乎是相对于一种"不存在"而存在的，这种"不存在"，就是寂静。的确，就以草原上的潜鸟声为例，声音的部分魅力就在于其前后的寂静。在嘈杂的现代世界，寂静成为一种令人向往的状态——一种美学，一种能令人焕发新生的体验。不过，寂静也意指死亡。寂静属于坟墓。在希腊神话中，俄耳甫斯深入哈迪斯的冥府，黑暗与寂静之地，凭借音乐，他曾短暂征服这里。自古希腊时期至现代之初，欧洲人满怀喜悦与欣慰地认为天堂充满了音乐。随着这一信念渐渐溃散，天堂也变得越来越沉默、冰冷与寂静。数学天才、神秘主义者布莱士·帕斯卡①曾说，"这些无穷空间中的永恒寂静"令他恐慌。在希伯来人看来，"太初有言"。② "凡被造的，没有一样不是藉着"神的言而造的。在神的言之中，"存在着生命，这生命就是人的光"。上帝通过言说，令世界存在，言说打破了虚空、黑暗以及最初的混沌。我们至今仍认为言说能创造，能疗愈。寂静是黑暗，语言是光明。

Der Mond ist aufgegangen,

die goldenen Sternlein prangen

---

① 布莱士·帕斯卡（Blaise Pascal，1623—1662），法国数学家、物理学家、哲学家、散文家。

② 出自《圣经·约翰福音》，又译为"太初有字"或"太初有道"。

am Himmel hell und klar;

der Wald steht schwarz und schweiget,

und aus den Wiesen steiget

der Weisse Nebel wunderbar.

（月亮升起，

清明苍穹中

金色群星闪烁

森林漆黑而静，

草地腾起

白色迷雾）

　　在马蒂亚斯·克劳狄乌斯①这首诗中，"黑夜的邪恶的寂静被语言的光明征服"——这是马克斯·皮卡尔（Max Picard）的评语。"月亮与群星，森林，草地，还有迷雾，这一切在文辞的清辉中彼此寻到，彼此会面……通过词语，寂静不再处于令人恐惧的隔绝之中，而成为词语的友善的姐妹。"[5]寂静是迷乱，等待语词将它阐明。寂静是掌权者的冷漠，同时也是自然的冷漠。

　　正如帕斯卡那令人不安的预示，外太空的寂静

---

　　①　马蒂亚斯·克劳狄乌斯（Matthias Claudius, 1740—1815），18世纪杰出的抒情诗人，是感伤主义的重要代表之一。

是压抑而恐怖的。想想宇航员最大的恐惧：意外与航天器脱离，再也无法返回，只能慢慢飘入宇宙的虚空与寂静——飘入孤绝的死亡。在地球上，大自然的寂静也会令人不知所措，或产生一种诡异难解之感。欧洲人最初来到北美大草原时，陌生感令它们望而却步，而造成这种陌生感的一个因素就是它的寂静。植物学家托马斯·纳托尔①在 1819 年写道："多么奇异啊，万物之声被这片广袤无林的大草原吸收殆尽。说出的话没有任何回声，语气也随着无边无尽、逐渐衰弱的声波而消散。"[6]新世界的森林之声，音质与音量与欧洲森林不同——不同之处，还有那幽深的寂静。

　　自然声音的一个常见来源是风对植物的作用。没有风或没有植被的地方，就会被寂静统御。世界上的大型沙漠地带通常是寂静的。在无情炽日与被酷热烫得发白的天空下，除了偶尔卷起的沙尘暴，没有任何动静，在极度的疲劳与恐慌中，人可能只会听到自己的心跳和耳鸣。大冰盖地区的沉寂更可怕，更不可思议。理查德·伯德曾在南纬 80° 08′的南极冰原上露营，他在 1934 年 5 月 1 日的日记中写道："风几乎静止。大冰障笼罩在无声中。

----

　　① 托马斯·纳托尔（Thomas Nuttall, 1786—1859），英国植物学家、动物学家，著有《北美植物分属》《美国和加拿大的鸟类学手册》。

我从未见识过如此纯粹的寂静。有时这寂静会令人昏昏欲睡,陷入催眠……又有些时候,它会猛然闯入意识,仿佛突如其来的噪音。仿佛飞机引擎在飞行时突然关闭后随之而来的寂静,致命的空无。"[7]

喧嚣的自然

大自然,当然也充满喧哗与骚动:想想电闪雷鸣,热带风暴呼啸,还有冰雹落在屋顶,仿佛枪林弹雨。北方的针叶林可能会安静得令人毛骨悚然,而一旦有风来,便立刻变成另一番情形:风起于青蘋之末,引起低声絮语,但风势越来越盛,亿万针叶开始"扭转旋动,造成巨大的声浪"[8]。我的一位地质学家朋友厌倦了家乡纽约的聒噪,甚至对他求学的新墨西哥州阿尔伯克基相对安静的环境也不满意,于是一年夏天,他决定去秘鲁的山地做实地考察。他回来后,我问他孤身一人待在冰雪覆盖的山峰之间感觉如何,他说,夜晚每每令他难以入眠:不时传来的雪崩声让他感觉自己仿佛在中央车站露营。

甚至南极大陆及其水域也绝非安静之地,尽管那里并没有强风。冰在压力之下,会发出吱吱嘎嘎的破裂声、低吟声,甚至爆裂声;有时情况复杂,还

会发出种种怪声。1915 年 3 月 11 日,沙克尔顿南极远征队的一名成员曾如此描写韦德尔海:

> 此区域压力很大,相当危险……距离冰川似乎不足四分之一英里。这里有多处裂缝,总处在轻微移动中,四处怪声迭起。我们听到锤击声、低吟声、嘶吼声、尖叫声,还有电车运行声、群鸟欢歌声、水壶沸鸣声,偶尔还可听见一块巨冰耐不住压力,嗖地一下突然跃出或翻转。[9]

大自然还会产生一些更稳定的声音:大型瀑布持续的轰鸣;浪涛拍岸声;热带地区一连数日砸在房顶和树叶的暴雨声;还有风声。在巴哈马群岛,信风是当地人恒久的陪伴。其中一位岛民将它们描述为“第三力”,另外两种分别是坚实的大地和汹涌的大海:“这第三力仿佛来自虚无的外太空;它的呼啸主宰着一切存在。它不像海浪那样规律地起落,而是维持着一种恒定的基调,一种管风琴般的深沉哀鸣,不断重复,永不停歇。”[10]

动物的叫声也为自然增添了一分喧嚣。在城市化程度较高的现代社会,人们对动物叫声多有好感,因为它们已成为乡野的象征。当然,容忍是有限度的,每当邻居的狗叫个不停,苍蝇、蚊子嗡嗡作响，人的忍耐就会到达极限。但就在不久之前，即便在人们定居已久的西欧，动物的叫声也还不时引发焦虑——特别是狼，漫长的严冬之中，它们在饥饿驱使下，在村镇附近聚集。就在本世纪，乌干达的农民还惧怕着大象横冲森林的声音，它们会破坏沿途的田野，造成村民伤亡。

总体而言，一个地区生物多样化程度越高，噪音便越大：一个极端是大沙漠与大冰原的沉寂，另一个极端是热带森林的嘈杂。中纬度及高纬度森林中的动物噪声水平则在两者之间，而其中又存在区别：在北美，北部针叶林比东部落叶硬木林更安静。某些地区会因为某种特定动物的存在而格外喧闹，比如在澳大利亚，夏日蝉鸣一刻不停，这种最吵闹的昆虫令夏天更沉闷了；到了晚上，蝉鸣消歇，人们才在更柔和的蟋蟀声中稍得舒缓。[11]热带雨林中，斑驳摇曳的日光落在地面上，这里有时如同拱顶教堂中一般安宁、凉爽；有时又极为喧哗，其音量之大是高纬度荒野爱好者无法想象的。这段话描述了扎伊尔的伊图里森林中可以听到的声音：

> 黑暗中，蛙声和虫鸣震耳欲聋。一群黑白疣猴……相互呼唤着，听上去仿佛好几辆摩托车同时发动。差不多每隔一分钟，附近的树梢上就会响起一声令人毛骨悚然的尖叫，好像一

位女性马上要被杀害似的。"行凶者"是树蹄兔——一种可食用的小型哺乳动物,身体呈灰色,背部有白色簇毛,蹄兔科是和大象亲缘关系最接近的一科。[12]

悦耳的自然之声

大自然不仅有令人恐惧、压抑、烦躁的声音,也有带给人安慰、振奋、喜悦的声音。尽管每个人无疑都各有偏好,但文献表明,人们对于哪些声音具有抚慰人心的力量,是有广泛共识的——有些声音像摇篮曲一样舒缓,但又不会令人多愁善感:细雨叹息声,簌簌落叶声,浪花轻拍湖岸声,汩汩流水声,薄雾弥漫的清晨鸽子咕咕的叫声。

骤然破出寂静、后又回到寂静的声音,最容易引起我们的注意。这种声音可能开始会令人一惊,因为我们习惯于将其当做警示信号。另一方面,它们又可带来纯粹的愉悦,甚至神秘与狂喜。加拿大音乐学家默里·谢弗举过几个例子:在瑞士的阿尔卑斯高山区,天气平静晴好时,人有时会听见一声毫无预兆的呼啸穿过宁静的山谷,那来自数英里之外的冰川之风。只听见风声,却触不到风,这是一种神秘的感觉。当声音消失后，一切似乎变得比之前还静。[13] 在广袤的俄罗斯大草原上，某种生物孤单的鸣唱有时会与冬天的雪橇铃声融合在一起。马克西姆·高尔基如此写道："独自坐在雪原边上，在冬日水晶般的寂静中倾听鸟鸣，此时远方某处又传来三套车经过的铃声——那是俄罗斯冬天忧郁的百灵鸟之歌。还有什么比此情此景更令人愉快的呢？"[14] 鲍里斯·帕斯捷尔纳克也曾描写过空旷大地上的孤音之美："一切都陷入死寂，唯有近于天堂的深空中一只云雀鸣啭，那银铃般的声音从高空坠向大地。时不时地，草原上还会传来一声海鸥或鹌鹑的孤鸣。"[15]

乡间声音丰富，生机勃勃。春天来临时的那些声音尤其欢快动人。托尔斯泰的作品中满是对自然的生动召唤，一页一页翻过去，季节轮转，尽现壮丽景色。

> 旧草又绿了，新鲜的草钻了出来，像锋利的针尖……遍开金花的柳枝上，一只蜜蜂刚刚出巢，嗡嗡地翻飞。看不见的云雀在天鹅绒一般的新鲜玉米地和冰雪覆盖的留茬地上空高歌；田凫开始在沼泽和河流、小溪下游放声鸣叫……鹤与雁展翅高飞，发出高亢的、春天的呼喊。牧场上，冬天的毛还未褪完、身上一块

块秃着的牛开始低声叫起来；罗圈腿的小羊羔围着羊妈妈打转，羊妈妈也在掉毛，咩咩叫个不停……真正的春天来了。[16]

在偶尔的寂静中，更轻微的响动浮现至前景。"瞧瞧这个！人能看见、听见草在生长呢，列文自顾自这么想着，他发现一片湿漉漉的、青灰色的杨树叶在一支嫩草附近移动。他站住倾听，又低头看那湿润的、覆着苔藓的地面。"[17]弗朗西斯·基尔沃特说，庄稼在白天和晚上有不同的"声音"。在 1873 年 7 月 16 日的日记中，他写道："我沿着田野行走，中途停下来聆听小麦的扰动与庄严的低语，与日间大不相同。玉米似乎在轻声晚祷，赞颂着上帝。"[18]

刺耳的人声

在人类开始生活在大城市之前，噪音是自然的特权。人们也喊叫，打鼓，但人发出的声音与狂风或雷鸣之声相比，实在不可同日而语。自然众神不堪别人觊觎他们制造噪音的特权，以下这则关于洪水起源的故事，就说明了这一点，这则故事来自苏美尔史诗《吉尔伽美什》。

那时候，人口增长，世界人满为患，野牛般低吼，大神被喧闹声吵醒。恩利尔听到人类之喧哗，在议事会上对众神说："人类聒噪不堪，又因有巴别塔，我们夜不能寐。"于是众神便动心，决定放出大洪水。[19]

恩利尔是苏美尔的风暴之神，他的怒吼展示了他的力量。人类"如野牛低吼"般吵吵嚷嚷，不仅打扰了恩利尔睡觉，更是挑战了他以噪声实施压制的神圣特权。希伯来之上帝耶和华与美索不达米亚的自然神来自同一片文化区域。他说话时，旋风大作，同样，他也认为自己在声音与速度的崇高伟力中现身，是合适的。

在前现代的战争中，噪声是动摇敌方阵势的重要策略之一：呐喊，鸣鼓，言辞恐吓，甚至不以击杀敌军为目的的开炮，这些的确造成一种成势不可挡的印象。值得注意的是，15世纪至18世纪，大炮有时会被装饰以动物主题，比如，开炮如狮吼——它模仿的是自然本身的力量。同样，大城市的巨大噪音也是喧闹活动的迹象。但权威人士对此持怀疑态度，因为这种喧闹可能预示着无政府与无序状态；它传递出一种原始力量，就如自然风暴一般，一不慎便会失去控制。

自古以来，对城市居民而言，噪音令人心烦，但也是环境中不可避免的因素,人们怨言不断,但也早已适应。比如说,在帝国时期的罗马,尽管人们可以在这座城市的四十多座公园与花园中尽享美与宁静,但更多时候,他们还是不得不忍受狭窄街道上令人窒息的拥挤和堪比地狱的吵嚷。无数商贩聚集在此,工具叮当作响,脚步来往奔忙,还时不时当街叫骂,又添几分混乱嘈杂。入夜后依然不宁静,因为照法律规定,这才是轮车可以进城的时候。尤维纳利斯①称,夜间交通令罗马人陷入永恒失眠的诅咒。[20]

这些熙熙攘攘的活动和噪音,为城市既带来生机也造成苦恼,所有前现代大城市莫不如此,只不过噪音种类因地而异,也随科技进步而变化。中世纪欧洲城市,教堂钟声总是响个不停,就连习以为常的人也不胜其烦。到 18 世纪,教堂钟声被震耳欲聋的轮车声淹没。轮车自 16 世纪开始渐渐进入城市中心。为适应这些车辆,马路渐渐拓宽。越来越多的车辆阻塞了公共交通动脉,导致喧闹声越来越不绝于耳。殖民地时期的美国也同样,城市噪音日益显著。来往旅人注意到宁静的乡间与吵闹的城市间形成鲜明对比。1763 年 7 月的一天,植物学

_____

① 尤维纳利斯(Juvenal,拉丁名 *Juvenalis*,约 60—约 140),生活于 1—2 世纪的古罗马诗人,作品常讽刺罗马社会的腐化和人类的愚蠢。

家詹姆斯·杨来到费城，发现自己"在马车纷纷、人声鼎沸、尘土飞扬中难以抽身"。一位住在第二街的医学生在家中写下："私人马车、双轮座车、轻型带篷车、四轮货车、双轮货车，这一切车马声联合起来，如雷鸣一般，几乎一刻不停地侵扰着我们的耳朵。"[21] 1771 年，伦敦拥有一千辆出租马车。这种马车一开始非常沉重，装有镂空铁窗。车轮轧在鹅卵石街道上，可怕的噪声令人不堪忍受。[22]沿街商铺老板们叫苦连天，但也一筹莫展。一个世纪以后，交通噪音更严重；车辆数目增加了，但当时还没有橡胶车轮，于是沉重的车轮一如既往地倾轧着石板路面。一位维多利亚时期的绅士回忆道："在摄政公园或海德公园，四面八方的交通噪音，围成一个震耳欲聋的噪音之环。在牛津街的任何一家店铺里，只要门一开，就再也听不见人说话，直到有人把门关上。"[23]

如今，除非那些仍有传统集市开放的地方，城市已经变得安静多了。当然，有些地方会时不时被头顶掠过的飞机和地面交通噪音侵袭，但在北美各城市，汽车已不像 20 世纪 20 年代或 30 年代时那样一刻不停地鸣笛了；现在的司机大多只在遭遇紧急情况时才按下喇叭。在许多北美城市的街道上，生活噪音不仅消失于黑夜，甚至白天、周末和公共假期。于是，就连像达拉斯这样的大都市，也变成了一座静谧异常的花园。

城市的悦耳之声

　　城市生活的喧嚣与骚动充满了生机。某些时候，甚至喧嚣也令人愉快：交通高峰时段，暂且不提堵在路上的司机，但对路上行人来说，种种不和谐音的碰撞（加之汽车喇叭偶尔的和谐音），并非完全没有审美吸引力。[24]当然，有些城市有其独特的声音环境。丹麦建筑家斯坦恩·拉斯姆森（Steen Rasmussen）写道："从我的童年时代起，我就记得通往哥本哈根老城堡的桶形拱顶通道，当士兵们奏响鼓笛，列队穿过时，那场面实在非同凡响。马车穿行其中，声音仿佛惊雷。在岗哨看不见的地方，即便一个小男孩也能制造出震撼人心的响声，将通道填满。"[25]哥本哈根的孩子发现，有些城墙格外适合玩弹球游戏：球撞在特定硬度和材质的墙面上，会发出特别可爱的声音——"啵嘤!"这刺激了孩子的感官，同时也给他一种利落的成就感。

　　悦耳的城市之声通常不会引起人注意。我们很少停下来思考它们在我们的日常生活戏剧中起到怎样的作用。以下这些事件，每一天都在不断展开。清晨，依然昏暗的公共广场空空荡荡，一片沉寂。随后太阳升起，渐渐照亮广场，我们听到一连串声音——起初是清洁车的洒水声，接着是断断续续、继而越来越密的脚步声；钟声报时，在邻街沉闷的机动车声背景之上，语声渐起，生活便由此开始。

在一项对波士顿声学环境的研究中，迈克尔·索斯沃斯指出，他的所有研究对象都喜欢安静但有共鸣的地方，例如灯塔山（Beacon Hill）、印度码头（India Wharf）或小街巷，且喜欢各种柔和的人类声音——踢足球，交谈，吹口哨，拖着步子行走之类，此外还有清澈、新颖或启发性的声音。他让一些被试对象蒙上双眼，一些人塞住双耳，剩余的人则不做干预，发现三组人在地点偏好上出现了显著差异。听觉被试者和视听觉被试者都喜欢华盛顿街（Washington Street）、灯塔山和印度码头，这些是视听信息都极为丰富而且独具特点的闹市区。视觉被试者则喜欢贵格巷（Quaker Lane）和波士顿公园（Boston Common），景观不错但声音方面无甚特别。他们不喜欢印度码头，并作出以下负面评价："海景看上去实在乏味，前方毫无可观之景，空荡荡的，显得可悲，令人心情不悦……水面上倒是停着观光游船，但我想不出有谁会想来这里观光。"被塞住耳朵的他们无法享受这里的声音：船只嘎吱作响，远方飞机轰鸣，叠叠的浪涛，悠远的钟声，呜咽的号角，嘹亮的鸥鸣。[26]

旧金山对其美景很有底气：它拥有戏剧性的地理条件、金门大桥和非凡的建筑。但它对自己的声音环境也同样自豪。20世纪70年代初的一张圣诞专辑向收听者发出以下致辞："圣诞快乐！这是来自旧金山的祝福，这座魔力之城有高耸的山峰、越海的大桥……还有许多别处听不到的声音。"专辑的一面收录北海滩圣彼得与圣保罗教堂的钟声、街角圣诞老人、"救世军"乐队、市场大街的圣诞购物车流，以及鲍威尔街的有轨电车驶上诺布山时播放的《铃儿响叮当》。另一面则收录了唐人街的节日庆祝活动和旧金山湾的各种声音：船笛呜咽，碎浪拍岸，波涛汹涌，风歌穿过金门大桥的钢索，海鸥和海狮长鸣，雾号连连，奏出其圣诞颂歌。[27]

　　独特而美妙的声音个性令旧金山与众不同。放眼全美国，甚至全世界，都极少有城市可与它媲美——南边的大都市洛杉矶显然不行，尽管它在其他方面与旧金山势均力敌。自然环境很大程度上造就了一个城市的声音特征：没有海湾的旧金山是不可想象的——这也包括了海湾的声音。大部分城市都不具有怡人的听觉环境，无论是自然声音还是人为声音。寻常日子里的人为声音是否能吸引人驻足倾听，就像他们听到云雀的歌声一样？钟声可能是一种。许多人喜欢它近于人类的声音。中世纪，教堂钟被当作人一般对待，它们被奉为神圣，授予人的名字。钟声是母教堂的声音，关切地规范着其孩子们的生活。的确如此，14世纪的法国商人曾建造钟楼，安置大钟，以管理工人的作息时间，工人们奋起反抗，并在教会的支持下获得成功，教会显然不欢迎与其对峙的声音。[28]

在一片巨大的、宁静的空间之中，比如干草原或内陆海，突如其来的动物叫声（狼、海鸥、云雀）会在人心中引发深刻的、原始的情绪。奇怪的是，某些人造之物发出的声音也是如此。想想船号、雾号或火车汽笛，和其他声音混合在一起的时候，它们可能没什么特别意义，不过杂音而已。但单独听时，那似人的声音会令我们惊讶。它们仿佛一种呐喊，哀伤又深情地表达着失落或渴望，令周围愈显寂静。这些声音带领我们来到音乐之谜的边缘——尤其是那些最高级的音乐形式——这种独特的动态声音模式，令我们只为其本身而倾听，时而思绪宁静，时而陷入狂喜。

音乐

自然贡献了各种各样的声音，其中有些声音，人类渐渐学会欣赏它们的美与力量，而不仅仅是因为它们意味着危险或食物。不过，最令人类着迷的声音是他们自己创造的声音。人类对自己所创造的声音格外偏好,在这一点上,听觉与触觉、嗅觉、视觉都不相同。手抚过经打磨抛光的桃花心木桌子,并不比触摸日晒之下光滑而温暖的卵石更愉快。香水的精致香气未必显著超越自然香气,相反,香水的调制恰恰依赖于自然。至于视觉,伟大的艺术品令我们大饱眼福,但自然的强大诱惑力也毫不落败:米开朗琪罗的大卫有无数对手——就是大步流星走过佛罗伦萨大街的众大卫们,世界上最好的风景画所能唤起的审美感受也不会比从大自然获得的更强烈。味觉倒是倾向于人造之物,尽管新鲜水果很美味,生鱼在某些文化中也被视为佳肴,但人们通常还是喜欢经过烹煮的食物。在这种对于人造物的偏好上,味觉和听觉类似。烹饪和创作音乐是最广泛实践的艺术形式。烹饪在某些社会享有盛誉——尤其是中国。然而,音乐的地位显然更高:烹饪无论多么精致复杂,但毕竟只是服务于身体,而崇高的音乐则可以升华灵魂。

理解音乐重要性的方式之一是将其置于噪音或寂静的背景中。噪音是不和谐音素的彼此冲撞,往往昭示着危险和即将爆发的混乱。寂静也一样,可能预示着暴风雨来袭或雷霆暴怒前的危机,它还暗示着孤立、死亡、冷漠。但寂静也有好的寓意,它是噪声的反面,暴风雨后的宁静,争吵之后的和解,孕育着生机与思考的间歇，是安静的社会协作。由此看来，寂静与音乐是彼此互容的，事实上，音符之间的休止原本就是某些音乐的组成部分，为音乐增添了凄美与宁静的气质。[29]

节庆音乐

　　音乐在几乎所有人类社会中都扮演着重要角色。设想一个物质文化较为简单的民族，姆布蒂俾格米人（Mbuti Pygmies）①，他们是扎伊尔伊图里（lturi）森林的狩猎采集民族。姆布蒂人不喜噪音，认为噪音与自然的狂暴情绪或人类间的争端相联系。他们喜欢寂静。但他们更喜欢音乐及音乐创作。和其他许多社会一样，姆布蒂人的音乐创作也服务于某种社会目的。它是对于危机的反应，通常发生在姆布蒂人感到需要"治疗"之时，比如在狩猎失败、天气恶劣或疾病发作之后。他们认为歌声可以"唤醒"森林，回应他们的需要。歌唱是工作——艰辛的工作；对他们来说，重要的不是歌声是否动听，而是歌者在歌唱中倾尽全力。

　　歌唱在深层的心理层面上团结了整个族群。

---

　　① 俾格米人是非洲中部热带森林地区的身材矮小的居民。姆布蒂人是其中一支，平均身高不到137厘米，是非洲俾格米人中最矮，也是最著名的一支。

科林·特恩布尔①曾参加一场姆布蒂歌宴,为了听得更好,他闭上双眼,加入合唱,于是产生了强烈的归属感。他张开双眼,看到"那时其他人也都睁开眼睛,目光出神……周围坐着许多躯体,但我是唯一的活人,唯一还有个体意识的人,其他人都仿佛只是空的躯壳"。歌唱不仅能让参与者凝结为一个整体,还能让这一整体融入更大的整体,包括"中心的篝火、营地、营地所在的林中空地、空地所在的整片森林,乃至森林所在的……不论那是什么"。它"一定还包括了神与灵……尽管这两个词的含义也有些说不清道不明"。[30]对姆布蒂人来说,某些歌曲具有超自然的力量。有一个流传甚广的传说,讲述了歌曲的崇高地位,该传说叫作"歌鸟"。那只鸟能唱出整个森林最美妙的歌曲,有个人遭逢挫折,恼羞成怒,杀了那只鸟。突然,他自己倒地不起,一命呜呼,按传说的说法,"已然死透,永不复生"。[31]

音乐邀人参与。它是集体的协作、庆典之言语和祈祷;尽管它可能有专门的、外在的目的,比如赞颂神或祈祷丰收,但它最确定的效果却是内在的,即强化集体感。几乎所有前现代国家都支持集体

① 科林·特恩布尔(Colin Turnbull,1924—1994),20世纪颇具争议又影响深远的人类学家,以其对非洲与亚洲原住民文化的田野研究闻名,尤以两部标志性著作《森林人》(*The Forest People*)和《山民》(*The Mountain People*)引发学界对人性本质的激烈辩论。

唱歌。早期教父鼓励崇拜者参与唱圣歌,即便是没有接受过声乐训练,也无歌唱天赋的人,都要参加。圣金口若望就很典型:"尽管你们不知歌词之义,但仍应教导你们的口念出它们。因为只要用心虔诚,念出这些话语,舌头也会因它们而变得圣洁。"[32]

　　娱乐或艺术活动中,观众和听众与表演者和艺术家是分开的。民间节庆或宗教仪式却相反,尽管其中一些人偶尔站在一边倾听和观察,审判和评价,但他们并不单独构成一个独立的群体,尽管他们并未积极参与,但仍把自己视为参与者。维克托·祖卡坎德尔①因此说,格列高利圣咏"召集的不是听众而是教众,他们相聚一堂,不是为了倾听,而是为了崇拜。圣咏不是对他们而唱,而是为他们而唱、替他们而唱。歌唱者和倾听者仅仅在表面上有区分,而在更深层次,歌唱者和倾听者实为一体"[33]。格列高利圣咏虽为一种服务于教会正式仪式的精妙音乐形式,但却更接近民间节庆音乐,或者一切庆祝社会或宗教事件的集会上的音乐。音乐或歌唱是集体欢庆或祈求神灵的载体。

---

　　①　维克托·祖卡坎德尔(Victor Zuckerkandl,1896—1965),20世纪重要的音乐理论家、哲学家与文化学者,其研究横跨音乐学、现象学和符号学,以对音乐时间性与人类感知的深刻分析闻名。

氛围音乐

在崇拜活动中,音乐和祈祷及手势共同建立起精神交流。这种情况下,音乐并非一个需要或受到特别关注的独立体,也并非仅仅提供一种舒适的氛围,就像它在某些更日常的环境中那样。在文艺复兴的宫廷院落中,可以听到莺啼鸟啭,喷泉汩汩,也许还有闲弹曼陀林的声音。在王公贵族的宅邸,有时可见宽敞的沙龙中,一端是贵族女性们在闲聊,另一端则是乐师们演奏轻柔的乐曲。如今,人们对背景音乐和氛围音乐的欲求更强烈了,部分是因为录音技术大大降低了音乐的获取难度,另一部分则是因为现代都市环境似乎需要音乐来活跃和柔化气氛。我们这个时代的噪音具有很强的机械属性——震耳欲聋、无休无止的气动钻、轰然作响的摩托引擎、呼啸而过的警车和救护车——也许因此,这些噪音格外恼人。不仅仅噪音,大都市中死一般的寂静更是急需以音乐之手段复苏生命力。在高层办公楼、住宅楼和封闭式购物中心的密闭空间中,大自然种种富有生机的声音——雨打屋檐,风穿过烟囱,松鼠在落叶堆中嬉闹——一概缺失。没有了这些背景音,空间就显得毫无生机,而且有种隐隐的威胁感。人们会感到越来越不安,并渴望某种声音的刺激。

在我们的社会中，家中的某些房间和一些小型公共空间会有音乐填充，比如等候室、餐厅和店铺。一般来说，只有在节庆场合，大型公共空间才会同样充满音乐，届时或有艺人们在广场唱歌跳舞，或有乐队沿街演奏，或有乐团在户外演出。但在某些地方，音乐每天都会出现。某些欧洲古城或美国大学校园的钟楼会在固定时间奏乐，路过的人或在长椅上闲坐的人既不受打扰，又能得到享受。在穆斯林城市，穆安津①呼唤信众的吟唱声宁静地飘荡在邻里嘈杂之声的上空。在明尼阿波利斯的尼科莱大街，公车候车亭常年播放古典音乐，音量足以传出开放的墙围，于是，每逢周日，车辆稀少，街道安静，人们走过绿荫之下的人行道，能听完一整首贝多芬的协奏曲。再举一例，对契诃夫而言，1891 年的威尼斯有一种独特的音乐氛围：

> 再说那夜晚！上帝为证！你仿佛要在那奇境之中死去一般。你在贡多拉中前行……周围漂过别的贡多拉……其中有一艘挂着小灯笼，里面坐着低音提琴、小提琴、吉他、曼陀

---

① 伊斯兰教职称谓。旧译为"鸣教"，意为"宣礼员"，即清真寺每天按时呼唤穆斯林做礼拜的人。

林和圆号乐手，两三位女士，还有几位男士——你能听到歌唱声和器乐声。他们唱的是歌剧咏叹调。堪称天籁！你再顺水滑行，行远一些，又看到另一艘载着歌者的船，接着还有一艘；一直到午夜时分，空中都弥漫着男高音、小提琴等各种音乐，要把人的心都融化了。[34]

中华礼乐

音乐可能对社会秩序非常重要，尽管仅有极少数文化明确承认这一点。不过，中国和希腊两大古国都发展出了音乐的形而上学，将其置于自然与社会和谐运转的核心，固然，二者的方式截然不同。

中国历朝历代的史书都有专门的章节记述音乐及其功能。一位学者断言："也许从来没有任何一种文化的历史记录如此关注音乐及其在人民生活中的地位。"[35]在千年儒家文化影响之下，理想的士大夫不仅要懂"礼"，即礼节、规矩，还要懂"乐"，就是音乐。礼和乐密切相关，在各种仪式中尤为明显。即便在不奏乐的纯社交场合，音乐也依然被视为行为的典范和灵魂；奏乐时，音乐则成为一种强大的力量，不仅令行为得体且优雅，而且发乎本心。

据说孔子可以凭借一个地方的音乐来判断其治理状况。在孔子看来,音乐有好坏之分。坏音乐有两种:一种是嘈杂刺耳的音乐,它将挑起混乱,威胁国家的完整;另一种是悦耳淫靡的音乐,它会使人萎靡不振,因此危害社会。相比之下,好的音乐能促进社会和谐,甚至于促进整个宇宙天地的和谐。对于好的音乐和礼仪,有评如下:

> 天地䜣合,阴阳相得,煦妪覆育万物,然后草木茂,区萌达,羽翼奋,角觡生,蛰虫昭苏,羽者妪伏,毛者孕鬻,胎生者不殰而卵生者不殈,则乐之道归焉耳。①[36]

天球和谐

中国人强调音乐源于人,并在人类事务中发挥着关键作用,希腊人则将音乐视为宇宙的基本因素之一。[37]"天球和谐"是毕达哥拉斯学派首创的概念,一直延续到文艺复兴时期及以后,这一假说认为,整个宇宙仿佛一件乐器。"充斥我耳中的这宏大而悦耳的声音是什么?"西塞罗问道。他借鉴古

---

① 出自《礼记·乐记》。

希腊思想,如此答道:

> 这声音来自天体本身持续的运转;天体之间有间隔,尽管间隔不均等,但却是以固定的比例精密排列,或高或低的声调彼此融合,成为不同的和声;如此宏大的运动不可能迅猛而又无声无息地进行;根据自然规则,一端产生低音,另一端就产生高音⋯⋯有识之人通过以弦乐或歌声模仿这种和谐,从而获得了重返此境地的机会。[38]

中世纪,圣师们教导众人,一切人类音乐都与宇宙秩序中永恒抽象的音乐存在明确关联。天籁之音产生于晶莹球体的转动。这种关于天籁之音的普遍观点得到了另一个神话的补充,其起源可追溯至柏拉图的《理想国》。该神话称,每个天球的表面皆住着一个塞壬,"塞壬嘴里哼着单一的音调或音符,跟随天球转动"。在基督教宇宙中,天使代替了塞壬。[39]但是,不论是古代宏大的天体乐器,还是中世纪的天使合唱,与我们时代的安静与空荡相比,简直天壤之别。类似的情况17世纪就已出现,令帕斯卡感到警觉。

对毕达哥拉斯学派而言,和谐指的就是音乐及其数学音程。到古代晚期,出现了和谐的另一个含义(同样是在毕达哥拉斯的启示之下),这层含义也深深影响了欧洲思想:宇宙秩序与人类生活之间的协调关系。天堂之和谐会促进人类灵魂的和谐。天球的音乐能够平息人心中的野蛮戾气,并在其中播下美德的种子。4世纪的哲学家马克罗比乌斯如此说道:

> 世上的每一个灵魂都被音乐吸引,不仅是那些教养良好之人,还有那些野蛮之辈,他们同样会选取能点燃他们勇气或给予他们抚慰的音乐,因为灵魂拥有关于天上的音乐的记忆,并携带它进入肉体。每一个灵魂都臣服于音乐的魅力,没有任何一颗心灵可以残忍或野蛮到能挣脱其吸引的地步。[40]

聆听音乐

过去,音乐意味着集体参与的表演;而在我们的时代,音乐默认是有听众的,有时甚至只有一位听众。音乐有其自己的存在意义,人们会静静地、全神贯注地一连听上二十分钟或者更长时间,无论是独自一人在家中的某个特殊房间,还是和其他人一起在公共音乐厅里。

　　这种激烈的态度转变仅见于西方世界，17 世纪，科学进步极大地改变了受过教育的欧洲人对世界的感知，在此压力之下，对世界的祛魅愈演愈烈，而这种态度转变也是其中一部分。天球之音乐陷于沉寂，尽管开普勒等著名天文学家日后证实了这一说法。然而，音乐作为一种人类创造，不仅没有跌下神坛，反而变得更加重要。人们开始重视音乐本身。从 17 世纪到 19 世纪，音乐可以说是欧洲艺术的最高成就，与建筑、绘画和文学等姊妹艺术相比，音乐展现了更彻底的创新、更突出的表达深度和高度。在这一时期，技术和概念上的两点变化使得西方音乐与其他高级文化截然区分开来——一是节奏和力度，二是响度和频率范围。二者结合，共同造成了一个结果，即显著拓展了欧洲人的时空感——这种趋势在其他力量的推动下已初露端倪。17 世纪，自然哲学中的时间概念以及日常生活中的时间经验变得更加线性和动态，音乐也呈现出越来越强烈的活力。A. C. 舒尔特写道："宁静祥和的文艺复兴弥撒曲或牧歌已不属于这个时代……没有任何一个时期、任何一种文化，曾产生过如此目标明确、力量丰沛的音乐。巴洛克音乐是目标导向的，始终向着胜利的终曲、向着一锤定音的最后完结迈进。"这种猛烈的动势，携带着压迫性的和声和不懈的节奏，一直持续到 19 世纪。[41]

　　西方音乐的第二个突出特征与第一个密切相关，即音响空间大幅扩展，造成这一变化的是强度（响度）和频率范围（音高）的增加。钢琴独奏或乐团合奏的声音，既可以轻柔到人必须挪到椅子边缘侧耳倾听才听得到，也可以突如其来，振聋发聩——仿佛一记雷鸣——让人简直要从座位上弹出来。音域范围方面，下至环绕周身的低沉鼓声，上至消逝于遥远地平线的高亢小提琴音，不一而足。如此一来，透视空间不仅存在于文艺复兴及后文艺复兴的风景画，也存在于后文艺复兴的音乐中，尽管前者更为人所熟知。我们总以为距离感仅仅来自视觉—动觉经验，殊不知声音也令其大大增强：正如默里·谢弗所说，"音乐厅的实际空间在音乐力度变化的虚拟空间中得到了扩展"[42]。

　　写于1600年以后的音乐要求人们集中注意聆听，因此演奏时应保持安静，每首作品前后也须留出片刻静默——既是为引起注意，也是为表示尊重，此外，音乐演奏有了专属的室内空间。就算音乐厅中座无虚席，但本质上，每一位听众都在独自倾听，被不断展开、滚滚向前的声音之流裹挟着，沉浸在具有前景和远景的虚拟声学空间中。这种音乐似乎呈现了一个"外面的世界"，而非一种由节奏和鼓点所营造的几乎可以触摸的感官体验，但它却可以深深打动一个人。随着宗教的衰落，曾经作为宗教之仆役的音乐如今独当一面，即便不能提供救赎，但也足以成为力量与慰藉之源。贝多芬的态度即反映了这一转变，当他发现自己不得不面对即将失聪的种种征兆，他写道："耳聋的诸多迹象令我陷入了绝望……如果不是我的艺术阻止了我，我早已结束自己的生命。"[43]音乐施与人极深刻的意义，这种例子不胜枚举，而且令人感同身受。帕布罗·卡萨尔斯①在 93 岁高龄时曾说，音乐"令他觉察到生命的奇迹，令他意识到生而为人多么的不可思议"[44]。对列维-斯特劳斯而言，音乐是人性至高之谜。[45]维特根斯坦曾对一位关系亲密的人说，勃拉姆斯第三四重奏的舒缓旋律，将他从自杀的边缘拉了回来。[46]

纯音乐与认知

在西方，纯器乐自 16 世纪末以来就已存在，但直到 18 世纪才获得制度性的支持；至于纯音乐成为一种至高审美体验，达至顶峰——即意味着无论地位还是感受强度都超越了同时代其他的艺术形式——则要晚至贝多芬的时代。非再现性的器乐之声，看似离普通人类经验如此遥远，却又如此深

———————

①　帕布罗·卡萨尔斯(Pablo Casals, 1876—1973)，杰出的西班牙大提琴演奏家。1958 年曾被提名诺贝尔和平奖。

刻地触动着我们。那究竟是一个怎样的声音世界？彼得·基维①试图做出回答，我将在本章其余部分引述他的观点。[47]

音乐之所以影响我们的情感，有多重原因。我们对某些节奏会产生不假思索的、生理性的反应，不论我们是否情愿，比如军乐队的节奏就是如此。音乐对我们产生影响的另一个原因是，尽管它是无声的，但却像语言一般，似乎具有意义；音乐与人类语言相似，因为其有序的、间歇性的声音近乎人类句法。音乐具有人类言谈的情感性：音乐的音调可以传达激情，就仿佛人说话的语调，即便语词已遗失在风中，它仍能倾诉感情。出于生物本能，我们倾向于认为声音具有生命力。通过类比及移情，甚至植物之声（树叶的摩挲）或无生命的自然之声（大风、落石）也可能被听成说话声或呼喊声，传递出警觉、快乐、悲伤或忧郁等情绪。纯音乐同人声及自然声音一样，也能激起七情六欲。但它能做的还要更多。杰拉尔德·布雷南（Gerald Brenan）曾如此感叹：

> 在聆听一首奏鸣曲时，我们会经历一系列复杂的感情，短短半小时却足以填满数年人

①　彼得·基维（Peter Kivy, 1934—2017），美国著名分析美学与音乐哲学家，以其对音乐表现力、艺术本体论及情感理论的严谨分析著称。

生。我们自己的反应,范围之广、指向之精确、感受之微妙,会令我们自己感到惊讶,因为我们以前并不知道在此魔咒之下,自己可以有如此丰富的感觉,并且切换得如此流畅。然而我们的语言如此贫乏,实在难以描述这些心灵状态,我们不得不用以下这些模糊的词汇来描述我们的感受:愉快、忧伤、幽默、苦痛……音乐给予我们远胜于生活本身所能给予的精妙感受:可以说,它让我们尝到一丝天国的滋味,假如有朝一日更完美的人类有机会在彼处插上自己的旗帜……[48]

纯音乐的力量充满神秘。乐团在那里,他们所演奏的音乐可以将空间沿地平线扩展;而我在这里。我们之间存在距离,但是乐团发出的声音却能穿透我的内心,让我产生非同一般的感受,而这种感受在音乐结束时就会消失。如此一来,我似乎是在说音乐作用于我,而我作为听众则被动地做出反应。然而,反观这种体验,我们发现,这种被动性是夸大的,我不仅仅在做出反应,而且是发自内心地、积极地响应,我的愉悦不仅仅是出于本能的,而且是"全心全意的"。我想进一步同基维论辩的是,即便我是一个乐盲——即便我缺乏相应的术语来描述音乐中究竟发生了什么,我同样也会发自内心地做出回应。我可以享受音乐，臣服于那魔咒，同时思考我所享受的东西，这正是审美体验的含义。审美体验的本质正是被动性——这种近乎固有的反应——与主动欣赏之间的矛盾性。基维写道："我认为，认识到音乐体验是一种深层次的认知体验，这一点非常重要，并且具有解放意义……音乐的音调看似某种简单的、无法分析的美的范式。但我认为这大错特错。音调作为音乐存在（musical existence）的最小单位，之所以美，是因为有趣。"[49]

音乐爱好者对音乐的反应可能各不相同。一些人选择闭上眼睛，沉浸于音波的洪流。他们希望被吞没，希望让自我意识——它被锁定在一个具体的空间，并屈辱地臣服于时间——消亡在音乐的强度和节奏中。另一些段位更高的人则另有选择，比如，关注一首赋格的精美结构——看巴赫如何处理加速（stretto），如何从音阶的七度而非一度开始，赋予主题全新的和声色彩。在知识型音乐欣赏者这边，少数极端分子认为审美愉悦几乎完全存在于作品的精妙结构之中。音乐理论家、数学家尼古拉斯·斯洛尼姆斯基①就是其中之一。斯洛尼姆斯基

---

① 尼古拉斯·斯洛尼姆斯基（Nicolas Slonimsky, 1894—1995），俄裔美国指挥家、作家、钢琴家、作曲家。他主持编纂了多部重要音乐辞书，在大半个世纪的美国乐坛上一直具有很高的地位。有人称他为"音乐编年史之父"。

弱化了音乐体验的感官性。"波浪起伏,诸如此类的东西"只会让他想起让他晕船的芬兰湾。"我不明白以这种方式体验音乐有什么价值,"他说。劳伦斯·韦克斯勒在描写这位"神童"时,指出他的与众不同之处:"莱布尼茨曾在一封致哥德巴赫的著名的信中写道,'音乐是一种隐蔽的算术活动,大脑不知道自己在运算。'然而斯洛尼姆斯基能听到那运算。对他来说,对音乐的热爱是一种数学激情——是一种放飞的运算,一种结构的运输。"[50]

　　声音世界施以我们深刻的影响,其原因多种多样。但请让我重述其中三点。第一,声音的活力是生命的活力:一个无声的世界同时也是死亡的世界;第二,由于人声对于口语习得,对于语言及人类这一身份如此重要,以至于我们常常将自然界的声音(无论有生命的还是无生命的)误听为类似人的声音;第三,尽管有些音乐带来的感受近乎触感(比如摇滚乐响亮而深沉的重音),但也有些音乐打开了"外在的"空间,引人深思。声音的最后一种力量,通常更多呈现于视觉世界,这将是我们接下来要讨论的问题。

第五章　视觉的盛宴

　　视觉的价值通常凌驾于其他三种感官之上。当然,我们承认触觉和听觉是更基础的感官——前者关乎生存大事,后者与语言习得挂钩。不过视觉仍享有至尊之位。它能马上给我们一个"外在的"世界。如果没有这个世界,自我就仅余一个身体。所有感官都致力于给我们一个世界,但视觉给予我们的最广阔也最清晰。这宏阔的视觉世界既是感官的,也是智识的。其感官性不仅在于形状与色彩,还在于触觉联想:所见之物几乎是可以触摸到的——看到一块蓬松柔软的毯子,我们的嘴角会浮起微笑。其智识性则在于,某种程度上说,去看也意味着去思考,去理解:"眼见"(sight)与"洞见"(insight)结伴而行,思考即以"心灵之眼"(the mind's eye)去查看。也许最重要的一点是,视觉的主导地位取决于最简单的经验。睁开双眼,世界之生机勃勃、五彩斑斓便尽现眼前;闭上双眼,一切便全部清空,我们立刻跌入黑暗。前一秒,世界还是一个呼唤我们加入的诱人空间;后一秒,它便坍缩至我们的肉体之限,我们难辨方向,一筹莫展。

　　和其他感官一样,视觉既具有世界各地人们所共有的普遍特点,也具有专属于某些社会文化族群或个体的特质。但视觉经验的独特性似乎更强,不同个体、不同族群之间,视觉经验的差距往往大于其他感官。造成这些差距的原因众多且复杂,其中之一可能是思考——这一具有目的性、意图性、反思性的心灵动态——更深刻地参与了观看行为,另外,视觉打开了一个更大的世界。无论童年时还是成年后,海草的气味并无太大差别,但一个人成年后再看同一片海滩,就算望向同一个方向,就算海景本身并没有太大变化,但和儿时所见相比,可能也早已面目全非。

构成与图示

　　在人类普遍的视觉经验中,最突出的可能就是作为构成的现实——一个由三维物体所定义的三维空间。对人类来说,物体是可以拾起的东西,可以从环境中提取出来加以考察,以审视其实用或内在(审美)价值。我们灵活而敏感的双手在这种体验中起到了相当的作用。如果我们可以"看出"一个球是圆形的、独立的物体,部分原因是我们有过拿起它并感受其形状和大小的经历。非灵长类哺乳动物无法完成这一简单的动作。它们的爪子无法抓取球，只能碰到球面的一小部分并推动它。因此，它们的视觉世界是图示（pattern）的而非构成（composition）的。人类则生活在空间中处于不同距离的各种物体之间。和其他哺乳动物不同，人类的双眼既可以观看近在咫尺之物，也可以观看远在天边之物。视觉是我们的距离感应器，对许多其他动物来说则是嗅觉。[1]

随着时间推移，大部分哺乳动物辨认物体是否不变，判断依据是气味是否一致，而非依靠视觉线索。比方说，一头狮子无法仅依靠视觉来捕猎；猎物的视觉特征受到背景的强烈影响——背景，即其在图示中的位置。当猎物移动，背景变换，狮子便无法辨认出同一个猎物，但依然可以靠嗅觉继续追踪。当然，图示也是人类视觉现实的普遍组成部分。图示随处可见。识别图示有非常现实的意义：猎人可以通过孢子的图案来追踪猎物；农人通过观察云的布局来预测天气。不过，对人来说，图示观察不仅仅是由双眼的生理特性决定的，而往往属于更高级的抽象行为。人会有意识地观察树枝的分形而不是单一的树枝；有意识地关注脚印模式而不是人的脚踏出的浅浅的印记。对人来说，图示具有强烈的美学吸引力：人们会停下来欣赏沙子的波纹或斑马的条纹,而不抱有任何经济目的。普遍流行且历史悠久的装饰艺术显示出人们对有序图形的强烈偏爱,尤其是那种一眼可见的简单重复性图样。[2]

环境与文化影响

排除可能出现的幻觉,人们大体能够看到真正存在的东西——不同地方的自然环境及人造环境天差地别。有人生活在纵立千丈的高山,有人生活在横亘万里的平原;有人生活在热带草原或北极等开阔环境,也有人生活在热带雨林这种封闭如子宫般的地方;有人生活在绿荫淹没的环境,就连蓝天也只是绿色树冠中的小小缺口,也有人生活在大部分时间唯有灰白两色的环境,绿色只是偶尔的点缀;有人生活在城市的"木工世界"中,处处都是直线与直角,也有人生活在几乎看不到直线的地方,周围或者是自然环境,或者是以圆形屋舍和环形走廊为主的建筑群;有人生活在视野开阔之地,让人总想要放眼扫视地平线,凝视远方之物,也有人生活在密林或城市,身处其中,日复一日难见远景。

显然,环境会制造限制。它指引并限制着视觉能力的发展。眼睛可能是我们的距离感应器,但对伊图里森林的姆布蒂人来说,锻炼这种眼力既无必要也无机会,因为无处不在的树阻挡着他们的视线,生存所需的可食用植物和野味映入视野的时候,也基本已经在触手可及的距离。[3]生物性则带来其他限制:有些人生来就有视力障碍,另一些人则天赋过人。一个极端案例是双胞胎兄弟约翰和迈克,一盒火柴掉在地上,撒出来,他们可以立即报出正确数字:"111。"他们真的一眼就看见 111 根火柴。他们这种超群的能力凸显出普通人的限制。[4]

文化同样会引导人的视觉:它在为其设限的同时,也为其赋能。喀拉哈里沙漠的部分地区在西方游人看来完全是一片贫瘠,但当地人——昆申人(布须曼人)——认为那些地方资源丰富,绝非毫无特色。许多民族志文献中都对极其敏锐的高级视觉有所记录。比如,克劳德·列维-斯特劳斯了解到一个部落中有人称他们可以在大白天看到金星。天文学家向他证实,鉴于金星所反射的光量,这一壮举的确有可能。列维-斯特劳斯还从古老的航海论著中得知,欧洲水手确实一度能在青天白日之下辨识出金星。[5]只不过因为缺乏训练,我们如今无法做到了。

视觉指引着我们实际生活的每一步。按照我们的理解,一切进入我们视野的东西,皆可以辅助我们在空间中穿行,并处理各种需要完成的任务。

但这种实用生活能力同时也可能是美学欣赏的前提；二者并非总是各自独立、互不相干的。举个例子，清晰的视力不仅能让猎人在远处看到猎物，还能让事物生动呈现在眼前，从而发挥审美作用。艺术史学家伯纳德·贝伦森曾说："远景的绘制技巧在于令远方的对象，特别是人，看上去清晰可感，仿佛触手可及，无论他们在画面上看起来多么小。事物已经远离而双眼却仍能明察秋毫，这给人一种感觉：世界就应该这样才对，视力不应该因为距离而衰弱——这实属一种升级式的生活体验。"[6] 于是我们可以想象猎人紧追猎物并已预见成功时，也获得了一种升级式的生活体验。他感觉很好，因为他看得如此清楚，这种对世界及万物之存在的觉察，必然包含令人兴奋及升华的审美时刻。

实际生活与审美体验还会以另一种方式紧密交织——这种方式我们司空见惯，几乎不会去想——我们天然倾向于高效地、技术性地完成任务，无论那任务是什么。当我用吸尘器清洁地毯，留下一道道平整而干净的纹路时，当我看到打印得整洁利落的文稿时，当农人努力开出一条笔直的犁沟时，当木匠骄傲地查看木工接缝时，那种满足中必然有审美的成分。所有这些活动都是在努力维护或创造一小片具有秩序或意义的场域，以此短暂对抗混沌与无序，即便这些努力转瞬即逝，但仍可视以艺术家的喜悦。

对于无数微小的美的发生与呈现，我们其实比自己想象中更敏感。人们普遍认为，大多数人倾向于务实而非审美，造成这种流行观点的原因之一是"实用"几乎成了"审美"的反义词。现代人理所当然地以为，眼睛的主要目的在于有效处理实际事务，而不是像中世纪的神学家们所认为的那样，去思考美或上帝。教堂的尖顶或许关乎美学，但我只知道它是一个地标，在我上班路上告诉我这里该右转。我曾在海滩上捡回一块石头，当时是被它的颜色和形状所吸引，不过如今它却成了我书桌上一个不起眼的镇纸。这样的例子不胜枚举，说明我们鲜少从审美的角度关注世界。然而，我们又的确会从审美的角度关注世界，尽管并不经常像美术馆中的艺术生，或像海边的自然爱好者那样，但对于机敏之人，那些时刻仿佛惊鸿一瞥，存在于实际生活的停顿与间隙中。

文化设定出或普遍或具体的目标，为实现这些目标，人需磨炼自己的某些感官能力，使其变得敏锐。文化告诉人们什么是美。同样，我们既受其约束，也借助其力量，或二者兼有，因为大前提是，一个人的感知或行动若想有效，必须在有限的范围中进行。文化制定了标准，其结果之一就是在什么是美这一问题上，并非所有人都跟我们意见一致。一个民族引以为傲的建筑,另一个民族看来可能无动于衷。例如,太平洋岛民对现代城市十分陌生,可能会认为城市天际线无甚可观之处。人们更喜欢自己所创造的东西,这是可以理解的。但即便是自然环境,就比如一场绚烂夺目、瞬息万变的落日霞光,人们的感受也大不相同,人类学家雷蒙德·弗思①忆起南太平洋波利尼西亚岛屿蒂蔻皮亚(Tikopia)的一次绝美的黄昏:"云层将落日遮得严严实实,以至于日落之前,天色已陷入昏暗。接着,就在太阳要彻底西沉时,它竟然突围,霎时间,大海、房屋的外墙、树干都被映得火红,而大地已开始陷入黑暗。"弗思说:"黑夜的暗影和夕阳的红光同时出现,形成一道奇景,甚至本地人都驻足凝视,但他们并不觉得这有什么特殊意义。"那一瞬间,击中他们的是这场面的奇特与异样,而不是它的美。"通常,更微妙也更美丽的色彩变化,也会逃脱他们的注意。"[7]

---

① 雷蒙德·弗思(Raymond Firth, 1901—2002),新西兰人类学家、民族学家,英国功能学派代表人物之一。他最为著名的田野调查地点是太平洋上一个极小的岛屿蒂蔻皮亚岛。代表作有《人文类型》《我们,蒂蔻皮亚人》《社会组织的要素》等。

色彩

  人类感知的另一个普遍特性是色觉，这也是人类与其他灵长类动物所共有的。我们通常认为一切本应如此。要理解色彩对生活的重要性有一种办法，就是去想象一个跟我们所熟知的环境截然不同的色彩世界：有些环境终年常绿，而不像另一些地方，植物叶片会随时间展现出丰富多彩的季节变化；沙漠中总是清晰而明亮（暮光中的沙丘熠熠发光，黑丝绒般的天幕上星光闪烁），完全不同于湿润的欧洲北部，那微妙的光与影、水雾弥蒙的黯淡色彩。四月初，明尼苏达大学的一名学生飞到加利福尼亚，当时中西部北部地区仍在融雪覆盖下呈现出一片灰褐色，他的经历，仿佛是从黑白电视切换到了彩色电视。

  色觉因人而异。色盲者当然会因无法区分红绿灯而深感不便。不过，我们每个人都有某种程度的"色盲"；有些人对某些颜色比其他人更敏感，比方说在昏暗条件下比别人更容易辨认出红色或绿色。但除非我们碰巧是艺术家或设计师，否则我们大多数人都不会注意到自己在色觉方面的相对缺陷与优势。我们往往对自己现有的能力心满意足。

只有某些极端情况会将我们从这种习以为常的无感状态中唤醒，令我们意识到色觉的重要性不仅关乎实际效率，更关乎幸福——生命至关重要的感觉，即审美。

神经学家奥利弗·萨克斯（Oliver Sacks）和罗伯特·沃瑟曼（Robert Wasserman）讲述了一个极端案例，一位名叫乔纳森·伊（Jonathan I.）的六十五岁画家因车祸导致完全色盲。一开始，乔纳森并没有意识到发生了什么。他开车去工作时，发觉那天的天气很奇怪，尽管他能看到阳光照耀，但一切却又显得雾蒙蒙、白茫茫的。第一次令他真正震惊的是，当他打开工作室的门，看到自己所有色彩绚丽的抽象画统统失去了颜色，变成不同程度的灰；他绝望地发现，没有了颜色之后，这些画作的意义也被抽干了。色觉丧失可能不会立刻让我们感到那么可怕，因为我们以为世界会随之变成对比分明的黑白图像，就像那些好的黑白摄影或电影。但乔纳森坠入的无色世界并非那样。它不清晰，没有戏剧性，只显得很脏。白色"很刺眼，但又像是褪色的灰白，黑色则很空洞——一切都不对，不自然，不干净，不纯洁"。人的皮肤"像老鼠的颜色"，令他丧失欲望。食物也是一片死灰，令人作呕。花朵只能通过形状和气味来辨认，没有了明艳的色彩，春天又算什么呢？云都是灰白色的，和那漂白了的"蓝"天混在一起，也几乎分不出来。至于象征希望的彩虹，乔纳森只能看到"挂在空中的无色半圆"。[8]

乔纳森的不幸遭遇昭示了色彩的重要性。人们常用两个词形容生活，或"沉闷"，或"多彩"。我们现在意识到，就算是对艺术最无感的人，要享受这世界，也需对色彩敏感。人们的审美倾向其实比自己知道的或愿意承认的更强。然而，不同人和不同文化的审美能力与风格彼此相去甚远。可以预想，年龄是影响因素之一。幼儿喜欢鲜艳的原色。随着年龄增长与教育程度的提高，人对色彩的认识范围会扩大，也会渐渐更喜欢精细的颜色。至于不同文化的色彩偏好，布伦特·柏林和保罗·凯伊指出，所有文化都有三种基本色的称谓——黑色、白色和红色，而且一种文化在物质上、政治上越发达，关于色彩的词汇就越丰富；这意味着，随着一种文化的结构越来越复杂，该文化所获得的财富之一，就是一个更鲜明、更精妙的色彩世界。[9]

在任何一个人口众多、发展程度较高的社会，都会因各种原因出现一些幸运之人，他们在色彩方面展现出异于常人的敏感。不妨以希波的奥古斯丁①和西蒙娜·德·波伏瓦为例，二人相隔 1500

---

① 希波的奥古斯丁（Augustine of Hippo，354—430），基督教早期神学家，因其所著作品而被视为教父时代重要的天主教会教父。

年，视野也有天壤之别。对奥古斯丁来说，大自然极具吸引力。他热爱北非的阳光，称之为"色彩女王"。他坐在阳光之下，沐浴着清澈之美，只懊悔自己之后不得不回到室内。"我想念它，假如长时间见不到那阳光，我会慢慢抑郁的。"在这位老主教看来，希波宽阔海湾的一片美景如同天堂。"壮观的海景本身便是伟大的，那多样的色彩被它穿上又褪下，仿佛一袭袭长袍，一时绿色，一时紫色，一时天蓝色……这是给予我们这些不幸福、受惩罚之人的安慰，不是给有福之人的奖赏。如果这里的一切如此多，如此好，如此伟大，那么它们像是什么呢？"[10]

西蒙娜·德·波伏瓦发现撒哈拉沙漠"像大海一样生机勃勃……一天之中，沙丘会随时间与光线角度变化而改变颜色：远望是杏子的金黄，驱车靠近后，变成新鲜黄油的颜色；在我们身后，它们会染上粉调；从沙子到岩石，沙漠的材质就像它的色调一样千变万化；或蜿蜒曲折，或棱角分明，单调的荒漠景观具有欺骗性，其中实则蕴含千万般变化"[11]。尽管波伏瓦的旅行札记依循既有的文学传统，但这些描述并不仅仅是一种惯性的写作。很显然，就像奥古斯丁一样，自然之美也深深打动了她。当然，时间和文化造成了一些差别。奥古斯丁从变幻的阳光和大海中看到的是一片不属于此世界的异域。而对生活在世俗时代的世俗之人波伏瓦来说，沙漠的色彩尽管非常美好，但并没有任何永生意味。她并不认为有什么"超越界"可以为她所见、所记录的一切赋予超验的意义。

晶石之火与黄昏暮光

个体差异多由气质与性格造成，而群体差异则反映出文化规范，这些规范随时间变化。有些变化是表面的，比如现代世界瞬息变换的时尚潮流，有些则是深刻的，反映着文化实践及世界观的根本性变革。我们可以做一对比，一面是中世纪矿物或宝石的光彩，另一面是 19 世纪浪漫主义时期暮光般的幻彩。如果时光机能把我们带回中世纪，我们会立刻被几件事震撼：首先是刺鼻的气味，其次是贫富混杂、青春活力与疾病紧密并存的景象。但同时令我们震惊——或者说惊喜的，还有这里绚烂的色彩。编年史家让·傅华萨①忙于记叙，未曾得闲停下来发表关于美的评述。但约翰·赫伊津哈②观察到："有一两样奇观，每每遇到都令他惊叹：一样是

①　让·傅华萨(Jean Froissart, 1333? —1400)，法国中世纪著名编年史家，神父，著有《编年史》。

②　约翰·赫伊津哈(Johan Huizinga, 1872—1945)，荷兰语言学家和历史学家，著有《中世纪的衰落》《游戏的人》等。

海面上的船队,船上设有船篷和幡旗,饰以五彩斑斓的纹章,在阳光下闪闪发光;另一样是行进的骑兵队,阳光在他们的头盔和胸甲、长枪的枪尖上嬉戏,三角旗和横幅绽放出欢欣的色彩。"平日里,服装本就是彩色的,每逢节庆,就变得愈加花哨。怎样搭配颜色都不为过:红配蓝,蓝配紫。某次宴会上出现了一位女士,她身着"紫罗兰色的丝绸,驾乘一辆盖着蓝色丝绸外罩的马车,前方驾车的三位男子则身穿朱红色丝绸,头戴绿丝绸兜帽"[12]。贵族男女衣袍上绣的宝石,日光下熠熠生辉,烛光中盈盈闪烁。大教堂本身就是一只巨大的珠宝匣,阳光自玫瑰窗户倾入,整座教堂流光飞舞。[13]

　　到19世纪,人们的胸前、衣服上已不再坠饰张扬夺目的宝石,公共建筑的外墙也早已不再像过去那样色彩鲜艳。灰暗的色调笼罩城市,最明显的例子当属服装,布尔乔亚男性人人一身黑衣,如同制服。[14]随着人们对鲜艳的原色和矿石的光泽渐渐失去兴趣,一套新的色彩方案逐渐获得青睐——暮光之色,暗色中大量混合或掺杂红色与橙色,渐变为月光之金黄或淡银。工业革命对此过程起到了重要作用。工厂和熔炉每每运作至深夜,焰光烈烈,浓烟滚滚,给夜空添了几分火光之色。起初,人们对这种亵渎自然、玷污乡村的现象报以恐惧,但恐惧渐渐被艺术家和作家们转化为有关崇高的美学概念：那些险恶、艳丽、致命之物，被认为自有一番地狱般的宏伟气象。"他们抬眼望去，只见猩红火光悬挂在黑暗的天空；那是远方某处大火的映照。"[15]然而小内尔和她的祖父却在制造了这火焰的工厂获得了温暖和庇护。如果说狄更斯对工厂景观的描绘并非一概是谴责，那么18世纪末、19世纪初的画家就更加不是了，他们深深迷恋上了新发现的戏剧性色彩，这迷恋之情不自禁流露在画布上。比如约瑟夫·莱特（Joseph Wright）的《月光下的高炉》（*Blast Furnace by Moonlight*）、乔治·罗伯逊（George Robertson）对南特-伊-格洛（Nant-y-Glo）钢铁厂的描绘（同样以月色为背景）、菲利普·詹姆斯·德·卢戴尔布格（P. J. de Loutherberg）的《夜晚的煤溪谷》（*Coalbrookdale by Night*）。甚至约翰·马丁（John Martin）的《忿怒大日》（*The Great Day of His Wrath*）似乎也可列入其中，尽管此画本意是描绘黑乡的末日景观，一切笼罩在惨淡无情的光芒中。[16]

　　黄昏还有另一面——沉静而忧郁。黎明珍珠般的光芒象征着浪漫主义的希望，是日历上的经典图像。与之相比，日落时昏暗的地平线，生命的傍晚，诸神的黄昏，艺术家和作家对于这些题材的处理往往更微妙和严肃。代表地狱之火与工业熔炉的暗红和赭黄，只需稍稍改变色彩方案和视角，就可以刻画出一个萦绕着忧郁氛围的垂死之日或消亡世界，或一个纯真与宁静都已被遗忘的失落世界——正如弗雷德里克·丘奇[①]那幅压抑却又激昂的画作，《荒野黄昏》。[17]黄昏色彩并不仅仅被用来描绘自然或更灰暗的工业景观，在家庭环境中，它们也备受欢迎。在维多利亚时代、爱德华时代的英国以及盎格鲁美洲地区，无论傍晚壁炉的火光，还是罗马玻璃和波斯瓷砖反射出的盈彩光芒，都深受中上阶层屋主的喜爱。[18]

专注与喜悦的观看

人类皆重视视觉，他们不仅需要视觉来有效处理日常事务，同样也需要借助视觉才能享受世界的可见存在。然而，不同人的情况天差地别。有些人仿佛患上了永久性感冒：看什么都似是而非，在他们眼中，事物往往相差无几，树木和房屋像是幼童笔下的泛型。[19]另一极端则是艺术家，他们深深沉浸在事物的具体特质中，这一点非同寻常。古斯塔夫·福楼拜称，仅凭目视清晰一件事，便可以令人

---

① 弗雷德里克·丘奇(Frederic Church, 1826—1900)，美国哈德逊河派风景画艺术家。

获得近乎淫靡的感官享受。"有时候，一滴水、一枚贝壳、一根头发，无论是什么，你因此停住不动，目光锁定，心扉敞开……你所凝视的事物仿佛向你逼近，你自己也心向于它，于是你们建立了联系……有时，我出神凝望一枚卵石、一只动物、一幅画的时候，感到自己仿佛进入了它们之中。人与人之间的交流并不比这更强烈。"[20]欧仁·德拉克罗瓦因其划时代的大幅油画闻名于世，但从他的日记中却可发现他对微末之物的细致观察——比如花园里的一条蛞蝓。他注意到蛞蝓有着"像美洲豹一般的斑纹，背部和两侧遍布较宽的环形，靠近头、腹部则变成一个个斑点，颜色也变浅，和四足动物类似"[21]。蛞蝓，当然，我们可以那么说。某种程度上大自然总是重要的。但普通的实用物品呢？诗人杰拉尔德·曼利·霍普金斯在一所耶稣会大学学习时，有项职责是打扫室外厕所。有一次寒潮来袭，他发现"小便池的石板结上了溅射状的霜，十分优美"[22]。

艺术家对世界的神秘之美格外敏感，他们可能会反反复复回到令他们着迷的东西，一遍又一遍地试图捕捉其特质。葛饰北斋曾多次描绘富士山，塞尚也有类似尝试，他的对象是圣维克多山，最突出的是莫奈，他于1896至1897年间创作了一系列令人惊叹的画作，题为《塞纳河的清晨》。该系列中的九幅作品，构图几乎完全相同，画面营造出一种戏剧性的氛围,然而"不含一丝叙事——没有人物,没有船只,连一棵具体的树都没有"。莫奈力图呈现的,与其说是一组具体的事物,不如说是某种难以捉摸的东西——清晨的天空和空气,为陆地和水面罩上一层不易察觉却又变幻莫测的薄纱。"没有任何两件作品拥有一样的氛围;在八张画中,水雾朦胧,色调变幻,交映着塞纳河面的混沌倒影,各有不同。这一系列,堪称包罗万象。"[23]

在聚精会神的凝视中,自我消失了——或者说,它收缩为一只抽象的眼睛。塞尚曾如此描述莫奈:"他不过是一只眼——但却是怎样一只眼啊!"这种专注是无我的。对象变得如此真实,相比之下,自我倒感觉无关紧要了。关键不在于自我(显然不是社会性的、焦虑的那个自我),甚至不在于全视全知的自我,而在于外部的经验现实。倘若我们能对于对象的事实性与"重量"有所了解,那么即便我们无法拥有艺术家的技能,我们也可以拥有他们的感性。苏珊娜·莱萨德(Suzannah Lessard)写道:"中西部的玉米地是如此的真实,以至于令一切非经验之物都显得可疑。跟这片景观相比,巴士里的生活似乎都变得如同幻影,仿佛巴士是一个头颅,车窗是双眼,而车里的人则是思想。"[24]

一场视觉盛宴能令人(暂时)忘却最严酷的生活条件。维克多·弗兰克尔曾留下这段关于德国

集中营生活的描写:

> 一天傍晚,当我们手捧汤碗,精疲力尽地坐在棚屋地上休息时,一位狱友突然冲进来,叫我们跑去集合地看日落。我们站在外面,只见西天的阴云发出光芒,整个天空生动而鲜活,云的形状和色彩瞬息万变,从钢青色转为血红。惨淡的灰泥棚屋与之形成鲜明对比,地面上的泥坑却映照出霞光璀璨的天空。那动人的寂静持续了片刻,之后,一位囚犯对另一位囚犯说:"这世界本该多么美啊。"[25]

秩序之美:宏观宇宙与微观世界

并非全世界所有人都欣赏日出日落。文化只有发展到特定阶段、处在特定条件下,身处其中的人才有可能会欣喜地凝望近晚或清晨时分的炫彩天空。这种对于世界某一方面的欣赏,是局限于某种特定文化,还是在全世界能引起广泛共鸣,某种程度上是由其尺度所决定的。就微尺度而言,世界不同地方的人可能会喜欢同样的东西:沙滩上一块圆润的石头、孩童的笑容、抛光的木头,这些事物普遍为人所喜爱,并不是某个群体经习得才产生如此反应。就中等尺度而言,文化的确会施加其强大影响,日落、海岸、山峦及其他优美风景都属于此列。因此,由于历史文化原因,有些社会钟爱高山,另一些则无动于衷。在更大的尺度上,自然与景观则可能广受崇拜,超越文化之限,特别是当人们注意到这些事物的抽象特质时:天体运行、农田分布、城市建筑规划,它们中呈现的秩序感产生了极大的吸引力。宇宙、乡村和城市,三者都是常见的理想范型。

太阳和月亮,一则俯临万物,二则对大地自然具有或真实或想象的影响,于是在早期宗教中超越亡灵崇拜,进入人类的意识。后来,人们又开始仔细观察群星,因为相信人的命运也在其掌控之中。尽管农耕文明出于实用理由,也会关注星辰的运动与季节的节奏,但另一方面,他们也为庆祝年度周期中的关键时节创造了华丽仪式,因此证明他们同样也欣赏其中的宏阔之美。最独特的当属古希腊人,他们欣赏天体本身,而非因为它们会影响人类事务。"你来此世界所为何事?"于希腊人而言,这是一个经典问题,阿那克萨哥拉如此应答:"为了凝望太阳、月亮和天空。"[26]汉斯·约纳斯(Hans Jonas)说,群星被视为"典范式的存在",因此深受哲学家的崇敬和厚爱。"群星乃纯粹的实体,它们的圆周轨迹完美无缺,它们遵循自身的法则,畅行无阻,

它们的存在终年不朽,轨迹永恒不变"——这一切
特质令星辰显得"神圣",并非像神灵那样神圣,而
是总体而言超脱世事、超越个体。[27]早期基督教某
种程度上保留了这种态度。"视觉的首要价值是什
么?"基督教教义问答对此的恰当回答是:"是为了
产生哲学,因为人若不是先见到苍穹与群星,便不
会寻求上帝,也不会心怀虔诚。"卡西底乌斯写道,
上帝予人双眼,是为了令他们能观察"思维轮转与
天道变化",并尽其所能模仿那智慧、安宁、祥和。[28]

对几乎所有先进(即采用犁耕方式)的农耕民
族来说,与群星的规律运行相比,地球上的自然似
乎混沌无序,充满威胁。从这片混沌荒野中开辟出
来的就是农田和人类的居所。这个改造后的世界,
仍始终受到大自然不稳定性的威胁,人们忠于它。
这种虔诚的情感无疑与占据此地的自豪感交织在
一起,但除此之外,还有一种意识与这些情感重叠,
那就是对于农田之美的意识——沟壑整齐,果树成
排,屋舍并立——尽管这种意识往往是隐而不宣
的。在荷马史诗《伊利亚特》里描写阿喀琉斯之盾
的著名段落中,字里行间传递出对农业景观的欣
赏,其中无疑包含了强烈的审美成分:

　　他又附上柔软、肥美的宽阔耕地,
　　在作第三次耕耘。许多农人在地里

赶着耕牛不断来回往返地耕地。
当他们转过身来耕到地的一头，
立即有人迎上去把一杯甜蜜的美酒
递到他的手里。他们掉转身去
继续耕耘，希望再次到达尽头。
黄金的泥土在农人身后黝黑一片，
恰似新翻的耕地，技巧令人惊异。[29]

（罗念生、王焕生译）

　　"令人惊异"，农人可以这样评价自己的劳动，
也可以这样评价带给他们酒的主人。农田是荒野
与城市的"中间地带"。维吉尔认为，肥沃的波河平
原——古老的山毛榉和黑橡树矗立在牧场中，羊群
在其中吃着草——是阿尔卑斯山脉与罗马之间的
中间地带，这是一片岌岌可危的区域，一边受到自
然和野蛮暴力的威胁，另一边受到文明过度扩张的
威胁。[30]每当城市达到一定规模和复杂程度，其中
的富裕人群就会开始向往田园，向往乡间生活。这
种情况在欧洲曾多次发生——希腊化时代、奥古斯
都时代、文艺复兴时代和 18 世纪。在中国也如此。
道家哲学是一种自然哲学，在朝廷中郁郁不得志或
不堪搅扰的士大夫，秉持道家哲学精神，得以返归
故乡小村。于是在 4 世纪，陶渊明写下如此诗句：
"羁鸟恋旧林，池鱼思故渊。""榆柳荫后檐，桃李罗

堂前。""晨兴理荒秽，带月荷锄归。"①[31] 道家的自然世界从来不是纯粹的荒野，人的身影总是出现在某个地方——山间小径的旅人、茅舍中的文人隐士，还有整齐的稻田。在美国，家庭农场的中间地带被赋予神话般的理想色彩。具有整洁田野和果园的农场，代表着健康生活和政治美德，与之形成鲜明对比的是大型商业地产，后者通常被视为城市财富和技术对自然的傲慢入侵。[32]

天空呈现出典范式的星辰运动。在地球上，人类必须创造自己的秩序：谦逊，如乡村整齐的田地所示；雄伟，如几何形的城市所示。古代大型城市是神圣场所、仪式权力建筑和庆典中心。[33] 人类对秩序的热衷，需要清晰的视觉表达，而最清晰、最富有象征意义的，莫过于圆形、方形和多边形。这些形状在自然界中极少出现。除了太阳、满月和彩虹，圆形更多是通过推断而非直感而获得的——群星围绕北极星的运动、太阳的轨道、四季的轮转。像古代赫梯城市辛吉尔利（Cincirli）和阿拔斯王朝哈里发的王城老巴格达（Old Baghdad）这样的圆形城市是很罕见的，哪怕仅仅是因为建造大周长圆形城墙本身就很困难。有些圣城被描述为由一系列

---

① 出自陶渊明组诗《归园田居》。原文在英译本基础上进行了转述，此处还原为原诗句。

同心圆构成的坛城,比如印度圣城贝拿勒斯(Banares),但它们只是象征性的圆形,并非真正的圆形。相比之下,方形围城则很常见,在许多古代文明中,这些城市代表着宇宙的循环过程。例如,中国传统都城的方形是一种宇宙图,共十二座城门,每边三座,象征着一年的十二个月份。[34]

宇宙城市会屡屡呈现其超越性。在象征意义上,城市的中心同样也是其顶峰:一个人从外墙向中心移动时,不仅是向内移动,同时也是向上移动。"亚洲许多神圣中心,"戴安娜·埃克写道,"在结构上都明显复制了须弥山(印度传统宇宙论的中心之山)。其中最著名的地点之一是高棉首都,现在称为吴哥城,位于中心的是巴戎寺神殿山。其中心高塔有五层高台和塔楼,是须弥山的复现,后者也具有一个中心和四个面向。"这种与超验世界的关系还可能通过神话加强。据说,贝拿勒斯所在之处,"湿婆惊人的光束破土而出,直射天空,穿透了天堂之顶"[35]。在西方,以中央宫殿、雕像或纪念碑为中心,道路向外辐射的巴洛克式规划(比如凡尔赛宫、华盛顿特区),明显象征着阳光照耀人类世界。

具有神圣或宇宙内涵的城市规划,在视觉上和概念上都很容易理解。另外有些城市则提供了更为复杂的空间—视觉经验。牛津,"梦幻尖顶之城",虽然不是古老的神职王权合一意义上的圣地,却也蕴含着神话及天堂的愿景。其布局不是简单的几何图形，而是充满意外的、"流动的"秩序，只有当一个人沿路漫步时才可以陆续体验到。"二战"后牛津的规划师托马斯·夏普（Thomas Sharp）描述了参观者可能获得的体验：

> 当他从卡特街上端走近伯德雷恩图书馆时，起初除了那高贵的方形建筑本身，什么也看不到。他继续走近，先看到圆形建筑，接着是圣玛利亚教堂的尖顶，随后拉德克里夫图书馆的圆顶也映入眼帘。之后，这巨大的圆形建筑与伯德雷恩图书馆主体建筑渐渐分离，圣玛利亚教堂的塔楼浮现出来。尽管这三座建筑都是世界上最精妙的建筑作品，且各具特色，但这种体验却是油然而生的，文字和照片都无法形容。立方体、圆柱体、圆锥体突然并置呈现，或分别排布，其效果令人震撼。[36]

家园与崇高的自然

熟悉感是人类的普遍需求，其背后则是惯例。我们最容易找到一种舒适惯例的地方，也是我们最初认识那惯例的地方，就是家。一开始我们可能会认为这才是最背离审美的，因为任何东西一旦成为惯例，就会从意识中淡出。再者，惯例与秩序往往服务于日常生活之必需事项，而这一切通常被人排除在审美领域之外。家的另外两个特征进一步将其驱离人们通常理解的审美：家庭秩序的非正式性，以及典型的弥漫性的多感官氛围。

尽管如此，审美体验在家中仍十分常见。首先是技巧——即实现特定目的的精简之道。如果夏日傍晚，有行人在河边漫步，不经意向一扇窗或一道敞开的门望去，在他眼中，即便最平凡不过的家务和社交"芭蕾"，也具有莫名魅力。家的美学地位遭到怀疑，还有一个原因可能是其视觉方面并不突出；我们已经发现西方文化关于美的概念存在强烈的视觉偏见。家当然也提供了视觉之美——诸如明亮的铜壶或胡桃木橱柜上的风景画；家也提供了听觉之乐，无论是小孩朗读故事的声音还是室内音乐录音。但一般而言，人的所有感官都得到了某种程度的舒缓或刺激：炖菜的蒜香、扶手的质感、冰激凌车的铃声、暮光的颜色。单独看来，每一样都不足以令人陶醉，但加在一起却令人感到生之美好；它们令生活变得有滋有味。

离家越远，我们与环境的交互关系就越倾向于自觉化和视觉化，而非潜意识的、多感官的。家宅之外的农场仍是我们熟悉的世界的一部分，然而早在荷马的时代，犁地的农人回望满溢夕阳暮光的深深的犁沟，也满怀欣赏。风景这一概念那时就已初具萌芽了。也许，风景——这种具有强烈审美吸引力的视觉构成——在人类的经验中，比我们想象的更为常见。相比于美景体验本身，较为罕见的其实是由它转化而成的可感知的艺术作品。

在井然有序的农场——人为风景——之外，是昏暗的森林、荒凉的群山和波涛汹涌的大海。18世纪，这些原始的自然之力反过来又成为风景——沉思与描绘的对象，并被冠以崇高（sublime）之名。"崇高"的意义随着时间而改变。古典时代发明此一概念的朗基努斯用其描述星辰的稳定运转，或较之法则稍逊的高山与海洋。18、19世纪，浪漫主义偏爱大地上种种荒野形象，它们能唤起更深沉、更宏阔的激情。但"崇高"作为一种人类经验，并非仅仅是哲学家—艺术家在某个特定历史时期内的发明。每当人们走出自己已知世界的防护圈，便有可能遭遇某些巨大、凶险，却又莫名诱人的力量。人们被崇高之物吸引，正如在宗教力量较盛的时期，人们被神圣、光明、宏伟及奥秘所吸引一样——此即为超出人类理性认识的"令人战栗的神秘"①。[37]当上帝于旋风中对约伯说话时,约伯所体验的无疑正是崇高,同样,全世界神秘主义者逾越日常经验之界,触及无限高深的全然他者时,所经历的也是如此。

自18世纪以来,出现了一种理解现实的新方式,尽管与旧的方式相比仅仅有程度上的分别。根本区别在于疏离的程度有所加深。这种新的经验更加世俗化,不再深陷于对神圣的恐惧,而是主动出寻,不再仅仅是接受外界力量(上帝或自然)的冲击。简言之,它更具审美性。不过,崇高之中强烈的超验要素却留存下来。人们凝视美,甚至享受美。凝视(contemplation)意味着自我与他者之间有一定的距离;而享受(enjoyment)则暗示着自我对他者的驾驭。这两个词用以描述崇高体验都不够贴切。相比之下,"凝视"更接近:毕竟我们的确会说"凝视星辰"。这个词所缺乏的一层意思是被征服的眩晕感和面对危险的不祥预感,那危险同时也是一种诱惑。

---

① 原文为拉丁语 *mysterium tremendum*,神学术语,语出德国神学家鲁道夫·奥托的《论神圣》。

冰

在现代，只有大冰原仍能免受人类支配，不必背负人类的沉重烙印。在那里，仍始终存在体验崇高的可能。冰原是庇护之处与养育之所——家的另一端。极地探险史和探险家传记表明，人们前往冰原的动机复杂难断。18 世纪之前，似乎是经济动机占主导。探险家希望越过世界屋脊，找到一条通往香料之乡的道路。"开放极海"①的神话令此类努力显得并非不切实际。[38]然而，到了 18 世纪末，人们终于不得不放弃北极冰封地区存在通航商路的想法。从那以后，极地探险一般公开宣称的原因都是科学。必须为地理学服务。这一套科学说辞并不足以解释一切，就连那些创造了这套说辞的人自己也并非完全信服。其中显然还有其他动机，包括探险、创造新纪录、取得足够的财富以求独立、为自己和国家争光、考验人的极限等种种欲望，其中有一个因素鲜少公开谈论——对崇高体验的渴望，徒步者在广袤自然中失去意识，形同身死。[39]

---

① 由 18 世纪英国博物学家巴灵顿提出，据他设想，北极中有一片温暖海域，船只可自由穿行。该观点一度颇具影响力。

在所有极地探险家中，挪威人弗里乔夫·南森[①]和美国人理查德·伯德[②]或许是最善于反观自省、求诸思辨的。他们留下的不仅有科学观察，还有对自然、宇宙及生命意义的思考。两人都认为，比起在安静的图书馆中，生命在寂静、美丽而又可怖的冰天雪地中更有可能吐露出其最深刻的意义。

自童年之时起，南森就迷上了大自然的壮观美景。尽管极光在他的家乡是人们熟悉的景象，但从未丧失过震撼人心的力量。他写道："这种奇异的光之戏舞，无论我们看过多少次，都不会厌倦；它仿佛对视觉和感官施加了魔法，令人无法自拔。"北欧神话对这种魔咒有所贡献。"莫非是火焰巨人苏尔特亲自弹响了他巨大的银色竖琴，令琴弦在穆斯贝尔海姆[③]的熊熊火光中瑟瑟颤抖、火星四溅？"[40] 那些更能体现南森的浪漫气质的段落，则出现在他仅仅为了记录某个事件的日志中。1888 年，南森和他的五位同伴正在艰难穿越格陵兰冰盖。他们在雪

---

①　弗里乔夫·南森(Fridtjof Nansen, 1861—1930)，挪威探险家、科学家和外交家，因 1888 年跋涉格陵兰冰盖和 1893 至 1896 年乘"弗雷姆"号横跨北冰洋的航行而在科学界出名，曾获诺贝尔和平奖。

②　理查德·伊夫林·伯德(Richard Evelyn Byrd, Jr. , 1888—1957)，美国海军少将，20 世纪航空先驱者，极地探险家。首批飞越南北两极者之一：1926 年飞越北极，1929 年飞越南极。

③　穆斯贝尔海姆(Muspellheim)，北欧神话中的"火之国"，北欧神话中的九大世界之一，也是最初的两个原始世界之一。

橇上挂上风帆,以借风力前行。"天很快就黑了,但此刻满月升起,月光足以让我们看见并避开那些最凶险的冰缝。两艘船在我身后疾行,看上去真是奇景,纯白的雪原和一轮硕大的圆月,映衬着维京式方形帆的两道黑影。"[41]

南森不信上帝,也不信来世。如果人生有目的,那就应该是利用自己的才能造福人类。他不仅是一位成功的北极探险组织者,后来更成为一位在本国及国际上皆有作为的人道主义者。尽管在世人看来他处处都获得了成功,但南森不去极地从事艰苦探险的时候,常受抑郁症的困扰;即便在他挚爱的冰雪世界中,他在看到壮丽的同时也往往看到死亡,正如他的两卷本著作《极北之地》(*Farthest North*)第一句所述:"洁白无瑕的冰雪幔帐下是不曾有人看见、不曾有人踏足的荒凉极地,旷古以来便一直陷于死亡的深眠。"[42]对南森来说,极地是死亡之国。连时间本身也已封冻。"在这冰雪世界中,岁月来去,无人察觉……在这寂静自然中,无事发生……除了寒夜中远得无法估量的闪烁群星,和北极光的光辉,没有任何可以观看的事物。我只能勉强辨认出近处'前进号'①的模糊轮廓,依稀挺立

----

① 前进号(*Fram*),南森一行人极地之旅所搭乘的船,专为极地探险设计,今藏于挪威前进号博物馆。

在荒凉幽暗中……这艘船就像一个无穷小的点,似乎已迷失在无边无际的死亡之境。"[43]

理查德·伯德出生于弗里乔夫·南森乘船跨越格陵兰冰盖的那一年。因此,他们是一代之隔。一位成为海军上将,另一位成为备受尊敬的政治家。两位都是成功人士,同时也是一流的极地探险家。他们与同时代及先前的其他探险家有一个不同点,那就是他们把地理航行变成了自我发现之旅。1934 年,伯德独自一人在南极洲罗斯冰架上度过了四个半月。科学是他的正式理由,但更深层的原因则是他自己想到这样一个几乎无法获得普通人的舒适与安慰的环境中,去看看平静和孤独可以多么美好。伯德没有找到任何简单的答案。在这个世界中,无论他看向哪里,"东,西,南,北,目光所及之处全都一样,只有无尽的冰面扇形展开,与地平线相接",他感到强烈的思乡与绝望之情;他开始认为自己所宣称的科学目的是一种妄想,自己所寻求的启示是一条"死胡同"。[44]

伯德的秉性比南森更乐观,但他的文章也时不时沾染上哀丧的语调。看见大雾萦绕的冰山,他写道:"到处都是受困的冰之舰队,比全世界所有的海军都要庞大,无望地徘徊在浓雾阴霾中。"在罗斯冰架营地,他观察到:"即便正午时分,太阳也只比地平线高出几倍于其直径的高度。它冰冷,沉闷,最

亮时发出的光线也不足以投出一道阴影。黄昏的
天空笼罩着阴沉沉的暮色。这是生与死之间的时
刻。当最后一个人类死亡时，他眼中的世界就将会
是这副样子。"不过，更多时候，他的笔记总是透出
一种与宇宙合一之感。"白日将死，夜晚诞生——
但一切宁静。这里充斥着宇宙间种种难解的过程
与力量，和谐而无声。是的，正是和谐！那正是由
寂静中诞生的东西……"[45]

　　南森和伯德的报告与日记中都表达了对家的
眷恋。在法兰士约瑟夫地群岛，南森和一位同伴蜷
缩在简易茅屋中时，想起家中的妻女："冬天的晚
上，她坐在灯下缝补衣服。身旁站着一个小女孩，
蓝眼睛，金头发，玩着娃娃……"[46]伯德则是在南极
营地的某一绝望时刻中写道："最终，对一个人来说
重要的只有两样东西，不论他是谁：那就是对家人
的爱和理解。"[47]然而，南森和伯德却一次又一次率
意离家，去寻求某些他们自己也无法解释的东西。
家给人温暖、熟悉感与慰藉。家之外是风景，因其
蕴含的资源或悦目景色而为人所赞赏。再之外便
是陌异空间。在那浩瀚与伟力面前，人已经无法撤
步向旁去欣赏它，就像在乡间欣赏绵延的群山那
样。各种矛盾情绪被搅扰起来，包括恐惧。自我的
边界遭受威胁。在家中，沉入感官现实意味着生
活，相对而言，在陌异空间中——在冰封世界

中——失去自我，则可能意味着死亡。在这孤绝天地、亘古冰原中的旅行者，似乎半是爱上了危险而刺人的美，半是爱上了湮灭。

　　恋家是一种普世情感，而甘冒生命危险去偏远荒凉之地换取崇高体验的举动，却仅见于西方社会与文化中的极少数人。在我们探索各项感官功能时，我们很快便发现必须将文化因素考虑在内。无论我们的基本生理条件多么相似，文化都会给我们感知世界的方式带来巨大差异。在第三部分中，我将试图呈现一个能暗示出此种差异之范围的文化—审美谱系。

第三部分

文化—美学谱系

第六章 澳洲原住民、中国人以及地中海欧洲人

人类感官组织世界的力量有多种形式,皆由它们运行于其中的更大的文化所塑造。本章及下一章将详细介绍澳大利亚土著文化、中国文化、中世纪欧洲文化和现代美国文化的核心审美特质。我们也许会想,这四种文化之间隔着遥远的时空,应该不会有什么共同点。然而它们都具有审美—道德的一面——这一点可以从它们对意义和形式的追求中得知——并且这些文化都展现出想象力的力量,想象力可以吸纳另一个群体的价值观,从而超越一定时期内某个群体所秉持的价值观,并且随之发展。我们可能在情感上倾向于自己的文化方式,毕竟身体力行,烙印深刻。但在智识上,我们也可以倒向任何一种我们认为能带给人解放和自由的文化,这提醒着我们:作为个体,我们可以超越群体规范。

原住民艺术与梦幻时期

　　尽管早期欧洲艺术家经常把澳大利亚原住民描绘成"高贵的野蛮人"(Noble Savages),但大部分早期欧洲定居者却用轻蔑的眼光看待他们,因为他们发现这个深皮肤的民族没有农业,不永久定居,也不积累物质财富。[1]然而,那些对世界其他仪式文化有所了解的人却注意到,澳大利亚原住民的舞蹈、模仿艺术和伴有歌曲的演绎剧并不比别的文化逊色。随着欧洲定居者渐渐深入内陆,他们发现了岩刻和洞穴壁画,这些绘画的质量令他们大感好奇,并且赞叹不已。1876年,R. 布拉夫·史密斯如此总结当时关于原住民艺术的认识:"对洞穴、岩石、树木进行装饰,在大地上割草刻画人形,是该民族的特征。这类画作遍布这个大洲的每一个角落。"他举了几个例子描述"他们对艺术的热爱",试图说服读者"更加用心地关注野蛮人的这些原初尝试——他们模仿自然物体的形态……以及发生在他们生活中的事情"[2]。

　　可以料想,在不同地区,这种艺术在数量和质量上存在很大差异,反映着自然环境的变化。一般而言,一个地方越富饶,人口越稠密,仪式交流和商业活动越频繁,就越可能拥有丰富的艺术。最富裕的两个地区是澳大利亚北部的阿纳姆地(Arnhem Land)和金伯利(Kimberley)地区。相比之下,沙漠地区艺术品极少,一个最简单的原因是缺乏可供创作的表面——洞壁、合适的突岩,或树皮。与世隔绝,加之需要频繁迁徙找寻食物和水,进一步阻碍了艺术的产出与创新。即便如此,在最严酷的环境中仍然有审美冲动出现。例如,艾尔湖(Lake Eyre)地区遍布流沙与沙丘,没有适合雕刻和作画的岩面;周期性的洪水与不稳定的降雨迫使部落结成小群不断迁居。然而当地人竖起鲜艳的彩绘标牌,即"图阿"(toa),它们绝非仅有实用价值:这些标牌不仅指明从营地到目的地的道路,还展现了前辈英雄的旅程。[3]同样,在维多利亚大沙漠,水是居民心中的头等大事,因此水潭就成了圣板和圣柱上常见的主题。[4]

早期欧洲定居者普遍认为原住民的生活异常严酷,无法忍受。但他们却也发现这里的人身体健康,活力充沛,生活幸福——这是一个随时准备载歌载舞的民族。欧洲人对原住民文化了解得越多,就越倾向于承认其的确能够超越基本的生存需求。在阿纳姆地较富裕的地区,一周只需工作三天就能满足生存需求。余下大量时间可用于做其他事情。纵横大陆的复杂商路网络就是过剩的证明。这个网络中流转着大量不具实际功用的物品,其中大部分为休闲产品。[5]

在艺术发达的地区,大部分人都会画画、雕塑、刻绘,不过其中有些人能力更加出众。某些歌者舞者技艺高超,备受推崇,于是人们对他们的服务一直有大量的需求。传统在很大程度上决定了形式与内容,然而,个人才能在集体的鼓励之下,也能得到发挥,而且事实的确如此。这个集体中的所有成员都是不同程度的实践艺术家。一位才干突出且个性鲜明的人,可能会引来门徒跟随。于是他的方法在实践中日益精进,他的主题也稳步扩大。久而久之,他便建立了一个"学派"。原住民艺术之所以存在地区差异,不仅是由于地理区隔以及对地方资源的适应,还因有个人灵感的影响。"一位歌者看到或梦到一些东西,于是字词、音调和动作便'来到'他那里。他在心中反复琢磨,接着轻轻哼出来。一首新曲子便诞生了……"[6]

精神与审美

"为艺术而艺术"与澳大利亚原住民思想格格不入。但在某些情况下,他们的审美驱力会压倒实际考虑。在澳大利亚北部某些地区,人们会为美观与形式感牺牲长矛的实用性:矛杆上的尖刺被雕刻得过深,甚至于投掷时很容易折断。[7]树皮、吼板和珠灵卡(churinga)等圣物还有人身体上绘制的图案,其构成、颜色、线条清晰感、动感与活力,处处都令人赏心悦目,在外人看来,这其中必有审美一词。澳大利亚原住民的艺术倾向还体现在他们乐于采用外来媒介和风格来表达他们的经验和世界,而且能迅速达成杰出的成就。澳大利亚中部艺术家是一个著名的例子,他们很快便掌握了蜡笔和纸、丙烯、油彩和水彩,用它们来创作传统图样和主题;艾丽斯斯普林斯地区(Alice Springs)艺术家创作的西方风格(透视法)风景画广受称颂。这些风景画可能出自任何一位西方风景画大师之手,唯一不同之处在于,这些风景不只是如画的景观,还包括某些梦幻之地,在当地人看来有非常深刻的宗教意义。[8]

　　审美冲动实为对于形式和意义的文化冲动中不可分割的一部分,在人类社会普遍存在。即便澳大利亚原住民是在宗教因素的驱使下,以某种方式绘制或雕刻牛吼板,但其精确方式——那精巧的笔触,勾勒某一线条或施用某一色彩时体现出的匠心或决断——是受审美支配的,而非仅仅是出于神秘主义或恰当性的理由。此外,宗教本身也可被视为一种复杂的审美—道德工作,旨在实现一种总体的秩序感和意义感。

不过，差异性仍是显而易见的。澳大利亚原住民的世界不同于传统中国人的世界，最起码有一点，澳大利亚原住民并没有形容艺术的词，而中国人有。中世纪欧洲人也没有独立的艺术概念。他们的世界同澳大利亚原住民一样，充满了宗教意义。但其他所有方面，这两个世界之间都有着显著区别，以上三种文化都与现代世俗美国人关于地方与场景的概念截然不同。

当我们试图探索澳大利亚原住民在精神与审美实践方面的独特性时，我们会发现，他们有一种做法在今天的大部分人看来都非常奇特：许多原住民艺术品都出现在隐蔽之处。在阿纳姆地西部，许多图案和自然主义人像绘制的位置，必须通过爬杆或梯子才能够到[9]，艺术家一定是借助了某种高台才能抵达洞顶。另外还有一点很奇怪，这些图画往往互相重叠。这两点促使 A. P. 埃尔金得出如下结论："他们的满足感与其说来自欣赏完成的画作，不如说来自绘画的过程本身，或绘画所体现出的实际愿望及其引发的结果。"[10] 原住民艺术的另一突出特点在于多模式表现的重要性。史前洞顶图案及人像本身可能是更大范围的艺术-仪式活动的一部分。但我们无法确定。我们可以确定的是，当代的仪式，无论规模大小，都需要不止一两种而是多种美学技能。原住民在进行图腾仪式和启蒙仪式中，

以及在多部落联合庆典中,都会载歌载舞,吟诵,演
戏,模仿。歌曲中的歌词近似于诗歌,叙述出密切
的观察与感受。

> 清冽的水流淌,飞溅,旋转,
> 淌过滑腻的石头,清澈的水,
> 卷起树叶和草丛,
> 到处旋转……[11]

歌词与地标

原住民世界的独特感觉基调来自其信仰在一
个梦幻时代①的核心地位。在梦幻时代中,祖先与
英雄这些强大的存在行走大地,确立地形特征,唤
醒所有自然物种,制定了群体及个人的行为规则。
"行走大地"包含着字面上的意义。这些祖先自某
些地方出现,但基本不会留在原地。少数情况下,
他们最初的任务是为尚未成形的现实赋予某种宇
宙秩序。其中一则神话如此描述:"两个人用他们
的圣板将天空推离地面,由此为世界带来了光。"不
过大多数神话讲述的都是梦幻时代的祖先在旅行

---

① 澳大利亚原住民神话中的创世时期。

过程中发生的一些事件,每个事件都会在这片土地
上留下印记。一些自然景观,比如引人注目的露头
岩石、洞穴、水坑和老树桩,都是某个著名事件的发
生地:被某位祖先杀死的一只袋鼠或一条蛇,化作
一块石头;留在身后的长枪化作一片树丛;伤口流
出的血化作一汪清泉。[12]有时,祖先通过命名与唱
诵,缔造了地形特征。创造通过歌唱完成;由于祖
先的行旅故事是通过歌声讲述的,由于神话总是伴
随着歌声发生,于是澳大利亚的景观仿佛一幅音乐
地图或一份乐谱,祖先的足迹就是布鲁斯·查特文
所说的"歌之径"。[13]

　　从实际层面上说,梦幻之径或歌之径是十分有
效的记忆辅助,能令原住民熟悉他们外出觅食必经
之路上的重要地标和资源。从情感层面说,动物、
道路及其他地貌特征,都能有力地提醒原住民记忆
他们自己的过去——事物和社会习俗如何形成、意
味着什么。过去与现在融为一体。尽管描述中的
先人已逝,但这种死亡并非板上钉钉的,因为他们
仍有可能通过水、血、火的力量显灵,也可能通过彩
虹、岩石上的记号,或牛吼板——牛吼板上雕刻或
绘制的符号投射出梦幻英灵现存的力量。在社会
仪式或图腾崇拜仪式中,时间也是混合的。社会仪
式本质上具有指导性。歌者—演员会重演祖先与
英雄的梦幻时光;演出中的停顿昭示了表演的说教

性质,这时会有一位老者向新人解释其中的意义,尽管如此,歌者—演员本身可能是全身心沉浸在演出之中的。他们进入半出神状态,从自己身上吸取血液,将过去与现在、他们自己与所扮演的角色融为一体。举行图腾仪式是为了促进物种的繁衍。参与者经历与初始英雄相同的事件,并重现他们的创生之举,仪式地点通常就是被英雄神圣化的场所。在图腾仪式中,参与者不仅仅是在扮演历史角色,某种意义上,他们已成为梦幻时代的强大生命。[14]

因此,对原住民来说,大地并不是中国或西方世界所理解的“风景”。它不是视野中的一片景观或风光,而是一个具体的地点或一片土地上的一连串地点,一条梦之径或歌之径,充满事件、力量和意义。力量和意义就显现在一片土地的地貌中。岩石和水坑是活生生的存在。原住民大概不会称它们“美丽”——仅就这个词的现代意义而言。然而,当他们在歌唱和吟诵的诗中讲述这些地貌如何形成的时候,当他们借舞蹈的节奏、借视觉艺术的构成和颜色来表达他们对这些地貌的感受的时候,很明显,原住民对世界的感知、与世界的互动,既是戏剧性的,也是审美性的。

中国的自然与风景

戏剧性，意味着行动与情感投入，审美性，意味着距离与反思，这两个词同样适用于描述中国人与其自然世界的联系。不过，这种联系的具体特征却与其他民族不同。和缺乏明确的渐进发展的澳大利亚原著民故事不同，中国故事历史悠久且有据可查，表现出一个总体趋势，即从情绪丰沛、包罗万象的时期转向相对冷静和反思性的时期。

在面对陌生与未知的时候，中国人和其他遇到类似处境的民族一样，最初都感到恐惧。对西汉（前202—9）的一位诗人来说，中国南方的森林遍布虬曲缠绕的树，虎豹出没其中，让人感到的是恐惧而不是美丽。①[15] 随着时间推移，恐惧渐渐转变为敬畏与崇敬，自然尽管仍被视为一种强大的力量，但它代表着中立甚至友好，而非恶意妄为。一种隐在的和谐感已然盛行起来。山、河流、森林及其他自然特征都被认为是宇宙能量在当地的体现，它们时长时消，于是任何时候都可能有某种力量占据主

---

① 出自《楚辞·招隐士》，此处应指"桂树丛生兮山之幽，偃蹇连蜷兮枝相缭"及"猿狖群啸兮虎豹嗥"几句，原文出处见本书附录注释。

导,但长远看来,它们则彼此平衡。普通人往往不把某些自然地貌看作抽象的力量,而是神灵或神灵与精灵的居所,他们跟人类祖先的在天之灵和人类一起,彼此和睦共处。互惠原则是占据支配地位的道德—美学原则。这些神灵会保佑人们获得一些好处,比如诞下男孩或粮食丰收;反过来,人们则需要为他们举行祭祀或崇拜仪式。[16]

恐惧先转为敬畏,最终变成欣赏。在中国人眼中,这已不是一个需要小心躲避或平息不祥黑暗力量的世界,甚至不是一个需要谨慎接触的神圣而仍有危险的世界,取而代之的是一个和谐的宇宙——宏伟而壮观,脆弱而永恒——它满足着他们最深切的精神渴望。这就是山水。

山水

山水①——顾名思义,即山与水——是比“天地”更亲近的自然。山水依然笼罩着宇宙光晕,包含神圣事物令人畏惧的力量和暗示,以及残留的生育信仰,但到公元 3 世纪时,山水本质上已发展为一种优美—崇高的概念,一个观者向往且可以进入

---

① 此处原文为“风景”(landscape),但在本节中,“风景”特指“山水”。

的世界。来自道家及佛家的更高级的审美情感已经盖过了原始的宗教感情。[17]

　　山水的理念体现在园林设计、诗歌及绘画中。最早体现山水理想的例子可见于汉代早期关于大型皇家狩猎园林的描述。其中一个园林位于都城长安之外，规模宏大，周围有城墙环绕，长逾四百里。园林中有山、灌木丛、森林、沼泽，此外还有人工湖、岛屿、来自远方国家的动植物，以及三十六座宫殿和建筑。道家信仰启发了这些人工造物，人工湖中升起几座金字塔形的小岛，仿拟传说中的东海三座仙山。整个园林仿佛一个错综复杂的微宇宙，既满足世俗活动的需要，又满足长生不老的渴望。汉武帝在园中纵情狩猎，狩猎结束后，他则与随从群臣欢歌宴饮，欣赏舞者、小丑和杂技艺人的表演。在这一切喧闹庆典结束后，他会登高揽胜，在那里与大自然独处。[18]

　　汉代诗人描写山水时，更多是描写这样的大型狩猎园林，而非真正的荒山野水，对于后者，他们则鲜有亲身体验。汉代画家在宫墙上绘制山水画时，也多是展现山水人格化的精神，而非自然特征本身。汉灭亡以后及至后来的分裂时期（约 200—600），脱离了仙法与神灵的自然意识渐渐出现。可以读一读隐士诗人陶渊明（约 365—427）的一首诗。这首诗描述了典型的中国山水，假如它是一幅山水画上的题诗,也恰如其分。这首诗写的是诗人自己隐居乡间的生活。他在自己的园中踱步,倚着手杖,时而抬头四顾,但见"云无心以出岫,鸟倦飞而知还"。光线渐暗,但诗人还在园中,"抚孤松而盘桓"。[19]山水情怀在陶渊明的时代显然已存在,但这样的山水画尚未出现。六朝时期的视觉艺术家尚不具备在纸或绢上绘制云雾缭绕的山川全景的技巧。这种技巧将于后世出现。

隐士生活与感觉派

自然美学是文明的高级产物。其持续存在及发展有赖于文明作为其对立面出现。在中国,退隐自然的做法最初盛行于庞大而复杂的汉王朝陷入动荡之时。尽管这种理想在中国漫长的历史中时起时落,但它从未丧失对知识分子的吸引力。作为帝国的学者—官员的士大夫阶层在朝堂上实现了自己的雄心壮志,但庙堂生活有诸多限制,令人烦忧,甚至时有危险。夹在繁华热闹的都市与充满佛道思想诱惑的乡野之间,许多人至少偶尔会有种撕裂感。有些则彻底厌弃了官场生活,一心向往隐士艺术家的美德与充满魅力的生活。

中国诗歌和绘画给人的最初印象即这是一个热爱自然山水的民族。不过,一旦深入了解这些作

品的历史与哲学，不免会产生一个问题：这种热爱
是真诚的吗？创作出这些诗歌和绘画的文人—艺
术家对荒野、对真正的乡野生活有任何一手了解
吗？传统对中国社会具有强大的控制力，这一点在
艺术实践上体现得最为明显。一个人模仿杰出前
辈的风格，并不说明其仅有二流的才华，反而会被
认为展现出了对源头杰作的精妙理解。某些时期，
人们更加向内求索，诉诸感觉，这进一步阻碍了直
接经验和观察。宋代的一位影响深远的人物苏东
坡(1037—1101)曾说，绘画的目的在于表达艺术家
自己的感觉，而非描摹外部世界。苏东坡及其友人
同为文人士大夫，他们认为单纯准确描绘事物的工
作最好留给专业画师。[20]明代(1368—1644)最突出
的艺术家们宣称意义唯有向"内"可以寻得，并不在
于"外部"。1492年，沈周在一段题跋中解释了创作
《夜坐图》的缘由。他半夜醒来，神清气爽，心无杂
念。"夜坐之力宏矣哉！嗣当齐心孤坐，于更长明
烛之下，因以求事物之理，心体之妙，以为修己应物
之地，将必有所得也。"[21]艺术家既然胸中已有如此
了悟，又何须走入夜色，亲自观察呢？

　　隐逸主义意味着孤独与避世，然而，越来越多
的士大夫发现象征性的退隐比字面意义上的退隐

更方便。文震亨(1585—1645)[①]就是一个典型的例子:"居山水间者为上,村居次之,郊居又次之。吾侪纵不能栖岩止谷,追绮园之踪,而混迹廛市,要须门庭雅洁,室庐清靓,亭台具旷士之怀,斋阁有幽人之致。"[22]自元以后,富人阶层喜欢住在近郊——既不是乡村也不是城市,前者地处偏远,生活不便,后者则又太拥挤、太吵闹。不过,及至明晚期,城市吸引了越来越多的商人,他们通过经商获得了财富,但同时也有文学艺术方面的追求。对他们来说,要想兼得两种世界之妙处——既靠近城市便利设施,又能享受孤独——最好的解决办法就是造园。

园林

汉代皇家园林规模宏大,寓意西方昆仑山、东海仙岛,以及自然神灵及仙人的居所。相比之下,明代的城市私人园林规模较小,许多占地不足一英亩。然而它们同样具有关于宇宙的象征意义。园林设计精巧,游园者可以在错综复杂的小径上漫步,穿越周围的"空谷"与"险山",也可以在拱桥和亭子中驻足,一连数日都有看不尽的美景。[23]毕竟

---

① 明末作家、画家、园林设计师,文徵明曾孙,代表作《长物志》。此处原文为"文徵明",疑误。

这片空间实际上束缚于几面白墙之内，要克服这一现实，人们必须开动想象。

> 在某些光线中——有时是黎明，有时是黄昏，有时甚至是夏日正午刺目的骄阳下——那墙壁仿佛完全融化了，石与竹漂浮在渺无边际、烟雾朦胧的远方……鉴赏者在想象中把自己缩到蚂蚁大小，在这些缥缈荒野中遨游，石头变成了高山，灌木和草丛化作树木和森林。他走走停停，与此同时，山水在他身边展开，仿佛他正在他自己的一幅画中漫步，横卷自右向左缓缓展开。①[24]

实地观察与现实主义

并非所有士大夫都将自然视为纯粹出于能工巧匠之手。一些杰出艺术家选择直接的实地观察，而非求诸感觉和灵性，前者为阳，后者为阴。美在"外面"，人必须走出去，与它相遇。山水诗人谢灵运（385—433）有一双特制的登山靴，以便在山上采

---

①　此处所论为明末著名造园家计成的《园治》，此书为中国第一部园林艺术理论专著。

集草药,体会登山的纯粹乐趣。[25]明代艺术家李日华①评述元代大家黄公望(1269—1354):"黄子久终日只在荒山乱石、丛木深筱中坐,意态忽忽,人莫测其所为。"但李日华又解释道,正因如此,黄公望笔墨灵动幻化,堪比自然造化之神奇。[26]董其昌(1555—1636)则说:"画家以古人为师,已自上乘,进此当以天地为师。每朝起看云气变幻,绝近画中山。"[27]

西方人最初接触中国山水画,可能会因为其空灵脱俗之美而深感触动,但同时也会好奇那险峰屹立、云雾环绕的世界究竟是否真的存在。一场中国之旅便可证明事实当真如此。欧洲和美国中西部大部分地区遍布连绵起伏的山脉和峡谷,而中国则不同,中国的高山和丘陵往往在平坦的冲积平原上拔地而起。秋雾缭绕时,不仅华北的华山、华中南的黄山(二者皆为艺术家熟知的名山),就连安徽、浙江、江苏——该地区宋、明时期是非常繁荣的艺术中心——那些平平无奇的小山都会呈现出中国山水画中那般绝世脱俗的面貌。[28]

10 世纪的艺术家们力求忠于自然。据说董源

_____

① 李日华(1565—1635),明代书画家,著有《六研斋笔记》。

（逝于 962 年）"不为奇峭之笔"①——这句可以指其不以北方那些"不可能"的绝壁深谷作画，也可以指他摒弃了晚唐以来奇巧扭曲的表现主义画风。这些艺术家对人工造物也有密切观察。郭忠恕（逝于977 年）在《雪霁江行图》中展现出其对河船构造的精确知识。到了 11 世纪（北宋），艺术家更加致力于精准地展现外部世界。据苏立文②所述，北宋现实主义的最后一座丰碑是"绘制于 1100 至 1125 年间的一幅手卷，它描绘了初夏清明时节都城之外的一条河沿河的生活。画家张择端带我们在河边漫步，越过大桥，穿过城门，进入繁忙的街道，仿佛他正拿着一台摄像机在追踪"。他熟练运用各种技巧，如视角转换、前缩透视、明暗法，给人营造出一个真实世界的印象。[29]

一些明代艺术家选择向内探索，从过去的典范中寻找灵感。另一些艺术家则内外兼顾。比如沈周（1427—1509）退居一室之内，"于更长明烛之下，因求事物之理"③；但他也是一位投入的旅行者，曾

---

① 出自北宋沈括《梦溪笔谈》："董源善画，龙工秋岚远景，多写江南真山，不为奇峭之笔。"

② 苏立文（Michael Sullivan，1916—2013），英国艺术史家、汉学家。苏立文是 20 世纪第一个系统地向西方世界介绍中国现代美术的西方人。

③ 出自沈周《夜坐图》跋文。

画下自己所熟知的地方。他自云对苏州远近熟识，每年都会探访各处故地，目遇神会，常常以这些景致入画成诗。[30]他的画作捕捉到了山水更为家常的一面。例证之一是他笔下的运河城市高邮之景。画中展示出"内有蜿蜒的城墙，城门半开；外有佛塔、屋顶；接着是一片平阔景色——六棵临水的垂柳，一舟尚未升起风帆的船，点缀着所在的交通要道，农人在浇灌稻田，条条田间小径界限分明。有两人牵着水牛正在耕作。田野之外还可看到遥远的屋顶……"①[31]

　　清（1644—1912）初僧人画家石涛的风格抽象而自由，尤见于《万点恶墨图》。即便如此，我们也不难辨认出这是一幅典型的中国山水画。无论如何，石涛所绘的传奇名山——黄山的画作已牢牢确立了他的现实主义成就。他1667年初游黄山，1669年再次造访，并逗留了一个月，期间画了七十二景。他的《山水册》（1701）包含安徽南部其他"奇峰"图，尽管这是他后来在扬州凭记忆所画，但显然展现了该地区的地貌特征。[32]

---

① 此处描述了沈周的《两江名胜图册》中第三开图中的景色。

持久的价值观与信仰

　　中国士大夫阶层与自然的关系复杂、微妙、多变,有时甚至是矛盾的。艺术家和文官似乎夹在两种截然相反的价值观之间,既向往自然的清静,又渴望城市的刺激;既向往直接从自然中得来的一手知识,也需要通过避世内省而获得的知识;既向往高山,也留恋文明世界。然而,山水艺术证明,某些价值观与信念是长久存在的。其中一种价值在山水艺术中并不是一眼可见,那就是生计。有些平常的活动总是出现在山水画中。在船上打鱼的渔民和翻越险山的行者(商人、朝圣者),是最常见的两种人。在沈周的高邮图中,我们看到的不是一两个人物,而是整片乡村景象,稻田、农人、水牛,尽在其中。生计令人想到丰饶:动植物必须繁殖,人才能繁衍和繁荣。自然是一种生生不息的力量,这是一个长久的概念。画上往往有高耸的山峰和从峡谷涌出的河流,其中性象征显而易见。自然也被视为一种影响人类世界的力量。夏圭的《风雨行舟图》(13世纪初)描绘了一场夏日暴风雨袭来,树木弯折,舟帆鼓胀。《冬夜图》展现的是自然逼近人类世界,限制了人们的视野,给出行造成障碍。[33]自然与人类情感相互融合。艺术家利用自然来表达情感。

元代(1271—1368)一位僧人画家写道:"以喜气写兰,以怒气写竹。"[①][34]这样的做法进而延展为一种信念,即自然具有这些感受,因此与人类十分亲近。诚然,自然有时会一反常态,回应人类的愿望与欲求。例如,当石涛在南京附近寻找梅花时,他感到仿佛山倾向他,更乐意向他展示自己的奇异。画家抓住这一经历,并在其一幅画[②]中表现出来。[35]

中国山水画的一个主要灵感来源是佛道根本上对于现实的神秘观。这种神秘观无法完全用语言传递;这便是图画的价值,在典型的画作中,观者会在前景看到普通的事物和事件,但在背景中却看到这样一个世界,它既可以被辨认为此世界,但却又强烈地暗示着另一个世界。比方说,前景中有一位凝神观瀑的隐士,或扬帆发舟的渔夫,同时前景还有奇石、河岸、莲花、竹丛等自然景观。而在这一切之外,人们被一步一步引导着,穿过中景里时有重叠的景观,走向无边无际的宇宙。

---

① 传为元代僧人、诗人、画家觉隐所言。

② 原文称此图为 Mountain Bends to Man(直译"山向人折腰"),疑为《灵谷探梅图》,但据画面来看,似有出入。石涛曾创作大量描绘南京及周边风景的作品,可参考《金陵胜迹》《忆金陵册》《淮扬洁秋图》等。

中世纪欧洲的宇宙

对自然景观的欣赏，是一种城市美学：其盛行
与否，取决于是否存在一批有教养的精英，这些人
至少在一段时间内大量生活在大型城市。中世纪
欧洲缺乏此类城市。群山和森林，在它们逼近人类
定居点的地方，往往被视为威胁。登上高山欣赏美
景的想法，直到中世纪晚期才出现，此前仅有个别
特例，比如诗人彼特拉克，据人们所知，他曾在月光
下的山间漫步。[36]

近距离与象征性地观看自然

中世纪的人们享受的不是全景和远景，而是近
在咫尺的自然；同时在另一个层面上，他们会因天
堂感到无比欢欣，那是他们期待中死后的归处。而
中间的地带与中等的尺度，则相对没有那么重要。
C. S. 刘易斯指出："对乔叟来说，自然全如画中的前
景，我们在他那里从未见过完整的风景。"[37] 对这前

景中小事物的喜爱,往往令人动容,就如乔叟①《贞
女传奇》(*The Legend of Good Women*)中的这几行
诗所示:

> 此刻我屈膝跪地,
>
> 如此向这朵鲜花致意,
>
> 只愿长跪伴花开,
>
> 在这片低矮、柔软而甜美的青草上。
>
> (115—118)

　　人们越来越关注大自然中的复杂形式及图案,
这一倾向在巴黎圣母院的装饰中再明显不过。大
约于 1170 年完工的唱诗席上,植物图案仍为抽象
和几何图形。"十年后,当中殿最初的部分建造时,
作为装饰的植物纹样已接近真实的植物;刻意的对
称性已经消失,真实自然的多样性显现出来,乃至
足以识别特定的叶片或已知物种。然而,即便如
此,这些植物主要仍是象征性的,直到 1220 年后,
建筑物的其他部分装饰完成后,那些植物才变得真
实。"[38]如此之精心制作,表明创作者能从一叶一蔓
的形状、一串葡萄的丰满中获得感官—审美的愉

---

　　① 杰弗雷·乔叟(Geoffrey Chaucer,1340 或 1343—1400),英国
小说家、诗人。主要作品有长篇诗作《坎特伯雷故事集》等。

悦。不过,即便到了13世纪,若说人们单纯是喜欢
自然本身,仍不准确。上帝仍令人感到其无所不
在。自然中的一切都彰显着他的面容,雏菊不亚于
太阳。

圣方济各以既热爱大自然本身又热爱大自然
的神圣闻名。"当他想到花朵的光辉,凝视那美丽
的形态,享受那醉人的芳香,他是多么幸福啊。"这
位圣人的第一位传记作者切拉诺的托马斯
(Thomas of Celano)写道。但他的体验不止于此,
圣人的精神擢升至"沉思那一朵独特的花的美"、他
的主和上帝。[39]到14世纪,宗教思想家认为一切造
物都值得被爱,即便不是字面意义上的,也是比喻
意义上的,因为它们可以向造物主奉献赞美。多明
我会修士海因里希·苏索(Heinrich Suso)以一种抒
情的方式赞美上帝,与圣方济各的《万物颂》如出
一辙:

> 敬爱的主啊,我不配赞美你,但我的灵魂
> 渴望天空会赞美你,在它最美的时候——太阳
> 的光辉或无数闪烁的群星将点亮它,令它现出
> 最清澈的样子。那美好的乡村会赞美你,在夏
> 日的诸多令人欣喜的事物之间,在自然的庄严
> 中、繁花的光芒及绚丽中。[40]

天穹

苏索的颂歌一方面提到夏日乡间的繁花，另一方面提到天空和群星。花是近在咫尺的自然，它们的精美易于为人所欣赏。高挑的天空是遥远的，眼睛可望见它的美，但其真正壮美之维——对于中世纪诗人和宗教思想家而言——在于一种观念，而非无知之眼所能见。中世纪关于上层世界的观念赋予天空一种光晕，这在缺乏如此观念的现代人看来，是无法想象的。

前现代欧洲宇宙有着绝对的"上"与"下"。大地位于底部，其上是一重又一重天球，直至极高之处。人们仰望天空，可能会觉得敬畏，但不会困惑，因为天堂就如大教堂的内部，是有边界的空间。[41]那曾令17世纪的布莱士·帕斯卡陷入恐惧的无限而永静的空间，此时尚未出现。中世纪的空间虽然广阔，却不是无限的，而且充满天使的永恒颂歌和天球的音乐。在哥特式建筑中的和谐拱顶结构中，我们可以看到这声音之球在视觉上的对等物。大教堂虽然由石头建成，却体现了音乐中的运动，也体现了上帝在造物中体现的周期性，如"时间与季节的规律性运动……自然的节奏，[以及]生物的运动及体液"[42]。

对我们来说，外太空不仅寂静无限，而且一片漆黑，冰冷致命。中世纪人则持完全不同的观点。他们的太阳照亮并温暖着整个宇宙，夜晚不过是地球投下的狭长锥形阴影（但丁，《神曲·天堂篇》9：118）。在最外层的水晶天之外，是"充满上帝的天堂"。当但丁穿过那最遥远的天球时，他被告知："我们已经走出最大的天体来到纯粹由光形成的天，这光是心智之光，充满了爱。"（《神曲·天堂篇》30：38）①[43]

根深蒂固的信念会影响人观看的方式。中世纪诗人在仰望蓝天或夜空时，会不自觉地被其所处时代的主流思想左右。但也必须存在感官可以直接捕捉到的证据：人必须先看到群星闪烁，才能相信它们是会发光、有智慧的存在；人必须先亲历阳光灿烂的一天，才会设想，是的，天堂即可能如此，且更光辉灿烂。然而，在中世纪，以最具体的方式暗示光辉即将到来的，不是有时阴沉灰暗的自然之穹，而是文化的杰出成就——大教堂。

大教堂与神秘之光

与大多数古代宗教的圣堂不同，中世纪的大教

---

① 译文自《神曲》，人民文学出版社 2018 年版，田德望译。

堂对形形色色的人都开放——王公贵族、主教、工匠、农民，老老少少；甚至也接纳陪同主人来的动物，比如狗和雀鹰。平日里，人们自由进出神圣空间，聊家长里短，开展日常交际。节庆时候，大家从城市及周边各个地方赶来，朝拜上帝，敬仰圣人。对绝大多数人来说，日常生活单调乏味，而且往往充满艰辛。然而即便是身份最低微的人，也可以进入大教堂——"天堂的前院"。他们有权去那里，哪怕只是为了休息和睡觉；当然，他们必须是信徒。[44]

大教堂的灵感之源是《启示录》而非福音书中的天国耶路撒冷。福音书中描绘的生活太贴近人们的日常生活，无法满足他们对一个超凡世界的向往，他们渴望的世界，应远远高于他们熟悉不过的肮脏和贫穷。天堂之城是珠宝中的珠宝，被光芒和色彩包裹着。"城的光辉如同极贵的宝石，好像碧玉，明如水晶……那城内又不用日月光照，因有神的荣耀光照，又有羔羊为城的灯。"（《启示录》21：11，23）[45]

中世纪人，不论三六九等，都喜爱光芒与鲜艳的色彩。[46]翁贝托·艾柯写道："具象艺术局限于简单的原色……它依靠色调之间的相互耦合创造辉煌，而并不借助明暗对比的手法，后者的色调取决于光线。诗歌中的色彩也总是明确无疑的：草是绿色，血是红色，牛奶是雪白色。"对闪耀的光芒及鲜

明的色彩的喜爱不仅体现在艺术上，也体现在日常
装饰、服装甚至武器上。圣托马斯·阿奎那在《神
学大全》中写道："色彩鲜艳之物被称为美。"[47]上帝
是完美和纯净之光；天使和大天使是发光体，圣人
的脸庞也由内而外映着光。即便平凡物质，既然是
上帝的创造，就一定包含着光，无论多么微弱。金
属抛光后便能闪耀。圣文德曾问道，明亮的窗玻璃
难道不是由沙子和灰烬制成吗？火不是由黑煤生
成吗？这些发光的品质，难道不证明其内含有光
吗？[48]在各类物质实体中，珠宝占据特殊地位。中
世纪的珠宝并不像文艺复兴时期那样被切面琢型，
而是打磨抛光成圆形，造成一种由内而外发光的效
果。的确会有人认为光真的由内而外散发。[49]因
此，珠宝被赋予基督教的美德。法衣上、器皿上和
教堂中展示的贵重宝石，并不仅仅是世俗的
炫耀。[50]

哥特式大教堂的玫瑰窗就是一枚绚丽多彩的
巨型宝石。阳光没有射入室内，而是留存在玻璃
中。中世纪的玻璃工匠知道如何制造清澈透明的
玻璃，但在学者约翰斯顿（J. R. Johnston）看来，他
们有意丰富了玻璃的介质，令抵达玻璃的光线能够
"形成复杂的内爆，反复散射，产生一般老玻璃才具
有的那种多样性和丰富性"，让玻璃具有了光芒四
射的内部特质。[51]

欧文·潘诺夫斯基①说，圣丹尼斯修道院院长、哥特式大教堂的"缔造者"苏格(1081? —1151)"热爱一切可以想到的华丽与美的形式"。[52] 现在我们很难说他对黄金、宝石、彩色玻璃窗和灯火通明的室内设计的偏好在多大程度上是审美性的，而不是宗教性的。我们可能认为这完全是审美的，也许还掺杂了一丝对奢华的贪求。但苏格自己显然不这么想。以下为他对圣丹尼斯修道院各种珍宝的看法之一：

> 出于对教堂母亲的挚爱，我们常常凝视这些或新或旧的饰物；当我们注视圣埃洛伊那无比奇妙的大十字架——连同那些小十字架——以及置于金色祭坛上、通常被称为"冠冕"的超凡饰物时，我便在心中深深喟叹，并说："每一枚宝石都是你的装饰，红宝石、托帕石、碧玉、贵橄榄、缟玛瑙、绿玉石、蓝宝石、红榴石和祖母绿。"[53]

上帝之屋的美"召唤我远离外在的烦恼"，苏格写道。"我看到自己仿佛寄身于宇宙中的某片奇异

---

① 欧文·潘诺夫斯基(Erwin Panofsky, 1892—1968)，美国德裔犹太学者，著名艺术史家，图像学研究的代表人物。

区域,这里既不完全存在于尘世的淤泥中,也不完全存在于纯净的天堂里;蒙上帝的恩典,我可以通过神秘的方式,从这下等世界进入更高的世界。"[54]和其时代其他宗教思想家一样,苏格也认为艺术和尘世之美是天堂的预兆,审判日之后,天堂便会向诸灵魂敞开。"金色的大门预示着其中闪耀之物"——不仅指修道院中,也指人的内心之中以及世界的心中。"通过可感、可见之美,灵魂升华为真正的美,并从其蛰伏、潜藏的大地上升起,被荣耀的光芒再度唤醒于天堂。"[55]

　　没有什么比光更直接地预示着上帝及其在天堂的居所。法国的守护神圣丹尼斯(修道院正是以他的名字命名),被误认为一位 6 世纪的叙利亚修道士,后者的大作《天阶序论》对苏格产生了巨大的影响。该书开篇处便断言,"物质之光"反映着"理智之光",并最终反映着神性本身的真理之光。"每一种生物,不论是可见的还是不可见的,都是光之父创造的一种光。"潘诺夫斯基认为,"新(哥特式)风格的决定性特征不是十字肋拱顶、尖拱或飞扶壁";[56]也不是冲天的高度——罗马式建筑已经实现了这一理想;而是光。用奥托·冯·西蒙森①的

––––––––––––––––

① 奥托·冯·西蒙森(Otto von Simson, 1912—1993),德国著名艺术史学家,专攻中世纪和文艺复兴艺术与建筑研究,尤其以对哥特式大教堂的深刻分析而闻名。

话说:"哥特式的墙壁仿佛具有渗透性:光线滤过它,渗透它,与它融为一体,最终将它改变。哥特式建筑的彩色玻璃窗,在结构与美学上并非墙壁上用来采光的开口,而是透明的墙壁。哥特式建筑可以说是透明的、透视的建筑……一个连续的光之领域。"[57]在他的教堂中,苏格用新的通透的圣坛取代不透明的加洛林式凹殿时,对光明赞不绝口:

> 与光明者的光辉相伴的,
> 可谓光明,
> 崇高建筑,遍布新光,
> 可谓光明。[58]

当阳光跃出云层,射在玫瑰窗上,使其熠熠生辉,怀有强烈信仰的中世纪人进入大教堂,他们的喜悦和神圣的平静感难以言表,如果可能,也仅能诉诸神秘的宗教语言,而非狭隘的审美语言。中世纪的信徒期望在死后进入天堂,能在其中发现他们早已熟悉的现实。他们在尘世对天堂稍有领略,但进入天堂之后,便完全知晓此处是充满超验之美、真与善的地方。这种美、真、善三者合一的信念,很大程度上已被我们现代人遗忘,我们只能在怀念与艳羡中追寻。

第七章　美国地方与场景

　　正如其他横跨广袤大地的复杂社会一样,美国人对环境的理解也因地因时而异。若要与中世纪欧洲与古代中国类似,从一个普遍的角度来探讨美国人的价值观,我们就必须把美国作为一个整体来看待,而不是具体到探讨新英格兰或犹他州,同时也必须把美国人作为一个整体来看待,而不是具体到研究爱尔兰裔美国人或韩裔美国人。

　　与大多数人类社会一样,美国人也热爱他们的家园——那一小方亲切的世界,以及家园之外、紧紧相邻的一片沃土。与其他民族不同的是,他们对过程、运动、空间和景观有一种浪漫嗜好,此外还有一点与上述形成反差,即他们对古典主义理想所崇尚的效率和秩序也有着不同寻常的喜爱。美国的美学与古老欧洲一样,也沾染着宗教企望,和中国一样,也有道德教化的色彩。美国的美学也受到社会改良论的影响:美好之地会显示出进步的迹象,且可以更进步。未来具有巨大的诱惑力。最后还有一点重要区别:无论旧世界还是新世界,社会主流往往崇尚严肃和"崇高"的美学观念,但美国的美学却与之大相径庭,似乎时常被乐趣感驱动。它乐于接纳一种有时被称为民主的或民间的趣味,即对极端的、抓人眼球的、逗趣的和怪诞之物的喜爱。

家园与农田

海伦·桑特迈尔(Helen Santmyer)在回顾自己的故乡俄亥俄州的塞尼亚时写道:"小孩并非对审美一窍不通;我们不可能会觉得[从高架桥到熟悉的房屋]的景色很美。但我相信,如果有人批评它,我们一定会不高兴。这就是家:我们希望它总是如此,日复一日,年复一年——直到永远。"[1]衡量一个人的家或故乡是否美丽,不一定要以艺术书的标准。其他的价值可能更为重要,比如舒适和安全,一个充满人间温情的天堂。即使最平淡无奇的小镇也有美的瞬间。"当你经过医生办公室,来到自家街道的街角,你向西拐了个弯,便看见树木拱形相连,映衬着满天流光。"假设天色阴沉,"人行道上全是一道一道的煤灰,水沟里积着一团一团黑色的脏雪",你在门前驻足,心中只想逃离这一切,逃到一个与此地不同的、灿烂怡人的远方。即便在这样的一个时刻,当你感觉到手掌下的铁门，也会马上把关于这种感觉的记忆储存起来。就这样，你那不加选择的心就像一只爱囤东西的喜鹊，毫不顾忌理智的抗议。药店橱窗里的情人节卡片、烘焙咖啡的香气、肉店地板上的锯末——人到中年，就连最疑虑的人都愿意承认，这些东西总是跟人与人、大人与孩子之间的亲善关系相连，就像美丽的街道、歌声萦绕的小镇和经典的拱廊一样，都是值得了解和铭记的。[2]

桑特迈尔和大多数人一样，认为审美几乎只关乎视觉——她想到的是"美丽的街道和经典的拱廊"这类建筑。但铁轨的质感和咖啡的香气也是我们的总体审美体验的要素。事实的确如此，人们对家与家乡的热爱和欣赏，更多是通过"温暖"的近感官而非"冰凉"的远感官视觉实现的。至于人们在美国小镇上看到的东西，大多并非"艺术"，尽管当地居民可能会为"市政厅的绿瓦、银行的希腊柱子和丁香花"感到自豪。真正的美可能会逃过从传统上讲受过教育的眼睛。正如一位年轻人谈及他位于得州中西部的家乡时说的那样，那种美发生在日落之后，当公路边高高的铝制灯杆顶部的汽灯亮起来时。"那时地面上的一切都有些发灰，是的，丁香灰,街道铺上了阴影。但是,天色变换时,那些灯就是美国最美的东西!"[3]

对农民而言,富饶的农田——千年前荷马歌颂的"镶着金边的犁沟"——具有最大的吸引力。美国的农人也不例外。早期定居者认为不适合耕作的土地,特别是不生树木的山地,无疑就是糟糕的。约翰·斯蒂尔戈(John Stilgoe)写道:"他们的蔑视一直延续[到 19 世纪],很可能偏转了国家美学,使美国的景观美学脱离了欧洲浪漫主义者所珍视的标准。"1804 年,蒂莫西·德怀特(Timothy Dwight)曾这样评价纽约州北部,"美丽乡村这个词……适合且仅适合描述宜于耕作的土地,与景观之美几乎毫不相干。"斯蒂尔戈认为,即使是"许多绘画和故事中描绘的荒野也反映了农业用地的审美观"。荒野之美要么在于象征着大自然的丰饶,要么在于预示着未来的产量。直到 1870 年以后,当探险家们进入高地平原和落基山脉后,岩石嶙峋、贫瘠荒芜的景象——一种矿物学地貌——才以其独特的美感,进入了美国人的意识。[4]

浪漫的荒野景象

自 18 世纪以来,荒野景象向来令受教育程度较高的美国人心驰神往，但前提是它与贫瘠无关。早在 1728 年，弗吉尼亚的威廉·伯德（William Byrd）抒发了对阿巴拉契亚山脉的喜爱之情，称"山峰如蓝云，重峦叠嶂"。一次，大雾阻隔了视野，伯德悲叹"失去了这荒野景色"；而雾散之时又予以他奖赏，因为大雾豁然打开，令"罗曼蒂克的景色赫然展现在我们眼前"。[5] 托马斯·杰斐逊对蓝岭水沟景色的描绘闻名于世，一方面因为他的描写十分生动，另一方面也因为他成功捕捉到了令该地景色扣人心弦的几项关键特质：浩瀚的地质时间与地理空间、并存的喧闹与宁静、远距离的诱惑，以及离"可怕的悬崖峭壁"不远的"美丽的乡村"。

　　大山被从当中劈开，她透过裂缝，向你呈现出一小片蔚蓝的海平面，从平原地带看来，彼处遥不可及，仿佛邀请你离开周围的骚乱和喧嚣，穿过裂缝，投身下面的宁静。在这里，眼睛终于沉静下来；而道路恰好也通往那个方向。你越过路口，穿过波托马可河，沿着河在山脚下走了三英里，头顶悬挂着可怕的断石碎壁，再过二十英里左右，便抵达弗雷德里克镇以及周围的美丽乡村。此情此景，值得横跨大西洋一游。[6]

在浪漫主义对欧洲人的情感产生强大影响的同时,美国人逐渐拥有了自己的民族意识和对广袤国土的意识,这个国家即将建立于这片土地上。美国人自然而然地喜欢上了浪漫的风景和全景。到19世纪,欧洲人已经需要长途跋涉才能领略到荒野自然,而美国人在家门口便可体验。然而,在他们的想象中,荒野是遥远的——这种遥远赋予了其诱人的魅力。赞美荒野往往是高度自觉的。绅士们自认应当展现自己的感受力。"到19世纪40年代,东部大城市的文人学士常常定期游览荒野,收集'印象',然后回到书桌前写下文章,这些文章既充满了对风景的热爱,也饱含雄壮的浪漫主义式的孤独。"[7]但对荒野的欣赏远非文艺人士的小众趣味,即便不以文学艺术自我标榜的人也蜂拥而来,开始是观看画作,而后是观看全景照片。摄影术于1839年引入美国,很快便产生了可以被接受的风景照片。但在很长一段时间里,它都无法与绘画相媲美,这不仅是因为它无法捕捉日落的色彩,也无法捕捉氤氲流动的空气和倾泻而下的水流的印象,还因为如果不架高底座并放置一个笨重的相机,它就无法创造出将景物尽收眼底的鸟瞰视角——一种无边无际的空间感,而这种空间感可以被弗雷德里克·丘奇那样技巧娴熟、想象力丰富的艺术家唤起。在我们的时代,牛仔电影的神话色彩取决于银幕上的西部那苍凉的、雕塑般的景观。与枪战无关，绵延在宽屏银幕上、填满观众的视野的全景，本身就极具戏剧张力。[8]

古典的诱惑：大地上的秩序

18世纪还是理性的时代。美国人在享受浪漫主义的活力、开阔的视野和野性的同时，也很欣赏包括比例和几何在内的古典价值观。雅典、罗马、特洛伊、锡拉库扎、伊萨卡、尤蒂卡和奥古斯塔等庄严地名遍布各个村镇。在建筑方面，州议会大厦、大学、铸币厂、法院和邮局往往采用古希腊罗马风格和主题，为原本杂乱无章的"浪漫主义的"景观增添了几分庄重感。霍华德·芒福德·琼斯写道："在国际风格兴起之前，古典风格一直是公共建筑的标准形制。"[9]

但是美国风景最独特和普遍的古典元素，并不是古希腊或古罗马的地名，也不是银行外立面的山墙，而是美国土地测量的矩形系统和众多城镇的网格模式。杰斐逊于1784年绘制了第一张公共领域测量图。他的网格由镇区组成，每个镇区的面积为一百平方英里，而不是1785年之后采用的三十六平方英里。两者之间的差异，相比于对理性、比例和有序过程的共同理想,就显得微不足道了。社会和谐本身被认为是理性——是"大地上的秩序"的结果,过去和现在都是如此。谁能想到,直线性的土地测量(似乎也代表着正直),为公共和平做出了巨大贡献,同时,19世纪人们如此热衷于描绘的狂野西部,如果失去了其支配性力量——冷静的清晰性,还会更狂野得多。[10]

粗暴的物质主义驱动着城镇网格模式的发展:该模式有利于不动产销售。但它同时也促进了定居进程的有序和高效进行,而且还向陌生人展示了一种欢迎开放的氛围。一个网格小镇很快就会为人所知——过往行人对此赞不绝口。不过也因此,这样的小镇也很快就会显得有些单调。美国城镇经常受到这样的批评:不像老一些的定居点那样有趣和漂亮。不仅是单调的街道格局,还有其他一些千篇一律的东西,比如"主街两旁的砖砌建筑"和垂直辅路两旁的"独立框架房屋,每栋房屋都立在一块草坪里"。每个城镇也都大差不差。不过,J. B.杰克逊(J. B. Jackson)却不认为这是单调,而认为美国城镇展现的是一种独特的美国风格。"古典就是最适合描述它的词……有节奏的重复(更不用说偶尔的单调)就是古典特质,是追求清晰与秩序的结果。"[11]

道德主义

世界上大部分人并不觉得"好"和"美"之间有分别。农田是好的，因此也合人心意，令人愉悦。美国人也持此观点。不过，美国人在评价风景时，"好"这个词往往具有明确的道德意味。例如，圣约翰·德·克莱夫古①将美国与意大利相比较，认为美国更具有道德优势：美国崇尚平等，着眼未来，而意大利的势利做派和过去的冲突都根深蒂固。"在意大利，所有沉思的对象，旅行者的所有遐想，都必须扯到古老的世代和遥远的时代……相反，在这里，一切都是现代的、平静的、良性的……这里的一切都会令一个善思的旅行者激起最善意的念头……在这里，他可以思考人类社会的最初开端和大概形态。"[12] "美国的风景之所以美丽，"J. B. 杰克逊写道，"是因为它反映了一种自由和平等的社会秩序。它的美是令人们因敬仰而团结的象征。"[13]

至于野性的自然，它是一个"威严的殿堂"，我

---

① 圣约翰·德·克莱夫古（全名 J. Hector St. John de Crèvecoeur，1735—1813），法裔美国作家和农民，以作品《一个美国农民的信》(Letters from an American Farmer)而闻名。这本书通过书信体的形式，描绘了 18 世纪美国殖民地的乡村生活。

们"为了崇高的目的"栖居其中，"噢！我们将它祝圣，献给自由与和谐，成为其神圣之墙内合适的信徒！"这种情感和风格突出代表了那个年代：1835年。当时的情感（尽管不是文风）有大量遗留到了我们的时代。人们进入荒野，与超自然的存在交流，再回归日常生活中已变成了更好的人。19世纪中期，尽管欧洲和美国的文学家都倾向于自然浪漫主义，但两者之间还存在一个重要的区别。佩里·米勒（Perry Miller）认为，自然不仅能慰藉和升华个体的心灵，还被认为具有消解"国民焦虑"的力量，所谓的国民焦虑，即在文明压力下陷入完全人造的生活。新世界里广袤的自然为抵制这种结果提供了保障。要想活得自然和随性，欧洲人不得不像被放逐的波希米亚人一样生活在"巴黎的砖瓦之间"。相比之下，俄亥俄河谷之子不需要成为社会弃儿，自能享有上述两点。"被森林环抱的美国，就算它想，它也不可能失去它的淳朴。基督精神保佑它吧。"[14]

　　美国人不仅歌颂农场和荒野，还赞美这个国家宽敞的城市。在欧洲作家面对烟雾缭绕的工业对城市生活的破坏，早已深感幻灭之时，美国作家们仍能从大都市中看到现实的或潜在的奇迹。城市的理想形象始于新英格兰的"山上的城市"，而后延续到19世纪的"新耶路撒冷""新罗马"和"西部黄金国"。爱默生谈及"宽敞"，仿佛它不仅具有物理意义，还具有道德意义；梭罗也是如此，他笔下的美国城市"宽敞大方，干净整洁，看上去也漂亮——一座距离极好的城市"。爱默生称赞圣路易斯拥有"宽阔的广场和充足的发展空间"，辛辛那提和费城的酒店"富丽堂皇"，并对华盛顿高贵的建筑和开阔的视野欣然赞赏。对爱默生来说，开阔的城市空间意味着更大的道德目标。同时他也对某些城市（比如费城）提出严厉批评，因其"绵延数英里的无尽的广场"——"畸形"的规模——表现出道德上的空虚而非升华。[15]

20世纪的朴素的功能主义建筑——尽管起源于欧洲——但本质上却非常美国。它与新世界有着天然的亲密联系。尤其是玻璃办公楼，很快就获得了美国建筑师和企业家的青睐。它轻盈、简洁，没有渐进的阶梯，也不依靠扶壁支撑，而是毫不费力地直冲云霄，彰显着活力和效率。这些美学或类美学价值与建造建筑的道德愿望并存，与19世纪的虚假历史外墙和砖石墙壁不同，那些建筑往往隐藏功能，制造出一个个黑暗的洞穴，而新建筑向生活在现代世界的人们揭示出它的真相——一个因技术之利而变得更轻盈、自由、诚实的世界。

将道德力量附加于环境的问题在于，这种做法很多时候并不合理：荒野并不总能慰藉或启迪美德,宽阔的广场也可以被解读为博大的精神,二者之间并不存在必然联系。事实证明,玻璃办公楼就跟最厚重的砖石建筑一样不通透。玻璃塔楼并不象征着一个更加开放和民主的社会,对人行道上的行人来说,反而代表着排斥、对公共需求的冷漠、技术幻想、大企业特权、傲慢和权力。

崭新与洁净:城市之美

"看哪,我造新天新地,从前的事不再被记念,也不再追想。"《以赛亚书》(65:17)中的这句圣言一定能在美国人心中激起共鸣,他们从一开始就认为自己是在新世界中建立一个不腐的社会。大革命强化了这种弃旧立新的信念。大卫·洛文塔尔①写道,旧的是不好的,而新的"不仅可以被容忍,且备受推崇……缺乏历史遗迹成了一件值得庆贺的事情"[16]。"我们的造物主是为生者而非死者创造了这片大地……我们这代人不应阻止或妨碍他人使用",持此观点的并不止杰斐逊一人。正如诺亚·韦伯斯特(Noah Webster)在1825年所言,美国人

———————

① 大卫·洛文塔尔(David Lowenthal,1923—2018),美国历史地理学家、文化遗产研究学者,以其对历史记忆、遗产保护与景观变迁的开创性研究而闻名,代表作有《过去即异邦》等。

不是人类的整个"抱歉种族"的后裔；相反，他们的
"辉煌始于黎明"。物质环境方面，也同样存在这种
对新事物的崇拜。终将有一天，"没有人还会为后
代建造房屋"，霍桑的《七角楼》中的一位改革者这
样想。(经洛文塔尔转述)爱默生曾批评马萨诸塞
州的一项调查推荐石构房屋，理由是石屋的寿命太
长。"我们人不是原地不动的……因此房屋也应该
建得便于搬迁或废弃。"梭罗希望摧毁过去的一切
遗迹，提出了"净化毁灭"的社会哲学。[17]

　　美国人经常注意到并谴责的一个现象是，人们
经常轻而易举地拆除现有的城市结构，即便它功能
依然健全(尽管显得有些破败)，以便建造新的住宅
项目、购物中心和摩天大楼。通常的解释是贪
婪——或者更委婉地说，是资本投资不可阻挡的逻
辑。尽管这种心理经济学解释的确有道理，但新事
物的美学诱惑也不能全然忽视。新就是好。毕竟，
新共和国构建其身份认同的背景就是对旧世界价
值观的摒弃。这片大陆本身很古老，许多美国人，
包括杰斐逊在内，都曾夸耀过他们国土的地质年
龄，以此来抵消文物古迹的匮乏。但更多的时候，
他们认为大自然并不是古老、死寂的(如岩石和化
石)，而是一种生机勃勃、自我更新的力量。大自然
能够投射出——而且现在仍然能够投射出——一
种清新的形象，能让涉险进入其中的人精神焕发。

荒野那健康的、杳无人迹的魅力与陈腐僵化的社会规则形成了鲜明对比。

新即洁净,旧即肮脏。"洁净"和"肮脏"既有道德意义,也有美学意义。拓荒者的农场可能未必整洁,但是干净,它的土也是干净的土。农场、小镇或城市建立在处女地上,而不是过去的垃圾(堆砌的污垢和错误)上。在建筑环境中,干净是一种值得珍视的品质。音乐理论家内德·罗内姆参观白宫时说:"这里干净得多么低调! 鲜花布置得如此整齐而又不张扬,军人在角落中演奏室内乐。"[18]麦当劳在全世界大获成功的原因之一无疑也是它的干净——清脆的白纸袋装着汉堡包和薯条,服务员时刻提供热心帮助,整个环境一尘不染,非常有吸引力。你可以简单地说麦当劳只是无菌或卫生,但蜂拥而至的数百万顾客似乎不这么认为。这些顾客并不会用美学词汇来描述他们的赞赏,如果有人问起,他们可能会说这里"干净""友好""快速"和"符合期待",但这些词语离"闪亮""崭新""光洁""有序"甚至"和谐"并不远,而这些词都具有美学意味。从更大范围来看,美国人发明的像购物中心、迪士尼乐园等场所,在"二战"后大受欢迎,这些地方也都是将人们对洁净的渴望资本化——没有垃圾的市场,没有啤酒污渍的边疆酒吧,没有屎的生活。

梭罗将美国城市描述为干净、漂亮和宽敞。如

果说拥挤意味着肮脏，那么开阔的空间——令两旁
的房屋都显得矮小的宽阔大道——则意味着洁净。
西部城市和边陲小镇的布局都很宽敞。不过高楼
林立的大城市也可以给人干净的印象，如果都是拔
地而起的大理石建筑，或阳光下闪闪发光的玻璃幕
墙的话。曼哈顿也许一直都是个相当脏乱的地方。
不喜欢它的人或许只觉得它肮脏和嘈杂，但喜欢它
的人可能会激赏城市中朴素的垂向建筑，就像格特
鲁德·斯泰因那样："纽约的街道就是令我沉醉，高
架铁轨细长的支柱，笔直高耸、不加装饰的房屋、高
空稀薄的空气和洁白的雪面。这一切不神秘也不
复杂，而是干净、精确、俭省、坚硬、洁白、高大，想到
如此，是多么令人愉悦的事情。"[19]

　　1981年，《纽约客》杂志的一位撰稿人写道："有
些时候，这座城市会突然令我们意识到，我们确信
自己只想在此时此地活着，而不愿去任何别的时
代、世界上任何别的地方。"其赞美之词还特别强调
傍晚时分曼哈顿的魔力与宝石般的光彩，夕阳刚刚
落下，月亮低垂在天空，嵌在楼宇之间，像"点缀着
紫灰色的巨大粉红气球"。第五大道上，就在《纽约
客》办公室之外，

　　　　我们有一种感觉，仿佛剧场的灯光亮起，
　　一件极其重大的事情即将发生。斯克里布纳

书店的维多利亚式外墙上，黑色框架闪烁着镀金光芒。光束斜射下来，书店深处令人感到一种神圣庄严，堪与圣帕特里克教堂媲美。视野中的每一寸玻璃或金属都反射着玫瑰色的光泽。交通灯的灯柱像宝藏一样发光，普通鞋店的橱窗仿佛珠宝商的陈列柜。[20]

过程与运动

美国"不是一件历史文物……而是一个生成的过程"，一位当代美国景象的观察者这样说，这也解释了为什么另一位观察者认为这个国家最独特的外观是"随机的混乱"。[21]无论城市还是乡村，几乎没有哪处景观是已完成的。栅栏没有竖起，边界模糊不清；村镇与城市相互交错，彼此渗透，或者杂乱无章地与乡下融合在一起。建筑工具——铲子、起重机和皮卡车——似乎经常被丢在路边，好像随时可能被再次起用。美国人和大多数人一样，固然也看重完成品；因此他们理想中的城市住宅应当有修建整齐的草坪，他们喜欢"整洁无暇如故事书般的过去，就如格兰特·伍德《保罗·里维尔的午夜之旅》(The Midnight Ride of Paul Revere)中的村庄场景"[22]；或许他们对荒野的热爱也是出于同样的原因，因为荒野被认为是大自然已完成的艺术杰作。然而，尽管有这种偏好，景观中的"随机混乱"在美国人看来也未必就意味着丑陋，因为对他们来说，它的弦外之音是过程与进步。评论家可能（根据实际视觉效果）对一项工程的状况做出"混乱"或"不洁"的负面评价，但对拓荒的农民或建筑者来说，他们的快乐之源可能是动觉的愉悦——也就是说，朝一个目标高效推进。美国人正是凭借这种粗犷的方式，用心灵之眼看到———一两年之后———一个熠熠发光的商场或环境优美的公园。

但是未完成的景象本身也有一些深具美国性的动人之处——那些东西遗世独立，跳出背景，传递出一种尚未实现的渴望。埃德蒙·威尔逊（Edmund Wilson）自问，为什么"斯坦顿岛海岸上一盏孤零零的路灯"会令他驻足？"在那个阴沉昏暗、人烟稀少的市郊区，它只不过在几英尺长的光秃秃的路上投下一束散漫发白的光。上方阴森森悬着一棵茂盛而杂乱的树。但美国就在这里，我心绪满怀地感觉到——在那孤零零的郊区路灯下，在那粗糙的青灰光线中！"[23]

与其他国家的人相比，美国人是更加变动不居的，驱使着他们的是希望而不是生存的迫切需求。铁路在国内大迁徙中发挥了关键作用，也许正因如此,铁路旅行才在人们心中激起一种神话般的深度共鸣,这是航空旅行所不具备的。

凌晨三点,你在一间普尔曼卧铺车厢中醒来,抵达一个你不知道名字、或许永远无法再知晓的城市。站台上站着一个男人,他肩上扛着一个孩子。他们在向某个旅客挥手告别,但这个孩子为什么这么晚还来这儿,这个男人又为什么哭泣?站台那边的铁路侧线上,一节餐车还亮着,有个服务员正独自坐在桌前算账。再向远处看,有一座水塔,再远是一条灯火通明、空无一人的街道。这时,你会高兴地想,这就是你的祖国——独特、神秘、辽阔。在其他国家的飞机、机场和火车上不会有这种感觉。[24]

美国风景之美似乎不是为那些久坐不动、行动迟缓的人设计的——不是为那些拥抱大地的人设计的。它并不体现在细节上——或者说,即便细节上有所体现,站在地面上也看不到。从地面上看,州际公路和高速公路可能是枯燥乏味的,四叶式立体交叉道既令人迷惑又充满危险,但若从空中俯瞰,谁又能否认它们巨碑式的雄伟和冷峻的优雅呢?法令勘测的古典风格景观从地面上看并不明显,但从空中看,这种长方形的图案与灌溉产生的巨型绿色圆圈则美得惊人。[25]内陆平原上星星点点的小镇看上去平平无奇,尽管我们满腔热爱地将它们视为代表美国本质的地方。但是,再试试从空中俯瞰它们,(像 J. B. 杰克逊建议的那样)飞跃堪萨斯州西部。

> 天色开始变暗,起初,你只能看到钢青色的无瑕天空下,一片深暗、杂棕色的世界;接着,你飞过一个由散乱的灯光构成的小小的长方形图案——一个农场小镇——从小镇中,如彗星之尾般,延伸出一条蜿蜒的光之长线,五彩斑斓,或明或暗,这是一条缤纷的密实的光流,盈盈闪闪,在清澈的夜空中,每一个微小的色点都分外清晰。[26]

当一个人于漫步之中,从近处抬起头来,目视更广阔的大地时,细节逐渐消失,浮现出更大的图案,构成由复杂的形状、弯曲的线条和色彩组成的如诗如画的场景。在欧洲和较早建立的美国东部沿海地区,人们十分欣赏这种具有艺术性的组合——这些景色和地貌。然而在西经 100 度以外的美国平原地区,当一个人从眼下正在做的事情中抬起头来,面对的却是一片抽象——一条尺子般严格的直线,将一望无际的淡蓝色与一望无际的杂棕色分开。抽象的自然是定居或访问过西部的美国人审美体验的一部分——一种水平方向似无穷尽、垂直方向却十分低矮的自然。这种由坚实的线条和有边界的空间构成的抽象自然是古典主义的——欧几里得式的。

然而,还存在另一种抽象自然,它是浪漫主义的,而不是古典主义的,乘坐轻型飞机、快艇、跑车或摩托车的人都对它有所了解。这些机器的速度太快,乘坐的人根本无法观察到大自然中的小动物。就连山丘、林地和房屋也变得模糊不清。一种新的景观出现了,它由"奔腾的空气、变幻的光线、云朵、波浪、一刻不停地移动和变化的地平线"构成。至今仅有少数人——通常是年轻男性——亲身体验过杰克逊所说的"热血车手的抽象世界"。[27]如果担心浪费燃料,则会有碍于这一切关于速度的精神,它是一种乐趣,也是一种动觉审美体验。那样的话,多少令人有些遗憾。热血车手在高速公路上呼啸而过,穿过加利福尼亚的片片浓雾,便尝到大自然的感性抽象之美和运动的澎湃激情,自骑手驰骋草原以来,那一直是人类经验的一部分。

有趣的，巨大的，怪诞的

我们每个人心中的那个小孩都会被明亮、巨大、有趣和奇怪的东西诱惑。我们会回应这些奇异之物，奇怪和巨大的物体起初会令我们焦虑，但当我们发现他们无伤大雅，是一个笑话、一种精神发泄时，焦虑就会变成一种乐趣。任何巨大或特殊的东西都能引起人们的注意；而注意便是敬意的开始。18世纪80年代，菲利普·福瑞诺①希望欧洲人尊重他的新国家，于是说密西西比河是"河流之王，与之相比，尼罗河不过是一条小河，多瑙河简直是一条沟渠"[28]。巨大是骄傲的源泉之一。畸异也可能引起赞赏。托马斯·杰斐逊曾夸耀弗吉尼亚州的天然桥。黄石公园早期的倡导者迷恋的并不是它的野性或自然美景，而是它的自然奇观——间歇泉、温泉和瀑布，他们奋力保护这些奇观，抵制不受控制的商业开发。早年间，游客们欣赏黄石公园主要是因为它就像一个巨大的户外"博物馆"，常年

① 菲利普·福瑞诺(Philip Morin Freneau, 1752—1832)，美国早期著名诗人、记者和政治评论家，被誉为"美国革命诗人"和"美国诗歌之父"。其作品深刻反映了美国独立战争时期的政治激情与自然主义美学，是连接殖民地文学与19世纪浪漫主义的重要桥梁。

陈列着大自然的奇异巫术。[29]

　　一个巨大的自然世界，即便在平静时也预示着暴力——这是 18、19 世纪跨越北美向西推进的探险家和拓荒者所面临的现实生活。人类在其中形如侏儒。早期的风景画见证了人类的渺小。然而，这些作品虽然表面上屈从于自然的伟力，但在将其捕捉到画面上的同时，也削弱了它。艺术家似乎想用自己的巨型创作来挑战自然。好的艺术家不需要追求大。天资稍逊的艺术家试图以大来显示自己，并以此吸引公众的眼球。关于西部的巨幅画作展现了密西西比河的广阔流域乃至整个流程，吸引了无数观众。其中最著名的一幅，长竟达三英里。[30]

　　广袤而狂暴的大陆没有令拓荒者屈服，反倒激发了他们的夸耀之心。除了全景画之外，还有其他方法可以削弱似乎能贬低一切人类成就的空间霸权，这些方法包括英雄故事、城市宣传、路边的巨幅海报和大型雕塑。一切公共艺术品，没有哪件是微不足道的，全都可以通过浮夸的宣传升级为城市的骄傲，成为潜在的旅游胜地。激进的商业主义结合了饱满的市民自豪感，催生出一种张扬且戏谑的通俗艺术，如今被广泛认为独具美国特色。汽车和高速公路的出现极大地改变了这种艺术的表现形式。在没有汽车的时代，夸张手法仅限于口头的高谈阔

论和海报、小册子、杂志广告这类视觉形式。随着
汽车旅行的普及，相应地，通俗艺术转向了雕塑和
建筑。浮夸风格不仅呈现在文字和图片上，现在也
表现在景观的三维特征上。

　　请看明尼苏达州西北部的一个例子。1937 年
的冬天非常寒冷，经济气候也大体如此。旅游业几
近停滞。贝米吉市民需要做点什么来重拾自信。
他们竖起了一座巨型雕像，雕像的主人公是传说中
的工人英雄、伐木工人保罗·班扬（Paul Bunyan）；
旁边是他的伙伴蓝牛贝贝。当人们沿着主干道驱
车向西前往城镇时，会被红蓝相间的光鲜人物引
导，离开高速公路，前往贝米吉参加第一届保罗·
班扬冬季狂欢节。用卡拉·安·马林（Karal Ann
Marling）的话说，这些人物是"框架简陋、色彩艳丽
的庞然大物，它们突兀地闯入明尼苏达州一片平坦
雪白的冬季景观，这股纯粹的力量，令人不得不瞩
目。十五英尺高的保罗由隐藏的线构成框架，姿态
笨拙，歪歪斜斜，至少早年间如此，而贝贝……则摇
摇欲坠地伏在一辆福特 A 型车的地盘上，从旁
慢行。"[31]

公路商业带

美国的空间令拓荒者的定居点显得微不足道，令牛车和马车不值一提，令双脚行走显得不切实际或变成愚蠢的英雄主义。但汽车改变了这一切。曾经受制于自然和距离的城镇，如今害怕被飞驰的汽车绕道而过——意味着被认为不值得停留。为了吸引这些车辆，当地商人不惜使用超大尺寸和过盛色彩，营造狂欢的气氛：因此可以看到有些巨型广告招牌雄踞在某些设施之上，有些建筑本身变成了招牌（外形建成热狗或橙子），有些汽车经销商店挂满了鲜艳的横幅，仿佛即将举行一场马上角斗。

公路商业带经常被称为视觉瘟疫。那无视人性的规模、高速路两旁参差不齐的大楼及其间的空地和停车场、临时外墙、炫目的霓虹灯、直白的指令（吃！加油！），还有以可爱的人类和动物来造型的巨大雕塑商标，都屡遭批评。懂得欣赏艺术和自然美景的人认为，只有像在画廊里那样缓缓移动，不时停留观看，才有可能进行审美欣赏。城市学家通常也是以行人的视角来看待街道的，只有当人们漫步时才能品味出街道的魅力。如果用这种传统和高雅文化的眼光来看待美国的公路商业带，则完全是误读。严格来说,公路商业带是一种没有历史先例的动态节奏的产物。它出现在二战后相对富裕的时期,特别受高中生和刚毕业的学生等年轻顾客的欢迎,他们找到了一种新的休闲方式——沿公路巡游,这与他们父母和祖父母的休闲方式截然不同。巡游公路商业带是全新的,因为它并不模仿上层或中上阶层的生活方式。[32]他们的祖父母可能仍然向往在公园亭子旁,听一下午乐队演奏,他们的父母追求得更华贵一些,喜欢在主街上的灯光柔和的餐厅里,伴着现场奏乐跳华尔兹,度过一个夜晚。但战后几十年的年轻人则跳进他们改装过的汽车,摇下车顶和车窗,尽情享受耀眼的灯光、同行车辆友好的呼喊和鸣笛,中途停下来喝根啤、吃特大汉堡,享受其他便利设施。

商业带显然不只迎合本地顾客的需求。为了生存,它必须依靠花钱的游客和外地人。商业带对陌生人大呼欢迎,他们在长途跋涉穿越看似空荡荡的乡村后,很乐意能在此停车加油,上厕所,舒展双腿,喝杯冰茶或热咖啡醒醒神。不可否认,商业带中有很多东西都有碍观瞻。竞相张贴的海报和林立的雕塑消除了他们原本的目的:如果每个人都大喊大叫,那便没有人能被听到。不过路过的人除非是最拘谨的清教徒,否则总会偶尔被商业主义的纯粹活力触动——机智的时候,它甚至能够自嘲。

J. B. 杰克逊说,他者导向的建筑有一个特点,即依赖各种标识,不幸的是,大多数标识都只会通过大尺寸和夺人眼球的设计来吸引人们的注意。不过,商业标识也有可能成为一种流行艺术形式,可以不只在单一层面上吸引我们的想象力。不只是大小,构思精巧的幻想也可以令游客驻足。令人安心的熟悉感,如一些服务站的商标或麦当劳的金色拱门,可以令顾客放心地停下脚步。现代设计师使用的一种独特技术是照明。"霓虹灯、泛光灯、聚光灯,各种强度、颜色的移动灯光和变化灯光——这些构成了他者导向式风格中最具原创性和潜在创造力的元素之一。"[33] 在 20 世纪 50 和 60 年代,民间团体和专业建筑师常常抨击霓虹灯闪亮艳俗。但他们却没想到现代照明技术可以为艺术家提供一种真正新颖、自由的媒介。即使没有艺术家们的贡献,在黑色天空的映衬下,明亮耀眼的灯光带本身在年轻人看来也如同仙境。他们不像把自己绑在汽车前排座位、不胜其烦的父母那样,而是能够享受这些标识的孩童般的直接和奔放,并不在意其粗俗或暗藏着资本主义剥削的潜台词。

公路商业带也是私人企业强势发展的结果。这些企业由法人或个人所有,都会迎合消费者的需求,因此都是他者导向的。就连内部空间也如此。停车场之外,是灯火通明或幽暗阴冷的房间和庭院,它们存在的目的只有一个,就是不断迎接潮水般入侵的流动顾客。从建筑的角度看来,私人企业创造了一种不受管束、不修边幅的环境——或者从另一个角度看来,也可以说是无拘无束、浪漫主义的环境。不过,商业带也有一副突出的公共面孔。[34]那就是高速公路。高速公路本身是形式化而古典的,与两侧肆意彰显个人色彩的环境形成鲜明对照。高速公路上的标志朴素而标准,夹道高大而优雅的铝制灯柱也是如此,它们如哨兵般矗立在公路上,一方面确保安全,另一方面也为来往不息的车流增添了几分庄严感。

从澳大利亚原住民的歌之径到美国的公路商业带,途经欧洲中世纪宇宙及中国山水,这是一次智识之旅,再次提醒我们注意不同文化之间的差异有多么巨大。时间显然是造成差异的因素之一。尽管所有的文化都在变化,但有些文化所经历的变革更彻底。在欧洲人定居之前的一千年里(比如公元 800 年到 1800 年),澳大利亚原住民的文化方式和环境发生的变化并不如同时期的中国。欧洲的变化则更剧烈;当然,美国商业街的存在完全归功于现代资本主义经济、霓虹灯和汽车。但细心的人可以发现这四种文化中都存在某些令人感到安心的熟悉感。为什么?原因之一固然是人类拥有基本相同的生物感官和思维，但更重要的是这些感官如何协同工作，以及人的思维如何在这些生物基础之上，以相似的方式创造出具有共同点的象征空间和复杂的文化世界。没有人确切地知道文化世界是如何从生物基础中产生的。但我们可以尝试勾勒出主要的构成要素，这将是我在第四部分两章中的研究课题。

第四部分
空间与状态

第八章　联觉、比喻与象征空间

　　感觉与审美之间的差异——不加思索地生活在多种感觉的环境中,与专注地运用一种特定感觉模式之间的差异;较为随意的日常感知与探究性鉴赏之间的差异——反映了思维发挥积极作用的不同程度。在这一连续渐变的范围中,审美体验占据了其中间的一大部分:过多的情感,对日常生活的过度沉浸,对单一感官模式的过度专注,或对抽象思维的过度运用,都会削弱甚至破坏它。

　　本章和下一章将探讨两种多感官现实。两种都很复杂,一种由身体经验,另一种由思维构建。一种是自然事实或未经规划的建筑环境,另一种多少是经过深思熟虑的创造。世界之所以具有多感官刺激性,不仅是因为它本来如此,还因为我们人类是这样规划它的。由此,我们将首先考虑未加思索的经验和生物事实,然后逐步转向更复杂的人类创造——从联觉中多模态的体验,到创造性地使用隐喻和明喻时的混合经验模式;从基于对隐喻性语言和图像能力的深刻理解而构建的象征空间,到极其复杂的美学—道德状态的构建（第九章）。

多感官体验

　　我们对近处环境的体验是多模态的。近处的事物可以触摸，或许还可以品尝、嗅闻、聆听和观看；它具有一种现实的稠密质地，这种现实是由长期持续的多重感知所确认的。然而，随着距离拉远，各种感官会逐一失去作用：首先是触觉和味觉，然后是嗅觉，接着是听觉，直到最后只剩下视觉。随着距离观察者越来越远，知觉领域在"变薄"：在鼻子嗅不到气味之后的很长一段时间里，耳朵还能分辨出低沉的车流声；再远一些，声音慢慢淡去，只留下一个寂静的场景。距离越远，世界看起来就越简单，人们也就越容易以评估—审美模式而不是"沉醉"模式来感知它。在这种情况下，心理距离和地理距离存在一种平行关系。难怪人们普遍认为视觉才是真正的审美体验。在近距离环境中，心理上的距离很难拉开，因为在那里，人们往往会被感官激起的情感所征服，还因为当几种感官同时发挥作用时，需要特别努力才能注意到一种效果而不是另一种效果，或者它们共同构成的复杂微妙之处。

　　尽管如此，只要刺激不是过于强烈，我们还是能够从美学角度欣赏近处环境中的某些物体。壁炉中的火就是一个突出的例子。火是色彩和运动，是噼啪作响的声音、香味和温暖。火仿佛有生命一般，它能够按摩和刺激我们的大部分感官，让我们感觉自己还活着。但我们也可以充分地抽离，把它作为一个客体来思考。当我们深深地靠在扶手椅里，灯光调暗，窗帘关上，我们在燃烧的木炭前奢侈地烤着火，呼吸着它的香气，听着火焰温柔的噼啪声，凝视火焰的舞蹈。

跟炉火不同，乡村不仅仅是环境中的一个元素。它就是环境，同样也能提供多感官刺激。如果我们不熟悉乡村，可能会主要关注其视觉特点；但如果我们熟悉乡村，对它习以为常，那么非视觉的特质就可能凸显出来。约翰·考珀·波伊斯（John Cowper Powys）是这样说的：

设想在下一个无事的夏日午后，你悠闲地漫步在一片怡人但也平淡的风景中。你将立刻意识到的——且比你对任何色彩或形状或声音的意识要强烈得多——是那一天的气味。接下来，在你的注意力集中到任何一样特定物之前，你会生动地感知到那一天的触感。我指的是空气的冷或暖，你脚下土壤散发出的冷或暖，尤其是风吹在你裸露的皮肤上的感觉。但第三点是最关键的:那一天的味道。

波伊斯所说的"味道"是各种感官的综合魅力,或者用他自己的更实在的话说,是"反复咀嚼感官的满足"[1]。

联觉与联觉倾向

联觉是一种奇特的生理—心理反应,仅部分依赖于外部刺激。当一种感官模式(如味觉或嗅觉)刺激激活了另一种感官模式(如听觉或视觉),这就是联觉。一种常见的联觉形式是"彩色听觉",即听到一个声音的同时产生一种色彩的视觉。[2] 人类话语中的元音激发的彩色图像具有惊人的连贯性。音高与图像亮度之间的联系更常见。例如,低沉的噪音、鼓声和雷声等低音会产生黑暗的图像,而尖细的声音、小提琴声和女高音则会产生白色或明亮的图像。另外,音高与图像的大小和形状之间的关联也很常见。高音细小、尖锐、锋利,而低音深重、浑圆、巨大。[3]

联觉是高度个人化和具体化的。有人曾对弗

朗西斯·高尔顿[1]说，在他看来是，字母 A 总是棕色的。而对诗人亚瑟·兰波来说，A 却是黑色的。[4]弗拉基米尔·纳博科夫自幼便具有（或说患有）高度的音色联觉。对他来说，英语中的长音 a 带有"枯木的颜色，但法语中的 a 则让人联想到抛光的乌木"[5]。有一位俄罗斯记者说，每一种声音都带来光和色的体验，有时还会带来味觉和触觉的体验。听一个人讲话的时候，他说："你的嗓音多么的清脆，多么的黄。"联觉增强了这位记者的记忆力。他遇到的每个物体都深深印在他脑海中，至少有一部分是因为虽然只有一种感官受到刺激，但其他感官也同样被激活，于是便加深了他的印象。当这位记者离开他接受记忆测试的研究所时，一位科学家无心地问："（下次来时）你不会忘了回研究所的路吧？""瞧您说的，"这位记者回答道，"我怎么可能忘记呢？不是有这道栅栏吗，它有种咸咸的味道，手感很粗糙；它还有种特别尖锐刺耳的声音……"[6]

真正的联觉很罕见；但联觉倾向———一种感官受刺激后，会引起一种与其他感官模式相关的情绪———是很常见的。纳博科夫称法语的 a 像"抛光的乌木"，我们可能会觉得这是诗意的幻想或一种

---

① 弗朗西斯·高尔顿（Francis Galton，1822—1911），英国科学家和探险家。学术研究兴趣广泛，包括人类学、地理、数学、力学、气象学、心理学、统计学等方面。著有《人类官能及其发展的研究》等。

特殊心理紊乱的表现。但另一方面,我们大多数人又认为把鼓声或雷声这类低音与黑暗联系起来,把高亢或尖细的声音与白色或明亮联系起来,并没有什么奇怪。高音细小、尖锐,而低音巨大、浑圆,这一点我们也并不觉得奇怪。真正的联觉者在听到滚滚雷声时,会真的看见一个黑暗的图像——一个黑暗的形状。而我们其他人只会感觉到声音以某种莫名的方式给我们带来了"黑暗而巨大"的感觉。

查尔斯·奥斯古德①的研究表明,联觉倾向在不同语言和文化中广泛存在。在对英美人、纳瓦荷人和日本人的一项研究中,他发现三个群体都会感觉"快"是轻薄、明亮和弥散的;"重"是低沉、阴暗和距离近的;"安静"是水平的;"喧闹"是弯弯曲曲的。世界的"感觉基调"似乎在任何地方都是相似的,不论语言和文化上存在何种差异。[7]

我们尚不清楚为什么会存在跨文化的联觉倾向。部分答案可能在于人们彼此相通的基本身体体验。奥斯古德认为:"当一个产生噪声的物体接近或被接近时,视角的增加是与响度的增加同步的,物理世界原本就有这样的特点。"[8]还有部分答案可能有赖于神经生理学解释。无论原因是什么,

---

① 查尔斯·奥斯古德(Charles Osgood, 1916—1991),美国心理学家,心理语言学的先驱。

我们都是在特定的感觉基调中体验世界的,如果不存在感觉基调,人类的现实就会变得非常贫乏。因此,世界的质感和活力正是联觉的结果。然而,联觉经验本身并不是审美。我们不会特地停下来,对鼓声唤起的"黑暗圆润"感到惊奇;感官的融合是一种习惯性的行为,我们早就认为这是理所当然的了。然而,联觉或联觉倾向的心理能力,是隐喻感知、语言改变事物和召唤事物的力量以及(普遍意义上)人类理解和欣赏的原始基础。

隐喻

一个联觉者可能会说一些听起来很有诗意的话,比如说"你的嗓音多么的清脆,多么的黄",但其本人可能并不是一个想象力丰富的人,对隐喻和诗歌也知之甚少。人们通常认为,诗歌需要人具有非常形象化的想象力。事实上,诗歌语言中的隐喻唤起的与其说是形象,不如说是意境、氛围和思想。我们说一个可爱的年轻女子"她是一朵玫瑰"。像之前那位俄罗斯记者那样的极端联觉者可能会觉得这个比喻毫无道理。把玫瑰和女人放在一起,哪里有相似之处?比起年轻女性,玫瑰花可能更像卷心菜,但西方文化中的成年人理解这种修辞时却没有任何问题。

　　幼儿的联觉比成年人更强。这种倾向的生物学优势在于，联觉令物体更生动，更容易记忆，儿童更容易对世界的物质性和现实性产生信心。随着年龄的增长，他们对联觉的依赖越来越少，而对灵活的语言资源的依赖则越来越多。儿童的比喻多是感知性的而非理念性的。霍华德·加德纳说，幼儿可能会把修女描述成"企鹅"，但他们并不能轻易理解"铁石心肠"或把爱比作夏日这种心理—理念性比喻。[9]假以时日，进入青年时代，他们将能理解这些修辞，其中有些人还会创造自己的修辞。

　　语言中充斥着大量静态的隐喻，而使用这些隐喻的人却不知道它们最初如何延展、丰富了意义，也不知道它们对感知和行动继续产生的潜移默化的影响。在这一点上，那些认为自己使用语言时平淡无奇的人，就跟那些把多感官体验当作理所当然的联觉者一样。一个因习以为常而变得无聊的世界，可以因新的比喻复苏——新的观察、感受和理解方式。当我们遇到或创造出这样的比喻时，我们既能认识到它是全新的，但同时又会感觉到它与我们存在的某些持续的部分相关。尽管一个新的比喻显然是某个人头脑的产物，却似乎根本就不像一种发明，而像一份礼物——对现实的入侵。

　　某些观看习惯是人类普遍共有的。比如"大地母亲"和"天空父亲",还有以解剖学来拆解地球:岩石是骨,土壤是肉,植物是这宇宙生物的毛发。英语中许多地貌的命名也吸收了这种解剖学参照:比如 headland(岬角)、foothill(山脚)、volcanic neck(火山颈)、the shoulder of a valley(谷肩)和 the mouth of a river(河口)。借动物来修饰人应当也很普遍。我们用某些简化修饰词来捕捉一个人的性格或行为特点,比如"catty"("像猫一样的"),"bullish"("像公牛一样的"),或者"piglike"("像猪一样的")。[10]被称作"猪"很让人受伤,就算试图安慰自己"那无非是陈词滥调——老掉牙的比喻",也无济于事。某些比喻,无论好坏,都能触动我们内心深处的某些东西,并具有持久的力量。把某人叫作某种动物,总是会引发某种情感—审美反应,尽管不同动物代表的意义及预期的反应可能因文化而异。

颜色也有广泛的隐喻作用。有些颜色似乎具有基于联觉或共同经验的普遍意义:如红色代表温暖和活力,浅蓝色代表凉爽。[11]有些颜色则传递出不同的意义,取决于它所在的文化背景:例如,黄色在中国是一种代表至高威望的帝王之色,但在西方却似乎充满负面含义——如"You are yellow"("你是个胆小鬼")或"yellow press"("低俗小报")。还有一些颜色根据上下文语境不同,代表着不同的意义:"你是绿色的"的意思可以是"你很天真",或"你生病了",或"你很嫉妒"。

关于位置的隐喻也是超越文化的:"我是中心"只能表示"我很重要——我是应该受尊敬的人";"我是边缘的"在任何语言中都传达着一种低姿态。

象征与象征空间

隐喻向后延伸到联觉倾向,向前则延伸到象征:一个方向是变成自动反应;另一个方向是变成文化和积极想象力的产物。象征证明着人类有让一种东西代表另一种东西的能力。象征可以是抽象的、非人性的,比如"用 x 代表……",它也可以是有形的、能引起情感共鸣的,比如基督教十字架或一个国家的国旗。对这些抽象或有形符号的理解依赖于丰富的文化背景。与隐喻不同,隐喻可以在灵光一闪之间把彼此并不相似的实体联系起来,并照亮两者,这一过程并不需要更深入的思考,而象征则是类比推理向外延展的结果。柏拉图接受了他所在时代的微观世界隐喻——人体是宇宙的相似物。然而,他并没有止步于这一隐喻,而是着手建立了一整套宏伟的关系模式,试图协调从极小到极大的宇宙各组成部分,并在这一过程中将人体变成了一个多层次的象征。[12]

象征空间贡献了一些人类想象力发挥作用的很好的例子。当空间将人类和社会事实与自然事实紧密结合在一起时,它就变成了象征性空间。[13]象征性空间是一种精神造物,是生活秩序的必要构件,因此从这个意义上说,它也是一种实用的尝试;但它也始终饱含诸多美学价值,如平衡、节奏和情感。符号空间有不同的基础,规模大小也各有不同。有些空间的基础是中心—外围的网格和基本方位,其尺度小至一枚神圣烟斗①,大至一个国家,这类空间似乎都与人类的实践、思想和想象息息相关,因为这种空间遍布世界各地——新世界、撒哈拉沙漠以北的非洲、欧洲、中东和亚洲。无论它出现在何处,其中心与基本方位的空间框架都包含其他象征,可能包括颜色、动物、季节或气象现象以及人类社会类别与社会活动的组合。[14]不同社会的复杂程度不同:规模更大、更复杂的社会往往拥有组织更清晰、装饰更精美的空间。个体能站在象征空间之外并保持充分的距离来欣赏其规模、意义和美感的程度也不同。在每种文化中,只有少数人在某种程度上充当着教师的角色,能够自如地用语言表达群体的价值观:根据文化的不同,他们可能是巫

———————

① 神圣烟斗(Sacred Pipe),北美原住民宗教中具有重要意义的仪式工具,被视为和平、祈祷和神圣连接的象征。

师、药师、朝臣或学者。但该群体内所有参与仪式的成员应当都对正在进行的活动——比如朝太阳升起的方向祈祷——有一种感觉，伴随着一种恰当感，一种事情做得很令人满意、很正确的感觉，一种受福且美好的感觉。

尽管象征性空间的创造目的多种多样，但如人们所见，它也体现着强烈的审美冲动——它属于艺术。让我们先看看位于地球两端的两个传统社会的象征空间——奥格拉拉苏族人和中国人；之后，我们可以考虑这样一个问题：作为许多前现代社会核心的象征空间，是否也存在于现代世俗国家（以澳大利亚和美国为例）的神话中。

苏族与中国

奥格拉拉苏族的圣人黑马鹿（Black Elk）在1931年对约翰·内哈特（John Neihardt）说：

> 我将先向世界之灵献上祭品，并向它祈愿，请它助我保持真心。看，我用红柳树皮塞满神圣烟斗；但在我们享用它之前，你必须先看看它是怎么制成的、它意味着什么。挂在烟斗杆上的四条丝带代表宇宙的四个部分。黑色的代表西方，那里有雷族给我们降雨；白色

的代表北方,那里会刮来洁白的大风;红色的代表东方,那里会涌现光明,带给人智慧的晨星也住在那里;黄色的代表南方,那里有夏天和生长的力量。

苏族象征空间的所有基本要素都包含在这些言语中。每个基本方位都关联着一种颜色和一种强大的生物或自然力量。在圣人充满魔力的陈词之下,即便是局外人也能感受到那种正义感和戏剧性:西方的乌云带来富含肥力的雨水,北方刮来挟雪的风,既洁净又冷酷,东方的红日预示着黎明,南方而来、正午时分的黄色热量令万物生长。奥格拉拉空间是一个神圣的环。其中心是一棵鲜花盛放的树——世界的轴心。在那里,神灵让人看到"至善、至美与奇异来自绿色的大地,唯一的母亲"[15]。

奥格拉拉圣环也是一幅时间之图——画出了大自然的循环过程。黑马鹿再次用生动的语言将自然的不同元素和人结合在一起:

> 天是圆的……风凭借其伟力不停旋转。鸟儿筑巢也是圆形,因为它们的信仰与我们相同。太阳绕圆圈升起,落下。月亮也一样,且两者都是圆的。甚至四季更替也形成一个大圆,总是回归原点。人的一生也是从童年到童

年的圆圈，力量之所在，一切皆如此运行。我
们的帐篷也是圆的，如鸟巢，帐篷总是围成圆，
这就是民族的圆环，众巢之巢，大神授意我们
在此孵化我们的子孙。[16]

象征空间与地理空间有一个鲜明的不同
点——象征空间超越了尺度：小空间和大空间一
样，能够以其自身方式唤起完整的神话现实。对奥
格拉拉苏族人来说，一个有四条彩带的烟斗，鸟巢，
一顶单独的帐篷，一组围成圆圈的帐篷，以及太阳
轨迹所圈定的广阔空间，都可能具有相同的基本象
征符号，同样都能唤起丰富清晰、令人满足的世界。

中国的象征空间虽然比奥格拉拉苏族的象征
空间复杂得多，但也具有某些基本特征。包括由基
本方位确定的空间框架和"自然的圆形过程"，中国
人认为这一切在"阴"和"阳"的宇宙大原则指导下
运行。中国人的空间框架和宇宙时钟还附加了许
多其他部件，包括著名的五行、五色、五兽、五官。
经过几个世纪的发展，这套观念形成了一座巨大的
时空大厦，并饱含道德—美学色彩，它力量非凡，为
这个面积堪比一个大陆的国家的千百万人口赋予
了连贯的形式感和价值感。直至进入现代之前，它
一直发挥着作用。事实上，这座大厦的多种元素一

直延续至今。我们可以从不同的角度来审视它,可以说它服务于许多不同的目的——社会政治的、宗教—仪式的,以及道德的。但无论我们选择强调哪一方面,它事实上同样也是想象力的杰作,一件影响深远、经久不衰的艺术品。

在象征空间中,基本方位既不是一些点,严格来说,也不是方向。应该说,它们是带有方向性的区域。东方对应日出和春天、绿色、木、龙和行政机构。南方对应正午和夏天、红色、火、凤凰和帝王的威严。西方对应日落和秋天、白色、金、老虎和军职。北方对应夜晚和冬天、黑色、水、爬行动物①和商业。中央是黄土和人的区域。以上只是最简单的描述。久而久之,数百种元素渐渐被添加到这个框架中。其中许多元素是地方性的,只有当地人感兴趣,而且可能只是短暂出现。但如果在特定时间和地点需求的推动下,这些地方性成果也随时可以被纳入在整个华人世界都具有权威性的总结构中。[17]

象征空间是一种不同于地理空间的精神建构。不过由于二者都以经验为基础,因此有重叠之处。象征空间是地理空间的升华和变形。它是刻印着

---

① 　上述四种动物应指"青龙""朱雀""白虎""玄武",此处均照原文译出。

天堂的崇高简朴的人间大地,是被诗歌照亮和充实
过的社会经济生活循环。为什么赋予特定方向特
定的颜色? 一些学者认为,自然提供了部分答案。
黄色是中华文明的摇篮——黄河上游流域黄土的
颜色。白色是青藏高原上积雪的颜色,绿色是肥沃
的平原及东边青绿色大海的颜色,红色是中国亚热
带地区的氧化土壤的颜色。[18]不过,这些颜色也呼
应着天人感应的意义。绿色的确是植被的颜色,但
更代表着普遍的生长和生命;因此,绿色与日出、春
天及行政机构——即促进和管理生命的机构相融
合。天(日出,春天)、地(木)、人(行政制度)三界之
中互相匡扶的形象丰富了东方的含义。这些形象
的相互融合、相互促进体现在青龙身上,这是一种
神话生物,既属于天,又属于地,并沿着连接天地的
轴穿行。

　　其他区域也如此一般,意义勃发,原因类似。
南方是正午与帝王、火和红色;红色不仅仅指土壤
的红色,它也是一种"高级"的颜色,寓意吉祥,是血
与生命的颜色。西方是日落与秋天、冰凉的金属而
非夏日的火。秋天是热气消退、生命衰减的季节,
但也是收获与(可能的)丰饶的季节。秋天的"秋"
由"禾"与"火"构成,热量带来丰收。由此看来,南
方的火和生命已经延续到了秋天。尽管如此,"西
方"的主要含义还是凋零。白色是雪的颜色,不过

不止于此,在中国,白色也是哀丧与死亡的颜色。西方的代表动物是虎,这一形象也加强了暴力与死亡的氛围,同时也突出了该方位与军事的联系。北方是黑暗、水以及爬行动物。北方暗示的是尚未成型或原始的东西,也是带有亵渎意义的商业的区域,但黑暗、水以及蛰伏的爬行动物这三重形象也寓意着新生、肥沃和生命。

在中国,自然的循环过程表现为阴阳两个宇宙原则的交替。春夏两个上升(阳)季节之后是秋冬两个下降(阴)季节。五行之间也有相生相克的顺序:如董仲舒(约公元前 135 年)所说,木生火,火生土(灰烬),土生金(金属矿),金生水,水生木。"此其父子之序,相受而布……诸授之者,皆其父也;受之者,皆其子也;常因其父,以使其子,天之道也。"[19]若从时间角度来看,象征空间是一个宇宙时钟,记录着人类和人类机构在礼仪和日常农业活动中必须遵守的自然循环过程。人类是宇宙的中心,他们的作为或不作为都会加强或破坏宇宙的和谐。这份至高权力掌握在皇帝手中,皇帝被视为代表者,民之父,天之子,即准神。皇帝是天地之间的中介。他占据中心,同时也意味着居高临下。皇帝高高在上,俯瞰南方,右西左东,身后则为北方。

即便仅对中国的象征空间做如此简单的勾勒,也可以看出这是一种思想与情感的宏伟构造。它不仅在国家礼仪和小型仪式中发挥作用，也影响着生活中各种实际活动，包括农业、城市、宫殿及普通住宅的设计。中国人占据着象征空间，把它当作日常生活的一部分。与此同时，人们在遵循象征空间的仪式，甚至仅仅是在按照其原则建造的房屋和城市中生活时，都可以进行观察和批判性欣赏。[20] 由于这些隐喻和象征太过古老，它们无疑已经在很大程度上失去了令人惊奇的力量，除了每一代刚刚接触它们的年轻人。但这并不意味着它们无法引起审美的愉悦。

澳大利亚和美国

以基本方位为基础的象征空间虽然广泛存在于各个传统文化中，但并非普世一致。热带雨林中的居民并没有这样的象征空间，也可能仅仅因为他们几乎看不见天空和太阳。澳大利亚原住民生活在灿烂的阳光和笼罩一切的天空之下，但他们的象征空间则是建立在由道路和歌之径构成的叙事性历史结构上，而不是建立在基于基本方位的表格上。在现代，宇宙—象征思维模式已经失去了大半效力；18 世纪以来建立的民族国家和文化更关注通过地理知识获得力量及控制，而不再是通过象征空间的构建和完善，包括其附带的礼仪、仪式和艺术。

　　我们来看一下澳大利亚。澳大利亚东部被命名为昆士兰州、新南威尔士州和维多利亚州；其余地区则按照方向标签来命名，如北领地、南澳大利亚和西澳大利亚。这些标签并不会引起诗性共鸣；只能说明政府官员很快就灵感枯竭。西澳大利亚的"西"丝毫不指向暮光、秋季、浪漫边疆或阿瓦隆①。"北"和"南"，无论这两个单词中暗含着怎样的隐喻共鸣，在此都被对跖经验抵消——在南半球，冷和热、光明与黑暗是颠倒的。不过，自 1800 年以来，澳大利亚逐渐形成了自己的象征空间，叠加在这里更古老的原住民象征空间之上。欧洲人后来想象的这一象征空间建筑在中心与外围而不是基本方位的基础上，反映着大陆资源的位置、储量和经济价值：核心区域气候干旱，无法养活众多的人口，因此相比于降雨量大、人口集中的周边地区，地位较低。从神话的角度来看，核心与外围的重要性则相反。核心是国家的神圣空间。核心区域对应的词比如 heartland（心脏地带）、brown country（棕色之乡）、upcountry（内地）、bush（丛林）及 outback（内陆地区）都具有积极含义，这样的词多于消极意义的词比如 dead heart（死心地）和 desert（荒漠）。即使在强调中心地带的荒凉时，往往也会暗

－－－－－－－－－－

　　①　亚瑟王传说中的重要岛屿，威尔士神话中的极乐世界。

示一种神秘的宏伟感——神圣的恐怖，这一点被
"原始""永恒"等修饰词加强了。但在深层意义上
说，心脏地带和丛林之乡对澳大利亚拓荒者、作家
和神话创作者来说，也是家（神圣家园）。[21] 在文学
想象中，真正的澳大利亚不是外围地区，肯定不是
不断发展扩大、文化日益都市化的大城市，而是内
陆地区。

　　美国也有其神秘的中心地带。在美国版的神
话中，真实的美国既不是与欧洲有联系的东海岸，
也不是孕育着超现实幻想的西海岸；而是坚实的中
西部。直到如今，如果一个外国显要人物自称已见
过真正的美国，人们便会建议他去看看爱荷华的农
场。[22] 和澳大利亚不同，美国的中心地带非常肥沃。
因此，中心地带的神秘感与地理现实并不冲突。但
它的竞争对手是西部的神秘感，西部最终横扫了半
个美国大陆。于是中心变成了"中西部"，一个奇怪
的混合体，而非仅仅是中部。俄亥俄州原本就是西
部。到 19 世纪 60 年代末，密西西比河以东和俄亥
俄河以北的美国人渐渐不再用西部来称呼他们所
在的国土，而改用中西部（Middle West 或 Mid-
west）。在该地区的早期历史中，这片农业价值丰
厚、城市快速发展的定义模糊的区域，据称不仅是
国家的经济中心，也是"道德与社会中心"。[23] 中西
部的各位议员曾一度短暂争取将国家首都搬到内

地的圣路易斯。辛辛那提、圣路易斯和芝加哥之间
的头号城市竞争持续了几十年，到 19 世纪末，芝加
哥已无可争议地成为中心地带的交通和制造业枢
纽，进入 20 世纪，它还有志成为美国的文学中心和
独具美国特色的文明的首都。[24]

　　和澳大利亚一样，整体上美国也被划分为带有
方向标签的不同区域。不过，与澳大利亚不同的
是，美国根据基本方位划定的区域并非由中央权威
机构颁布；与前现代社会中的象征空间一样，美国
各区域的名称和含义也是随着时间的推移而逐渐
形成的，是一个民族不断发展的传说的一部分。在
奥格拉拉苏族人和中国人的象征空间中，与基本方
位挂钩的是天文事件和掌控着生生死死的季节。
美国空间并不是上演宇宙戏剧的舞台，但正如地区
小说和文学作品所显示的那样，自然——特别是由
太阳控制的气候——的确在很大程度上赋予不同
区域其独特个性。

　　莱斯利·费德勒①认为，自早期开始，美国作家
就试图用四个基本方位来定义自己的国家。"相应
地，美国的书向来也来分为四种：北方作品、南方作

————————

　　①　莱斯利·费德勒（Leslie Fiedler，1917—2003），美国著名文学
批评家、作家和文化评论家，代表作为《美国小说中的爱与死》。

品、东方作品和西方作品。尽管出于某些不明确的原因，只有最后一种我们习惯于使用相应的名称。"北方作品"紧凑、灰暗、低调……典型场景是家庭场景，一个与世隔绝的家庭被置于恶劣的环境中。周围景观则是神秘化的新英格兰，'条件严酷，遍布岩石'，隆冬时节的天气"。东方作品裹挟着情调与浪漫，将美国与旧世界相连。"最适合的季节是春天，新英格兰的坚冰象征性地破碎，一切似乎——短暂地——都有了可能性。"南方作品则"追求戏剧化的情节，一系列血腥事件，包含性暗示，在'漫长炎夏'的热血中上演"。西部作品是在一片宏伟又陌异的环境中，与印第安人偷牛贼和其他坏人斗争。其最简化的形式是通俗小说和电影中的牛仔神话，其中的孤胆英雄在拯救了农场之后，在夕阳中一骑绝尘。[25]

如果令奥格拉拉苏族人和中国人比较各自的象征空间，他们会发现，尽管有许多重要的差异，但二者间也存在一种共通的情感基调，基于两种文化中的基本方位与某个季节或某种天气、某种颜色、情绪或人的品质的关联。美国的象征空间与传统社会大相径庭，但它们也在某些地方出人意料地一致。美国空间也有神秘的中心地带和外围地区，还有由基本方位确定的区域。每个地区的自然环境和风土人情都非常复杂，但在神话想象中，它似乎只有一个季节、一种景观、一种颜色及一种情绪，以及一个简化的社会形象。

　　奥格拉拉苏族人和中国人的基本隐喻和象征一直非常稳定。然而，随着新生活方式、新经验和新价值观的出现，隐喻和象征的力量随着时间的推移而削弱。美国的象征空间主要来源于 19 世纪的经验和文学，现在已经迅速滑向过去：当新英格兰成为旅游度假胜地，北方便不再让人联想到深冬，反而会让人联想到怡人的夏日；各个城市都装上了空调的现代南方，也越来越不像是上演浓烈激情的舞台，那种激情只适合夏日炎热而漫长的乡村。随着现代化进程的推进，美国的空间可能依然美丽、依然多样，但将是一种不同的美丽和多样，因为它将不再有广泛的情感共鸣，那样的共鸣唯有诞生于与自然和季节节奏的深度接触之中。

第九章　仪式与美学—道德国家

如果没有象征系统,社会便无法运作,而依国土区域而组织起来的象征空间便是其中一部分。在此,我想探讨一下象征空间如何融入一个更大、更复杂的整体——国家。国家是一种规模宏大的美学—道德建构。其核心是政治,但被看作为创建卓越社会而努力的这种政治,本身就是一种道德—美学企望,其成就应被视作既追求美也追求善的艺术。各种仪式和典礼维系着国家,现代国家也如此。它们是否始终具有强烈的审美动力? 它们随着时间的推移发生了怎样的变化——比如说,古代仪式与现代公民典礼有何不同?

仪式的一个主要目的是将个人(更多时候则是将群体)置于一个更大的背景中;如果这个更大的背景不仅包括社会和自然,还包括超自然元素,那么仪式就被视为宗教仪式。宗教仪式是综合性的,也包含超验性的宇宙元素。相较而言,公民仪式本质上在水平层面进行;即便涉及超自然及神灵元素,也仅仅是表面上的。

仪式为日常生活引入了一种清晰的界限、明确的形式和固定的程序,而这些在平常的日常生活中通常是缺乏的;它们还令普通的现实生活更多彩和生动,从而增强了人的感知。由此看来,仪式显然属于审美的范畴。然而,并非所有仪式都具有同等程度的美学属性。在两种极端情况下,它们的审美性会极大降低,一个极端是它们过度刺激感官和情感,另一个极端是它们完全在意料之中。所有仪式都有可能变得例行公事、枯燥乏味。暴力、危险和性行为的加入可以令仪式免于枯燥,但同时也削弱了审美体验所需的心理距离。

暴力、嘲讽和侮辱

在遥远的过去,涉及流血的暴力是仪式行为中相当常见的元素,甚至到了 20 世纪之初,在某些原始民族中依然常见。神圣事务需要鲜血;一些学者认为暴力与神圣密不可分。在现代文明社会中,暴力和性在公共仪式和典礼中已经被去除,当然,在艺术中依旧存在,不过这类内容一般也限于文字、图片和雕塑这类冷媒介。

在前哥伦布时代,墨西哥的阿兹特克人向我们展示了一个关于仪式暴力的令人毛骨悚然的例子。

他们的信仰和行为表明,支配自然的力量与关于宇宙的不安全感是相容的。阿兹特克人拥有建造纪念碑和复杂文明的技术及组织能力,但这样的成就仍不能令他们放心,以至于他们试图用血腥的人祭来保证自然的延续。虽然太阳每天早晨都会升起,但如果不以人血献祭示好,就不能保证太阳一直如此。用人的生命滋养大地和太阳,"我们的母亲和父亲",是人的首要职责。逃避此职责,不仅背弃了众神,也背弃了全人类。[1]

与阿兹特克人的祭祀仪式相比,还有一种我们相对不太熟悉的残酷习俗,即古代中国,特别是商代(约前1500—前1030)的人牲,他们试图以这种方式维持土壤的肥沃。沃尔夫拉姆·艾伯哈德(Wolfram Eberhard)写道:"似乎许多战争并非为了征服而发起,而只是为了捕获俘虏。"[2]战俘被屠杀之后献祭给神。西周(约前1030—前722)时期,新年伊始,巫师在宫廷中起舞庆祝,仪式结束时,要在都城的四个城门杀人献祭。虽然从公元前6世纪开始就已经禁止杀人祭祀,但每当有自然灾害发生,在较为边缘的地区依然会进行此类活动。大旱期间,社会边缘人可能会被迫在田野中跳舞,直至精疲力尽,然后被烧死。随着社会风气整体上变得越来越柔和,仪式暴力也逐渐减少。到公元2世纪,人俑取代了真人,成为官方认可的祭祀中使用的祭品。[3]

历史和民族志文献中充满了对生育仪式的血腥描述。即使是其中最血腥、最公开的性仪式,也包含了某些审美元素,如祭坛的形状、服装的颜色、游行、吟唱和舞蹈。但总体而言,这些仪式并非以审美为目标,我们也不应如此看待它们。文化与审美有重合之处,但并非完全相同。生殖崇拜中的暴力和性狂欢是为了抵御灾难而采取的行动,而不是戏剧性的表现。在这些活动中,情感投入和认同是最大化的,而保持距离和观察是最小化的。

除了血腥暴力以外,历史和民族志文献中关于神圣仪式的记录还揭示了嘲讽和淫秽行为,这些行为在成长于温和的文化与时代中的人们看来是怪诞离奇、不合时宜的。对中国士大夫和崇尚阿波罗或有清教倾向的有教养的欧洲人来说,仪式意味着规范得体、委婉的象征行为,以及严肃性。关于肉体(本能冲动和生物过程)的粗俗表现都受到了系统性的压制。在这些文明的早期阶段,并不存在这种超越身体本能冲动的愿望;这种愿望在底层人民的节日活动中也不是强有力的因素。在某些不识字的群体中,某些混乱行为——嘲讽一切社会规范,包括性规范的行为——可能在仪式中占据不可或缺的地位。以美国西南部的普韦布洛印第安人为例,在一年一度庆祝和祭祀大自然的仪式中,普遍存在着一种高度的规范感，反映出他们相信宇宙是一个有序的道德世界，只要祈求者是纯洁的，宇宙就会回应他们的祈求。春秋二分的典礼明显展示出节制和平衡的理想。对霍皮人来说，衣着华丽的祖先神（克奇纳神）出现在舞蹈中，提醒着人们，如果他们严格遵守祈求仪式，生活就会继续维持富足与和谐。对祖尼人来说，"科科"（雨神和天空之神）的出现是慰藉人心的，因为科科代表实现的秩序，他戴着有复杂图案设计的面具，这些图案代表着构建世界的材料。不过祖尼仪式中也有混乱和淫秽。与支持世界的科科相对峙的纽埃克韦舞者，他们演示出前文化时代无拘无束、反社会化的生活。他们可能会口嚼脏布条，吃广场上堆积的人犬粪便。他们故意表现得具有冒犯性——包括性方面及其他社会领域；他们也可能实施破坏行为，用斧头砍炉灶或他们遇到的其他东西。[4]

纽埃克韦舞者是嘲笑的小丑。其他普韦布洛人也有小丑。其实，在许多文化中，嬉笑怒骂的小丑都是很受欢迎的人物，他们会冲进一场庄严的仪式并改变它。例如，在中世纪的欧洲，人们会在狂欢节和宴会上看到小丑的身影，他时刻准备着嘲笑那些装模作样保持稳定、和谐和道德高尚的人。他常常以怪诞的举止贬低"一切崇高的、精神的、理想的、抽象的"。他努力让高雅文化接近大地和身体的物质层面——接近泥土与污垢,接近肠胃和生殖器官,接近排泄与交媾,但同时也接近受孕、怀孕和生产。[5]

嘲讽及其他贬低性的行为,在仪式活动中扮演什么角色?有几种可能的解释。第一,它们警示傲慢。对低级的身体的关注发出了有力的提醒,即人依然拥有前文化、前审美的动物态:它宣告,浑身赤裸或衣衫褴褛才是人的状况,而不是鲜艳的羽毛和精心装饰的面具。第二种解释是,嘲弄的姿态挑战了一成不变的永恒成就的理念。艺术——也许还包括一切严肃的人类事业——都在努力追求完美的稳定性:完美的诗歌是再动其中任何一个字都会令其受损的诗歌,而在更实际的领域,完美的砍柴方法应该代代相传,恒久不变。对永恒成就的抨击或许是为了防止傲慢,但也可能是出于这样一种意识,即完美意味着终结,一种僵死的状况,而嘲讽的笑声则打破了僵化,从而为新事物的出现留出了空间。根据这第三种解释,嘲笑和揶揄意味着再生的力量。

中国的美学—道德国家:大唐帝国

对于上述解释,儒家的正直士大夫一条都不会同意。赤身裸体,描述身体过程,粗野,混乱,暴力和毁坏,这些都是野蛮或社会堕落的表现。的确,人也有身体,是有性的存在,但人生而为人,就意味着要超越自己的动物状态,要完善和教育自己的感官及激情,从而能与他人一起生活在一个和谐、优美、有德性的世界——一个受仪式和社会礼节规范的世界。一位开化的学者甚至统治者(例如唐太宗),不仅怀疑生物性的暴怒冲动,也怀疑鬼神、精怪、预兆、恶魔等等超人类界。早期中国文献(例如儒家形成之前的《尚书》)有一个显著特点便是缺乏神话剧——神与人的交织关系——而这些是荷马史诗中最突出的内容。到公元前 5 世纪,中国的诸道德家已经将暴力、狂喜和神秘内容从官方礼仪中剔除,国家崇尚"一种包罗万象的社会政治和文化秩序,在这种秩序中,人与人之间建立起一种结构化的角色体系——包括家庭角色与政治角色"[6]。

现代学者倾向于将这种秩序视为一种强化等级特权的手段。礼仪是行使权力的最复杂手段。[7]但如果不加思考地滥用此观点,便会扭曲社会现实和人类意图。权力有不同的意义和表现形式,并非所有都是坏的。权力是物质能量,如风向突转一般难以预测,又如太阳每日东升西落一样可以预测;它既意味着正当行使权威——社会生活的有序进行即有赖于此,同时也意味着权威的滥用。权力是一种创造力,是缔造文化审美形式的能量。在几千年的帝制历史中,中国人一直在追求形式——追求宇宙和谐和礼仪的恰切执行,在他们看来,这正是文明的同义词。

正如我们在前一章中所看到的,中国的象征空间是一项悠久的文化—美学成就。但它远不止口语—文字的描述,还包括建筑、城市规划和礼仪。在构想和建造一个与人的尊严相适配的宇宙的过程中,其美学—道德目标位居核心。

《礼记》中记载了关于都城布局的简要描述。"匠人营国,方九里,旁三门……左祖右社,面朝后市。"城市平面图是中国象征(宇宙)空间的模型,人居于中心。皇帝坐在都城中心的大殿宝座上。中心不仅是水平空间上的一个位置,同时也与高度有关。皇帝坐北朝南,沿南北大道(宇宙轴线)俯临人间。入朝觐见时,文官从东面进入,武官从西面进入。皇帝背对北方——不敬之地、黑暗之所。这里也是市场应在的位置。[8]

值得注意的是,在经历了几个世纪的分裂之后,公元 589 年,中国再次统一,新王朝(隋朝)的建立者决定按照典籍中描述的理想规划来建造他的首都。都城拔地而起,城墙呈长方形,规模巨大,十分宏伟,四道城墙指向四个基本方位,每道城墙上各有三个城门,象征一个季节的三个月份。皇城主门南大门名为"朱雀"，代表阳。东城墙的主要城门名为"春明门"，为日出的方向，亦为在冬天的寒冷黑暗之后新春的温暖之源。[9]尽管必须在某些地方偏离理想计划，但最终结果仍是一个可经辨识的宇宙图。隋朝只持续了三十余年，随后便是辉煌的唐王朝，大唐持续了三个世纪（618—906）；作为唐王朝的首都，长安城成为享誉全亚洲的国际大都会和建筑奇迹，引发了日本在 8 世纪的效仿（奈良和京都）。[10]

《礼记》中还保留了一套以明堂为中心的仪式。

> 孟春之月……天子居青阳左个。乘鸾路，驾仓龙，载青旗，衣青衣，服仓玉，食麦与羊，其器疏以达……命祀山林川泽，牺牲毋用牝。
>
> 天子居明堂左个……乘朱路，驾赤骝，载赤旗，衣朱衣，服赤玉。食菽与鸡，其器高以粗……乃命乐师，习合礼乐。①

以此类推，其他季节、其他地点也是如此。统治者在一年中绕行明堂，显示了他对时空秩序的服从，但同时也显示了他的权力——他维护宇宙秩序的角色。皇帝的举止、衣着和饮食都与一年的十二

---

① 出自《礼记·月令》。

个月和五个季节相一致,从而确保了宇宙中无数组成部分之间的和谐。与此同时,由此释放的宇宙能量被统治者吸收,也加强了他的力量。[11]

粗略而言,以上便是古代的范例。在唐朝,关于祭祀的含义和举行方式出现了不同的版本。第二位和第三位皇帝在修建明堂的过程中,由于各派的强烈主张,屡受挫败。一位主管典籍的官员谏议唐太宗不要执着于房间大小和门窗数量。"如果令各位儒生各抒己见却不能迅速达成解决方案,结果只会拖延您举行仪式的时间。"①关于明堂的早期记载表明,明堂仅有几个房间,"葺茅作盖",十分简朴。现代学者认为,明堂建筑的简洁符合从死亡到重生的理念,皇帝每次向下一个方位移动,都象征着这一过程。最初的环境和仪式很可能都贯穿着一种相当朴素的美感和庄严感。不过,随着时间推移,它变得益加华丽和雄伟。仪式存在诸多争论,而人们要从中抉择,这意味着仪式已变得更像是人类的项目,而非对宇宙主宰力量的虔诚服从。到7世纪后期,在武则天的主持下,明堂终于建成,这座高三百尺的建筑拔地而起,饰有黄金、珍珠和玉石,

---

① 此官员应指唐朝大臣颜师古,贞观七年(633年)被任命为秘书监,曾上表《议明堂制度表》。据《旧唐书·志·卷二》,此处原文为:"何必论户牖之多少,疑阶庭之广狭? 若恣儒者互说一端,久无断决,徒稽盛礼。"

还搭建了华丽的屋顶。[12]到此时,明堂维护宇宙的作用已被世俗目的取代——即为政治权力提供合理性与支持。

在大多数传统和民间社会中,仪式是向着神灵的,其神圣氛围源于神灵的存在。相反,在中国,仪式却往往是被作为人之事而非神之事来对待。仪式维护着宇宙。同时,它也满足着一个民族的深层情感—感官需求。至少从3世纪开始,一些较激进的中国思想家就公开主张,仪式和礼仪的核心应是人,而非祖先、自然神灵或天神。穿仪式长袍,做特定手势,都是源于人类天然渴望为情感赋予形式、持续性以及共鸣力量。生活在公元前340至前245年的思想家荀子认为,祭祀仪式起初来自对死者的思念和追忆之情。他写道:"祭者,志意思慕之情也。愕诡唈僾而不能无时至焉……彼其所至者,甚大动也;案屈然已,则其于志意之情者惆然不嗛,其于礼节者阙然不具。"①[13]

荀子认为,恰当的礼仪活动能给人带来诸多满足。其中的一切,从食物、音乐到物质环境,都能顾及人的感官—审美需求。"刍豢稻粱,五味调香,所以养口也;椒兰芬苾,所以养鼻也;雕琢刻镂,黼黻文章,所以养目也;钟鼓管磬,琴瑟竽笙,所以养耳

---

① 出自《荀子·礼论》。

也;疏房檖貌,越席床笫几筵,所以养体也。故礼者养也。"①[14]

由于礼仪既源自人的情感,也源自天地的力量,因此也会随着情感和态度的变化而变化。629年,一位谏臣向唐太宗献言,以"不合古礼"为由反对每年春耕仪式的选址,唐太宗回答道:"礼缘人情,亦何常之有。"②[15]在唐太宗看来,传统内部发生变化完全是合情合理的。初唐时期,皇家仪式被视为一种复杂的多模式的审美—宗教活动,它的美既反映了人类的情感,也反映了宇宙的秩序。其纯粹的宗教元素在于人们相信正确的仪式释放的有益能量可以确保社会与自然的和谐。

理想的中国秩序具有深层的道德—美学性。它与蛮力和暴力毫无干涉。人们之所以举行仪式,遵守日常生活的规则和规范,是因为他们无论地位高低,都能在其中找到某种适当性和满足感,而不是因为他们害怕受到神或神在人间的代表的惩罚。实际上,某种形式的惩罚对于规范社会生活当然是必不可少的。即便是皇家仪式也离不开惩罚的威胁(挥舞鞭子的监礼人就是惩罚的象征),由于仪式持续时间长、执行方式复杂,如果统治者期待参与

---

①　出自《荀子·礼论》。

②　出自《旧唐书·礼仪志四》。所述为唐太宗与儒臣孔颖达之间就藉田之礼产生的分歧。

者仅仅为了情感满足和审美愉悦而履行其职责，无疑就太愚蠢了。[16]

欧洲中世纪的美学—道德国家

诞生于 8 世纪的基督教王权思想是欧洲美学—道德国家的主要灵感来源。在此之前并不存在真正意义上的基督教王权，因为早期教会将基督视为大卫王权的终极实现，所有信徒——不仅仅是统治者——都分享着他的荣耀。8 世纪的法兰克人修正了这一想法：只有统治者一人能够继承大卫的皇权圣衣。他要像大卫一样受膏，只有他才能加冕。《新约》中承诺给所有虔诚基督徒的东西最终只能落在一个人头上。卡洛林王朝确立的王权，又在 10 世纪德国的奥托王朝手中更进一步，奥托王朝自视为上帝在人间的代表。一位欧洲君主端坐在宝座中，倾听唱诗班歌颂基督和他自己。"这种仪式给当时的人留下了极为深刻的印象。在征服者威廉①的一次戴冠仪式上，一位旁观者大受震撼，

①　威廉一世（William I，约 1028—1087），1035 年继承法国诺曼底公爵之位，通过 1066 年的黑斯廷斯战役击败英格兰国王哈罗德二世，成为诺曼王朝的首位英格兰国王，号称"征服者威廉"。

当场喊道,'看哪,我见到了上帝!'"[17]

涂油礼和加冕礼一经确立,便持续了千年。"这些仪式,不仅主要特征直接传承自卡洛林王朝时期,而且细节上也具有持续性:1825 年,波旁王朝最后一位国王查理十世加冕时,使用的祷告词与其卡洛林王朝先祖秃头查理在 869 年首次使用的祷告词基本相同。"[18]到我们的时代,1953 年,全世界数亿人通过电视目睹了伊丽莎白二世在威斯敏斯特大教堂的加冕仪式。最动人、最能引起历史性共鸣的时刻就是身着简单的长袍、半掩在华盖中的伊丽莎白在被册封为女王的时候。有人会说,好一场戏;另一些人甚至更不屑一顾,认为这是好莱坞似的貂皮加亮片。不过,大多数英国和英联邦国家的观众可能认为他们见证了一个重要时刻;他们甚至可能感受到了"在上帝的庇佑下,君主与人民之间的纽带"加深了。这种从过去继承下来的道德—宗教元素为这一场合的视听盛宴增添了分量。[19]

欧洲和中国一样,公共仪式的道德和艺术严肃性一再被世俗政治生活的要求和装腔作势削弱。原本为了侍奉上帝以及为了提升人和社会形象的艺术,屡屡被统治者利用,成为宣扬他们的野心、满足他们的虚荣的工具。不仅国事访问和招待外国使臣的活动,葬礼和宗教游行也是宫廷盛装打扮、炫耀财富的场合。"王公贵族、朝臣官员以及他们

的女眷,纷纷一身金银珠宝出席……[他们]认为自
己看起来就像'天堂来的天使',却从未想过天使的
形象便是他们按照自己的形象想象出来的。"[20]

不过,无论过去还是现在,世俗的浮华向来不
是国家仪式和典礼的目的;相反,其突兀的存在表
明其偏离了社会最初的意图,即以公共利益为核
心,用艺术的一切力量,塑造一个理想化自我的可
信形象。在这塑造过程中,道德和审美不可分割地
混杂在一起;艺术,包括仪式和建筑在内,呈现并戏
剧化了良善。我们已经注意到,在中国便是如此。
现在让我们来看看西方世界的三个案例:文艺复兴
时期的威尼斯、路易十四时期的法国,以及美国。

文艺复兴时期的威尼斯:
一个美学—道德国家

16世纪的威尼斯自诩为一个道德—美学国家。
它的礼仪虽然与其他意大利宫廷一样显得世俗和
浮夸,但宗教价值也非常突出,这些价值以直接或
间接的方式提醒管理者与被管理者,大家需要为社
会良善与正义而努力。作为一个依海而建的城市,
威尼斯拥有得天独厚的自然风光。除了这一自然
优势之外,威尼斯在建筑方面也取得了卓越的成

就——其中最突出的就是宽阔的圣马可广场。自
然美和人工美都是公民自豪感的不竭源泉,这不仅
是因为它们赏心悦目,还因为对于受到新柏拉图主
义影响的人文主义者来说,外在美也代表着内在德
行。威尼斯人认为自己极为虔诚,他们身边处处是
证明他们虔信的证据,随手便可以指出具体的标
志,比如《马可福音》作者的遗体就在他们中间,还
有数量众多的教堂和虔诚的游行。此外,威尼斯还
宣称做了许多善事,比如赞助虔诚的修会、施舍穷
人以及与异教徒土耳其人进行不懈的斗争。[21]

　　文艺复兴的威尼斯的公共仪式数量之多,规模
之宏大,广为人知;它的名字本身就能令人联想到
华丽和高级的场合。仪式是为一个严肃的目的而
服务,即以生动和戏剧化的形式展现社会的等级结
构,在当时的社会政治思想中,等级结构并不意味
着野蛮的统治,而是意味着划定特权、责任和义务
的自然秩序——这秩序最终由上帝来规定。[22]一个
能体现威尼斯的社会及立宪理想的尤为多彩的仪
式便是公爵游行,游行由公爵府开始,围绕圣马可
广场行进,结束于圣马可大教堂。从公爵府到圣马
可之墓的行程,将总督的权威和共和国的社会政治
律令与神圣领域的等级和象征联系在一起。事实
上,在公爵游行中,政治领域和礼仪领域甚至在细
枝末节上都是互相融合的。例如,由总督牧师携带

的白色蜡烛被视为统治者个人特权和荣誉的标志，它最初是忏悔的象征。即便是在最纯粹的宗教仪式中，总督也扮演着关键角色。在棕枝主日①，总督和其他地方长官手持金叶棕树枝在广场上绕行，重现基督进入耶路撒冷的场景。在有关基督最后时日的戏剧化呈现中，基督的角色即由总督本人扮演。[23]

到16世纪末，公爵游行的次数已大大增加，一年之中不少于十六次。其奢华程度也随之提升，圣马可广场不得不定期扩建和美化，以容纳参与者、观众以及迎合他们不断提高的期望值。从13世纪到16世纪，威尼斯社会变得越来越高度结构化，这种趋势反映在人们对自己在游行中的位置的重视程度上。这种对等级秩序的重视，意味着参与者的社会地位会以相当醒目的方式得到呈现，其结果就是形成了越来越盛大的场面。对阶级差异的炫耀确实引发了社会阶层之间和阶层内部的冲突，但这些冲突很少像佛罗伦萨等敌对城邦那样严重。在威尼斯促进社会和谐的手段中，最重要的是通过一系列非同寻常的地方性或专业性节日和仪式，赋予公民以尊严感（且不提政治权力），这些活动的最高

————————

① 复活节前一个主日的星期日，该节日为纪念耶稣基督胜利进入耶路撒冷，人们在路上撒上棕榈叶以纪念这一功绩。

级别是庄严的政府仪式,它们象征性地涵盖整个社会。除了公爵游行外,另一项独具重要意义的国家仪式被称为"海婚"①,因为它能令人们关注该城市的独特性,是所有威尼斯人的骄傲之源。在仪式的关键时刻,宗主教将一大壶圣水倒入海中,总督则将他的金戒指抛出去,说:"大海啊,我们与你联姻,以此作为真正的、永久的统治的标志。"用弗雷德里克·莱恩(Frederic Lane)的话说,海婚及其他奢华的国家仪式实现了"以华丽手段达成的艺术性的治理"[24]。

威尼斯人对自己的看法,其实就是我们现在说的神话。神话的一个现代含义就是关于超级英雄的华丽故事,他们的所作所为与现实世界关系不大。仪式是神话的戏剧性实现。许多神话是纯粹的口头神话,或者像美国宪法那样是文字神话。而文艺复兴时期的威尼斯不同于美国,它并没有一个受人尊敬的文本来阐述社会形式结构及理想;对威尼斯来说,国家仪式就是宪法。正如美国宪法一样,它那些崇高的表述是"不现实的",但同时又对美国社会产生了重大的影响,威尼斯人对自身的看

---

①　威尼斯共和国的一项古老而盛大的国家仪式,该传统始于公元 1000 年左右,为纪念威尼斯总督彼得罗·奥尔塞奥洛二世率军平息亚得里亚海的海盗而举行。仪式象征威尼斯与海洋的"联姻",宣示威尼斯对亚得里亚海的主权。

法——他们所制定的神话——同样也是既不现实又现实的：不现实，因为其所有呈现都脱离日常生活的常规与权宜之计，现实，因为它确实能够促使社会更加接近美好的理想。

什么是社会现实？威尼斯渴望成为一个道德国家，而不仅仅是亚得里亚海沿岸的一个装饰品。它相信自己开创了一种促进内部和谐的治理形式。威尼斯自豪地宣称，即便穷人也能享有充足的食物。在长达数世纪的时间里，威尼斯因公平的行政管理而声名远播，影响远超其国境。贵族和平民在法庭上享有平等的地位。法国当代著名的神话评论家让·博丹（Jean Bodin）说，在威尼斯，如果一位绅士伤害了城中哪怕最卑微的居民，也会面临严重的惩罚；"所有人都被赋予生活的美好和自由"。囚犯如果无力雇佣律师，威尼斯便会从其执证律师团中为其委派一名辩护律师。[25] 总督在就职宣誓时，发誓将确保所有人，无论高低贵贱，都能同等地被公正对待。现实可能常常与这一理想相去甚远，但可以说，如果没有这些仪式和礼仪反复、生动地提醒人们注意善的标准，很可能就会有更多的司法不公，甚至正义的观念也会逐渐淡化。

法国：太阳王的美学—道德国家

15世纪的人文主义者皮埃尔·保罗·韦尔热里奥（Pier Paolo Vergerio）表达了他对威尼斯的赞赏，称其政府形式是"混合型"的：威尼斯是一个贵族共和国，但也有一些民主和君主制特征。博丹则因同样的原因批评了威尼斯。作为君主制法国的公民，混合国家的概念令他十分不悦。对他来说，最高统治权顾名思义是不可分割的，只归属于一个地方、一种制度。[26]

"混合"政府在美学和政治上都是令人不安的。它意味着冲突、妥协和权宜之计。法国选择了明晰的秩序，这意味着君主制政府和权力、辉煌、美德的单一之源，由中心向外辐射，直至国家最偏远的地方。在太阳王路易十四的漫长统治期间（1643—1715），这一理想首次得到了实现；凡尔赛宫作为宫廷所在地及后来的政府所在地（自1682年起），成为这一理想在建筑上的体现。太阳的象征无所不在。三条笔直的大道从庞大的宫殿正门向外辐射。在宫殿和规则式花园之后，是一条被称为"绿毯"的轴线，最终与运河相连，一直延伸到地平线远方。1690年，国王的寝宫被移到了宫殿的中心；他晨起夜休的仪式标志着天之主宰的运行轨迹。花园中的许多元素的安排都与太阳或太阳的化身有关。

　　例如，在南面的花园和橘园中的装饰象征着芙罗拉和她的情人仄费罗斯，以及被阿波罗变为花朵的雅辛托斯（风信子）和克吕提厄（天芥菜①）。花园中有春夏秋冬四季，黎明、正午、黄昏和夜晚四时，四大洲，以及土、气、火、水四元素的雕像，这些雕像呼应着太阳王及其宇宙的传奇。运河尽头的阿波罗喷泉展示出太阳神驾着马车，从海中驶出的情景。阿波罗浴场洞窟中描绘的则是他结束每天的旅程，回到海神忒提斯的仙女身边的情景。[27]

　　月亮轨迹下的自然或许变幻莫测，但太阳的威严轨迹是可靠的。太阳王的日常生活也是如此。路易希望他的日程表一成不变，以至于欧洲范围内，无论是谁都能时刻知道法国国王在做什么。此外，太阳耀眼夺目，因此国王的住所也必须如此。法国无出其右的艺术和技术水平造就了一个耀眼的世界。凡尔赛受益于各路杰出人才，比如建筑师勒沃（Le Vau）、画家兼装饰家勒布伦（Le Brun）、庭

———————

① 更常见的说法是克吕提厄化为了向日葵。

院设计师勒诺特尔(Le Nôtre),以及各位巅峰期的新锐水利工程师。在凡尔赛无休止的节日和庆典中,众多艺术家及其闪亮的作品在此展现,包括莫里哀和他的戏剧、吕利和他的音乐。这里还有各种闪亮之物——字面意义上的闪亮。金银珠宝随处可见。宫殿里"到处都是纯银家具——桌子、支架、柜子、烛台,还有种着微型橘子树盆栽的方形大花盆。在此之上,还有宫廷人士身上穿的丝绸和天鹅绒发出的光泽、佩戴的珠宝发出的火光",由此我们便能大概理解这里的特殊"光照",这一切早在煤气灯和点灯时代之前。在这片巨大的庄园中,每年冬日黎明时从温室中移栽到宫殿周围的鲜花,一如喷泉中射向天空的粼粼水光,呈现出一种明亮的景象。最后但同样重要的一点,太阳王本人在群臣眼中也同样耀眼——他在重大场合所穿的各种华服,包括一件缀有价值超过 1200 万里弗的钻石的衣服,让权力的光芒真的近在眼前。[28]

如果没有社会—道德目的作为依据,所有这些艺术和展示就会变成粗鄙的虚荣。社会—道德目的是存在的,而且路易十四非常重视。他曾宣称:"我们必须先考虑臣民的利益,再考虑自己的利益……我们必须赋予他们法律,且仅为其自身利益;我们必须为了能更有效地带给他们幸福,而合理运用我们凌驾于他们之上的权力。"[29]路易一生都在追求荣耀，但他的荣耀并不是指军事上的勇猛，而是伟大、果敢和骄傲，以及同情心和正义感。荣耀还意味着被看见和分享。路易乐于以真身示人，并且易于接近，这一点与许多国王和贵族不同，他们认为至高权威应隐蔽于高贵宏伟的生活中，尽量不在公众面前现身。而在路易看来，这种隔绝会带来恐惧和奴役，并不符合法国人的天赋。路易同世人分享他的世界，也就是说，他表现得仿佛凡尔赛属于他但也属于全法国。从一开始，凡尔赛宫的国宾居室和花园就向所有穿着体面的游客开放。到 1685 年，花园里挤满了巴黎人，国王每次走在花园里，都会被围观。[30]

　　凡尔赛的礼仪非常讲究，这也符合人们对一个具有精细准确的等级制度的期待。小贵族与国王之间有着天壤之别。一个人是站还是坐，如果是坐，是坐在无靠背的凳子上，还是坐在椅子上，这些都是至关重要的问题。不过，基督教教导人们，每个人都拥有基督从天而降拯救的不朽灵魂，这一教导及其隐含的平等概念也在礼仪中得到了体现。凡尔赛宫有一件事很有名，那就是路易每次路过一位女清洁工，都会脱帽致意。曼特侬夫人的小姑子只因有时接受男仆的服务却不道谢，而被曼特侬夫人视为粗俗。每个人都有尊严，这一点必须得到承认。科伊斯兰公爵在公共场合遇到女仆时，会称她们为"年轻的女士",并不遗余力地配合她们的需求。宫廷中有最高标准的行为规范。放荡、醉酒、恶习,甚至说脏话,都是明令禁止的。[31]

凡尔赛宫——这里美丽的景观、礼仪和社交舞蹈——对路易十四来说是整个法国和法国社会的理想典范。太阳王的光芒普照凡尔赛宫苑,而且理论上讲,这力量与光辉也延伸至国境内外。路易心目中自己和法国在欧洲的地位或许只是一个自大狂的妄想,但其中的一些元素却具有一定的实质意义。历史学家之所以重视这位伟大的君主,是因为在他漫长的统治期间,他关于自己、关于凡尔赛、关于法国的抱负都取得了令人瞩目的成功。在一个多世纪的时间里,法国的政治和文化领导地位得到了整个欧洲的认可。凡尔赛的美学标准与礼仪标准——理想中人们在公共场合彼此相待之道——一直持续到大革命发生。

美国:美与道德

乔治·桑塔亚那(George Santayana)认为,我们时代的主要政治和道德理念——民主——有着"强烈的美学成分"。当然,民主理想的驱动力并非美学考虑,而是对等级压迫与傲慢的憎恨,以及对更自由、更公正社会的向往。然而，"民主起初被视为通往幸福的手段和施行善政的工具，逐渐获得了一种内在价值"。它开始"看到善本身，看到唯一一种本质上正确和完美的安排。一种功利主义的计划接受了美学的祝圣"。[32]

这种"完美的安排"具有道德—审美双重面向，而鉴于两者是可以分开的，前者更为重要。纯粹的审美国家是不可想象的，那只会变成一场秀。中国的帝制国家、威尼斯的城邦国家和法国的君主制国家都追求善与道德——高效，廉洁，关爱；但也追求善与荣耀，善与辉煌，善与和谐——这即是美。现在，我们来谈谈现代民主国家——美国。在何种意义上，它是道德—审美的？民主理想如何在建筑、仪式和景观中得到体现？

与威尼斯的混合政府形式相比，让·博丹更偏好君主制法国的中央集权。审美在民主国家中可以扮演怎样的角色？审美意味着存在着一种核心的、有组织的智慧。据常识，"艺术不可能诞生于委员会之手"。不过，常识也可能出错。詹姆士王钦定版《圣经》就是由一个委员会制作的。伟大的绘画也往往是由一位艺术大师及其弟子们共同完成的。建筑，显然需要不同类型的人才合作完成。不过，在大多数成功的艺术作品中，的确需要某种主导性的智识。民主天然擅长容纳多种声音，甚至是

相互冲突的声音,似乎因此不大可能创造出任何具
有一贯性的东西,清晰和谐的东西就更不必提了。
民主与审美相协调的另一个困难在于,审美意味着
卓越,意味着价值等级,意味着存在一个或几个兴
趣焦点,而其他较低级别的兴趣点则围绕它们排
列。另一个障碍——或许是美国经验和美国民主
独有的障碍——则是历史学家丹尼尔·布尔斯廷
所说的"模糊性"。从大革命时期到南北战争时期,
美国的空间一直是盘旋萦绕在"远处西方"的一片
巨大的、未定义的存在。这种空间的模糊性与这个
国家的一种云雾般模糊的愿景有关。布尔斯廷指
出,在这一时期,与其说美国人的"特点在于他们有
什么清晰的认识或坚定的信念,不如说他们有一种
宏大而流动的希望。如果说其他国家是靠共同的
确定性团结在一起,那么美国人则是靠共同的模糊
性和共同的活力团结在一起"[33]。这种流动的希望
和模糊性并没有为美的创造开一个好头,这里的通
行观念就是棱角分明、边界清晰的秩序。

　　然而,我们也可以力陈这一点:美国过去是、现
在仍然是一个道德—审美国家,尽管存在着强大的
反作用力和倾向,但人们一直在努力满足实现上述
论点的必要条件。第一个条件是意图性:审美是一
种有意识的成就。我们已经看到,即便早在唐朝,
统治者和他们的顾问也试图利用传统,而不是为传

统所束缚。在这方面，他们就像艺术家一样。至于
意大利的城邦，雅各·布克哈特有一个著名的说
法，称这些城邦为艺术作品。[34]就更不必说，凡尔赛
宫及其宫廷礼仪是高度自觉的艺术创作了。现在，
美国在意图性方面已胜过了这些古老的社会，因为
它一开始就是一项经过深思熟虑和反复斟酌的事
业。从一开始，它就被视为一个有待书写的新篇
章，一个即将被建造的新耶路撒冷。"欧洲是埃及，
而美国则是应许之地"——华盛顿第一次就职演说
中就已经隐含的信息，到杰斐逊第二次就职演说时
已变成直截了当的陈述，且自那以后，它几乎变成
了所有有分量的总统演说中挥之不去的主题。

　　在"模糊"而"流动"的新世界里，开国元勋们勾
勒出了这个国家的设计草图。这种设计显示出强
烈的来自欧洲的影响，尽管这种影响——事后看
来——并不适合一个新的民主共和国。新国家承
认等级制度，并再次确认了官方礼节和行为礼仪的
必要性，但并非没有争议。应当如何称呼总统——
按照约翰·亚当斯的希望，称华盛顿为"最尊贵的
殿下"，还是如参议院委员会所希望的那样，仅称他
为"殿下"？约翰·亚当斯在 1790 年写道："若将宝
座与冠冕从世间夺走，一切统治和正义都将终结。"
亚当斯痛恨总统平实、朴素的风格。没有庄严伟大
之感，就难以赢得普通民众和外国的尊重。参议院

也就自身的尊严展开了辩论。官方声明应称新政府的"权力与辉煌"还是"权力与声望"?[35]

在新首都的建筑方面,辉煌战胜了单纯的声望或实用性。首席建筑师皮埃尔-夏尔·朗方受到凡尔赛宫的启发,为这里的规划赋予了一种起初是为自诩不凡的专制君主量身打造的风格。按照他的设想,美国城市本质上将是一个拥有辐射状大道和壮丽景观的户外宫殿。[36]杰斐逊不赞成这一规划——尤其是它的规模;华盛顿则认为这是一件伟大的艺术作品,并正式批准了这一规划。杰斐逊希望新首都的规模与威廉斯堡相当,而朗方则是按照18世纪巴黎的规模进行规划的:面积50平方英里,人口80万。这位建筑师构想了未来的荣耀广场和纪念碑,包括一尊即将铭刻未来胜利的海军纪念柱,还有一座用于安葬国家英雄的跨教派教堂——这一点将依据国会法案执行。[37]

朗方怀着极大热情拥抱这一项目的一个原因是,他相信也许从来没有任何一个国家"有机会在现场决定"一个伟大首都的设计和建造。朗方是否知道建于18世纪早期的圣彼得堡? 他可能知道。但圣彼得堡是一位专制君主手下的工程,他掌握着大量资源,尤其是劳动力。数以万计的农奴被征召前去工作。人员代价惨不忍睹,但由于来自内陆的劳动力似乎取之不尽、用之不竭,因此工程才得以有条不紊地进行。最终,严重受伤或丧生的工人数量多达十五万人。这个帝国城市由泥浆中迅速崛起,仿佛魔法师施法一般。[38]当然,民主国家的首都不可能以这种方式建成。1792 年,当朗方希望雇佣一千名工人时,他被认为是不切实际的。工程进展缓慢。当政府终于在 1800 年入驻时,这个城市有的是泥泞和空地,而不是宏伟。甚至到了 1842 年狄更斯作为贵宾访问这个首都时,他也觉得应称之为"宏愿之城"而不是"宏远之城"。[39]

庞大的建筑构想,且得到高效而迅速地实施,其预设的前提是一种与民主情感和实践相悖的主观意识和中央集权。从一开始,华盛顿特区的规模和自命不凡就给年轻的共和国带来了矛盾处境。然而,随着时间的推移,这座城市确实达到了最初的推动者所希望的那种视觉上的宏伟。美国民主灵魂中的一部分,便是渴望其公众形象可以体现某种尊严和宏伟;很幸运,它取得了一些成功,尽管并非总是通过最短的路径。国会大厦的历史就是民主制度迂回过程的一个很好的例子。作为一个民主国家,美国在 1792 年举行了一次建筑设计竞赛。(获奖设计的痕迹仍可在重建的东立面看到。)在随后的几十年中,该建筑进行了多次重大改建和扩建,其中最重要的是在 1851 至 1867 年间加高了穹顶,并修建了两座外翼来平衡它。这些设计变更是在激烈的政治和美学争论中完成的。人们动辄指责对方无能、奢侈，甚至是卑鄙。国会和总统也总是出手干涉。然而，最终的结果却令国人引以为豪。国会大厦过去和现在都是与这个国家对话的。它为后来的公共建筑提供了一种"国家"艺术的灵感，包括国务院、华盛顿的旧邮政总局和一些州议会大厦。[40]

从独立之初，美国就试图建造植根于欧洲美学的建筑，作为其自身形象的一部分。的确，到19世纪末，美国也渴望创造一种独属于自己的风格——即路易斯·沙利文所说的"民主建筑"；但构成民主建筑的是什么，却一直不明确。是适应自然、拥抱土壤的建筑吗——就像弗兰克·劳埃德·赖特的草原式住宅那样？然而赖特却设计了一座高达一英里的摩天大楼，在他的一些最著名的作品中，包括古根海姆博物馆在内，都隐含着某种纪念碑式的不朽感。

如果美国对纪念碑式的建筑曾感到或一直感到矛盾，那么它对自然的强大存在却没有这种感觉（除了最初面对荒野时的焦虑）。美国人很快就从大自然的宏大和古老中获得了自豪。这一过程始于杰弗逊对广袤而古老的蓝岭山脉的赞叹，随着黄石公园、优胜美地、大峡谷、恐龙脚印和骨骼、巨型红杉和红木森林等地质和自然奇观陆续成为经典名胜,而一路延续下来。[41]

　　显然,即使在民主社会中,人们也会推崇自然和艺术中的精品。这里的价值等级制度是为人接受的,即使它与平等主义情感相冲突。但是,尽管我们可以将朗方视为能够创作艺术作品的艺术家,也可以将上帝视为自然奇观的创造者,我们却不清楚平等主义和民主实践中经常出现的大量不同的声音是如何呈现为美学的。民主美学有哪些特征?最适合描述这些特征的词似乎是秀丽、公平、合格、合意、宽敞、令人愉悦、朴实无华、得体。早在1782年,圣约翰·德·克雷夫科尔就有过很好的描述。在一封著名的信中,他描绘了一位游客在美国可以看到什么。"在这里,他看到美丽的城市、丰饶的村庄、广阔的田野,还有遍布漂亮的房屋、完善的马路、果园、草地和桥梁的广袤国土。而在一百年前,这里还是一片荒芜之地,树木丛生,无人开垦! 这番美景真是令人浮想联翩!"克雷夫科尔说,看看我们的居住地,虽然没有宏伟的建筑,但却能看到"一种令人愉悦的整齐、得当之美"。[42]

　　对美国人来说,自然可以是壮观的地标——这是自豪和灵感的源泉,也可以是开阔的空间和自由的土地——这是包括自由、简朴和平等在内的精神和民主价值的源泉。乔治·华盛顿是第一个将边疆挑战与民主价值振兴联系起来的美国人。他认

为,欧洲的影响可能会削弱美国人民的能力,但美国人民没有理由害怕,因为正如他在 1788 年所说的那样:

> 辽阔的疆域及逐步推进的定居将令他们维护好自己的岗哨,警惕奢靡、挥霍、腐败之风入侵。随着时间的推移,大西洋沿岸的大城市和旧建制将成为这些入侵者的猎物,而西部各州却可能长期保持其原始的淳朴民风和对自由纯洁的热爱。我们是否可以合理地推断,借助这种风气和爱国主义,美国的民间机构将迎来非同寻常的繁荣?[43]

一个世纪后,弗雷德里克·杰克逊·特纳①继承和发展了这一思想,并令其声名远播。边疆既有一种道德基调,也有一种美国独有的魅力。开阔空间自有令人振奋的神奇之美。当它与简朴的社会风俗和热爱自由的理想融合在一起时,就变成了一种地理—美学—道德标志。

如果说平等主义能带来"一种令人愉悦的整齐、得当之美",那么另一种民主价值——一个民

---

① 弗雷德里克·杰克逊·特纳(Frederick Jackson Turner,1861—1932),美国历史学家,"边疆理论"的开创者,曾发表著名论文《边疆在美国历史上的重要性》。

有、民治的政府，即便人们发出的声音并不相同，且不可避免地彼此冲突——又将如何呢？此处的答案是宣称民主能够以某种方式达成一种全面、流动的统一，这种统一则是由各个彼此竞争—合作的团体构成和维系的。不同元素的结合是艺术的一般成就。民主民族国家作为一种艺术，其与众不同之处在于暂时的、不断变化的共识，以及导向这一共识的断断续续、有时甚至四分五裂的过程。各形各类的事物，究竟是如何统一的？这恰恰是奇迹。十三个主权国家，每个国家都有自己狂热的爱国者，它们是如何组成合众国的？由"英国人、苏格兰人、爱尔兰人、法国人、荷兰人、德国人和瑞典人"构成的"杂种人"（如克雷夫科尔所说），如何变成了美国人？

自共和国成立以来，对联合国家瓦解的恐惧就一直困扰着美国梦，它造成的焦虑是持续不断的——这种焦虑与一位伟大艺术家的焦虑并无二致，艺术家往往能认识到丰富性的价值，他欢迎调色板上的色彩碰撞，但不确定将这些色彩运用到画布上是否能产生连贯的构成。在社会领域，美国成功地创造了许多公民仪式，通过这些仪式，异质变成了统一，不同的部分变成了一个整体。其中最重要的是纪念逝者的阵亡将士纪念日仪式。劳埃德·华纳（Lloyd Warner）认为，这些仪式起到了"将各种信仰、民族和阶级团体整合为一个神圣统一体"的作用。华纳认为这一过程分为四个阶段。第一阶段,仪式的重点实际上是分隔:不同民族和宗教团体在不同时间和地点举行各自的仪式。第二阶段,仪式仍是分别举行的,但"给人的感觉却是在一般社区组织范围之内"。第三阶段,"仪式仍然分别举行,但举行的时间是相同的"。最后,仪式"时间和地点统一,各方代表汇聚在同一个队伍中。由此,组织多样性便象征性地融入了一个统一的整体"[44]。

　　华纳补充说,从异质到统一的结构化过程并不一定为参与者所知。[45]有一种创造性的力量在起作用,但其中的合作和通向最终统一目标的主要阶段都不是有意识地计划好的。从人们参与的角度来看,这个过程可以说是"自下而上"。个人和独立的团体仿佛在神圣指引下,向着共同的目标前进。民主有时就是这样运作的。至少,这就是美国的希望。我们在美元钞票上看到,它象征性地呈现为一座金字塔,在上帝的注视下,这座金字塔从宽阔的基座升起,一直到尚未完成的塔尖。这种自下而上的运动是美国民主天才的一种体现。另一种运动则相反,是自上而下的——即首先阐明一般原则,然后区别、分歧、增增减减才被允许出现。在这过程中,最初的概念略有更改,但并没有失去它原本的形态和意图。

第二种，"自上而下"的过程在镇区与范围测量中得到了极佳的呈现，布尔斯廷称为"人类史上最大的先验主义纪念碑"。[46] 尽管经过了无数次的更改和修正，但它对俄亥俄以北和密西西比以西的景观和生活的影响十分明显。然而，宪法应被视为一个更重要的范例——它主导着美国政府的形式和运作，也因此影响着公共生活的几乎所有领域。土地测量和宪法都展现了"清晰"这一知识—美学优势。不过，土地测量的清晰度是简单的、几何的，而宪法的清晰度则是复杂的，其主要任务之一就是尽可能简洁、准确地阐明权力的制衡。

美国人通常被认为是一个务实的民族，他们怀疑文字，却精于实践和创造。但在他们诸多伟大成就之间，有一些正是文本，除了宪法之外，还有《独立宣言》和《葛底斯堡演说》。在美国，文字甚至高耸于庙宇、神龛和雕像之上。建筑历史学家约翰·伯查德(John Burchard)和阿尔伯特·布什·布朗(Albert Bush Brown)很欣赏华盛顿特区的林肯纪念堂。首先，他们喜欢林肯的坐像；其次，他们也喜欢安放着这件气势恢宏的雕像的希腊式神庙；他们还觉得这座建筑的环境也安排得很恰切——一条轴线，从国会大厦起始，经过华盛顿方尖碑，贯穿一个长长的倒影池，一直到波托马可河畔的林肯纪念堂。不过,他们仍认为赋予纪念堂其"最终品质"
的,是镌刻在其中一个大厅墙壁上的《葛底斯堡演
说》本身。[47]纪念堂如此,就全境整体而言,美国亦
如此:这个国家拥有平原和山脉间的自然宝藏以及
农场与城市中的文化成就,但其"最终品质"却仍来
自少数几个萦绕不散的文本,这些文本不是由专业
吟游诗人撰写的,而是由积极参与国家治理的人们
撰写的。

宪法是美国的脚手架,美国作为一个道德—美
学国家正是建立在它之上。与英国的不成文宪法
不同,英国的宪法是风俗习惯和传统在相当长的时
间里缓慢、逐渐积累的产物,而美国宪法则是在特
定时期产生的。尽管它是由一个"委员会"制定的,
尽管制定过程充满了困难,但最终的结果却被视为
一份至高无上的政治文件。它的超绝地位很早就
得到了承认。华盛顿称其为"政治和道德世界中的
一个新现象,一场开明理性对野蛮暴力的惊人胜
利"。在为宪法制定框架及紧随其后的时期,国父
们意识到历史已经进入了一个关键的转折点。华
盛顿在给一位爱尔兰爱国者的信中写道:"请允许
我说,此时在这个剧场上演的戏剧,比迄今为止在
美国舞台或世界任何其他舞台上演的戏剧都要精
彩。我们现在呈现的是一个新奇而令人震惊的场
面:全体人民在冷静地商讨什么样的政府形式最有

利于他们的幸福。"[48]

美国宪法和美国民主的美学建立在艺术史上公认的两个原则之上。其一是包含多样性的统一，其二(作为一种浪漫主义信条，或许更有时代局限性)即相信一个主题能不断成长，发展出新的分支和副主题，但仍能保持其最初的特征。詹姆斯·麦迪逊在 1788 年捍卫了第一条原则。他写道："在一个单一的共和国中，人民交出的所有权力都交由一个单一的政府管理。"为了防止权力被篡夺，"将政府划分为不同的独立部门，每个部门的[权力]再被分配给下一级不同的独立部门，以此类推"。麦迪逊论证了规模和多样性的优点。若任由它自行其是，罗得岛州在派别林立的多数派的威胁下，可能禁不住诱惑，放弃民选政府形式，转而采取一种独立于人民意志之外的压迫性统治模式。但麦迪逊说："在美国这个幅员辽阔的共和国，在它所包含的众多利益、党派和教派之间，整个社会若想形成一个多数派联合，若非基于公正与普遍福祉的原则，几乎是不可能发生的。"[49]

艺术的第二原则——因其强调开放与成长而非追求完满而颇具浪漫主义色彩——正体现于后世对宪法原始条款的不断修正与诠释之中。变化会发生，但核心精神保持不变。富兰克林·德拉诺·罗斯福在 1933 年 3 月 4 日举行的首次就职典

礼上,迫于经济危机,不得不提出一些激进的措施。他通过以下发言来向人民保证:

> 基于我们承袭自先辈的政体形式,以此种面目、致力于此种目标的行动是可行的。我们的宪法如此简明而务实,总能通过调整侧重与制度安排来应对特殊需求,却无损于根本框架。正因如此,我们的宪政体系已被证明是现代世界最卓越、最持久的政治体制。它经受住了宏大的领土扩张、残酷的外部战火、激烈的内部纷争,以及国际关系带来的种种压力。[50]

由此看来,现代民主与美学是对立的——它是模糊的、多变的、平等的、偏向均等而敌视出众的(或者看上去如此)。然而,尽管民主可能倾向于这些特性,但并不局限于这些特性。诚然,本杰明·富兰克林曾将美国描述为一片"快乐平庸"的土地,但追求卓越的愿望向来存在,体现在种种建筑雄心与技术雄心中,也体现在对自然界不朽事物的孩子般的崇拜中。对于开拓者和共和国的缔造者来说,模糊性或许确实是美国空间的一个特点;但正是这种模糊性令他们产生了一种补偿性的渴望,于是他们在土地规划和阐述政治原则时力求清晰。平等,就其千篇一律的追求而言,的确是反美学的,但作为一种道德立场，它具有震撼心灵的力量。此外，平等理想之中嵌含着谦逊，它可以找到可感的表达，启发怡人及诚实的艺术品。多变性与静止的美学观是背道而驰的，但只有狭隘的古典主义视角会将美学视为永恒不变的完美。从浪漫主义的视角来看，美学很容易便能容纳临时性、易逝感、成长与变化。美国民主包容着所有这些彼此不同，甚至互相矛盾的元素。鲜有公民能全然接纳它们。那些能做到的——真正热爱美国民主之人——必须同时热爱丰盛与矛盾：秩序与失序，崇高与平易近人，统摄全局的宏旨以及在其之下激荡的声浪——它们既不断制造着分裂，又涌动着新生的活力。

第五部分
审美与道德

第十章　善与美

　　这本书开始于感官,终于伟大的道德—美学成就——国家。当人们将动觉、触觉、嗅觉、听觉和视觉描述为快乐之源,视为文化规训之力下生命复苏的方式,这种情况下,道德的问题是很少出现的。当注意力集中在感官上时,我们很容易忘记它们背后的文化制度、社会安排和物质基础,正是这些因素影响了感官,给它们划定了范围,令它们变得更生动。但是,当我们把注意力转移到艺术品上,转移到绘画、雕塑、园林、建筑和城市上时,道德问题就不那么容易压制了。人工制品固然美妙,但大自然付出了怎样的代价? 人类和社会付出了怎样的代价? 当我们的注意力转向国家这一伟大的人工制品时,道德问题即立刻在我们的意识中变得至关重要;我们甚至会觉得道德和审美两个领域是互不相容的,宏伟的建筑和仪式几乎必然标志着社会的不公,令人瞩目的公共艺术,由于其令人折服的存在感,在历史上起到了分散人们注意力的作用,使他们忽略了自己所遭受的压迫。

道德和美学这两个词——我经常把他们连在一起使用，仿佛它们构成了一个相关观念的连续体——是否不论二者表面看来如何兼容，本质含义其实是互相矛盾的？如果这种矛盾是真实的、根本性的，或许只有当我们超越道德与审美、善与美这些词，进入文化这个更大的概念时，我们才能开始理解它？那么问题就变成：人类文化的核心是否存在无法解决的矛盾？以及，既然文化是人类能力的体现，我们便迎来一个终极问题：人的本性是否存在根本缺陷？

兼容假设

强烈意识到"善"和"美"之间存在冲突，是一种现代病。在前现代，二者之间的兼容被视为理所当然。常识表明，一切社会，若想运行下去，必须包含某种善的概念。当然，什么是善取决于一个民族的特殊经历和价值观，但从总体上看，善不过是道德与美学观念的融合，其中包括正确感、适当感、关爱和成就、对事物（既包括自然事物也包括人类造物）的处理方式及事物本身的愉悦感。

这种常见的兼容假设在不同地方、不同时期普遍存在。以美国西南部的祖尼人和纳瓦霍人为例，

研究人员请祖尼人和纳瓦霍人画两组画,一组是
"美",一组是"丑"。祖尼人关于"美"的图画不仅强
调富足和安康,还强调这些是劳动的结果。运用纯
熟的技巧完成工作本身,就是值得褒奖的——品德
高尚且令人愉悦。对祖尼人来说,"丑"的场景展现
出"无法提供食物和住房的艰难状况,以及人性中
的粗心与恶意"。丑既是一个道德词汇,也是一个
美学词汇。它不仅意味着人的粗心和恶意,还意味
着自然的混乱以及谋生的困难——也即创造一片
和谐、怡人的人类环境的困难。对纳瓦霍人来说,
美意味着"一片可以养育动物与人的绿色夏日景
观"。"绿色"与"夏日"的美学力量来源于它们跟生
命的联系。看到一片绿色的夏日景观,便感到充满
生机,感到各种感官焕发活力,感到自然之丰饶;若
想将"绿色"与丰饶分离、将美学与生命的首要冲动
分离,必然是专断之举,且于二者皆有损害。相比
之下,关于"丑"的画往往展现出"对自然秩序的破
坏——忍受艰辛、干旱的土地、疾病、事故以及外来
者"。"丑"是身体的失调(疾病)、自然的失调(干旱
的土地)以及社会的失调(外来者)。[1]

　　在古代中国,美学总是与其他价值紧密交织,
包括生命力与道德。从景观来看,早期王朝的皇家
园林——园林与山水画的鼻祖——从来都不仅仅
是为了供人观瞻的。它是一个自然与超自然力量

及精神的世界，一个旨在满足人类对不朽的渴望的
世界。景观的这些神秘—仙术属性后来逐渐淡化，
但从未完全消失。原始的冥府宗教、萨满以及仙术
道教的力量，逐渐被道家哲学、开明的佛家思想及
富有鉴别力的儒家精神取代。18 世纪的文人园林
中仍保留着令人联想到原始野兽的怪石，但整体氛
围静谧安宁，引人沉思。人在园中，便进入了一个
不同的世界，从家庭到市场到朝廷，在各个方面都
远离了人世喧嚣、社会纷争。因此，园林（以及与之
密切相关的山水画）是一种道德现实，而不仅仅是
审美现实。审美与道德之间的联系，在以阴阳五行
学说为基础的宇宙观中表现得更为明显。用于描
述宇宙的词语，比如和谐、平衡、适当和正确，都表
明了这种联系的本质。我们或许可以从两幅图画
中捕捉中国人的道德—审美志趣——一幅是儒家，
另一幅是道家。一个儒家之士，往往秉正守礼，所
见所做皆以礼为纲——无论是命名之道、烹肉之
形、礼服之色，还是营国之法。一个崇道之人，则信
奉自然之道，所见所做以道为度——无论是伐木的
技法、山居茅庐的选址，还是立身处世的道德姿态。

　　在西方世界，美与善之间的联系在历史上也同
样紧密。这种联系是由许多交织在一起的观念组
成的，很难将它们分开，即便分开也不会令人满意。
其中之一是关于"整体"的观念：整体是完整无缺、

健康而神圣的。"完整"（whole）、"健康"（healthy）、"矍铄"（hale）、"神圣"（holy）这几个词具有词源上的相关性。此外，他们可能与希腊语中的"美丽"（koilu）有关。不论这种关联是否真的存在，可以肯定的是，完整和健康的生命是赏心悦目的。它们能改善生命——此即审美。对希伯来人来说，用于献祭的动物必须是完整的，是上帝所喜悦的；身体不完整的太监不能成为祭司。对古典时代的希腊人来说，美丽的身体意味着美丽的灵魂；体育不仅仅关乎健身。柏拉图提出了一个影响深远的观点，即感官所能触及的美，是我们天性中唯一能立即喜爱的精神事物；他将美视为善的入门之道。美与道德（对善的向往）也应被视为这个结构中的一部分。

外在美与内在美（身体是灵魂的殿堂）的联系贯穿着西方历史的整个过程。《圣经》中从未描述过基督的样貌，但西方艺术家却一次又一次在画中赋予他迷人外表，尽管他在十字架上受尽了苦难。最早的关于基督的浅浮雕把他塑造为一个英俊的青年。[2]文艺复兴时期的大师达·芬奇和米开朗基罗也将基督刻画得很美。文学作品中也如此，好人往往外表俊美，甚至散发着性吸引力。想想托尔斯泰笔下英俊的农民——尤其是那个农奴男孩（有一口闪闪发光的洁白牙齿），他无私地、不自觉地照顾着行将死亡的伊凡·伊里奇的种种身体需求。再想想比利·巴德，英俊的水手，基督般的形象。比利是一个"和平缔造者"，他的出现将船员们的宿舍从一个"吵闹不休的老鼠窝"变成了互相尊重的天堂。正如那位商人船长所说："他身上流露出一种美德，抚慰着那些脾气暴躁的人。"[3]

不仅仅是人，自然环境也可以结合美与德。希腊人认为完整性与健康和环境相关。科斯岛是一个重要的健康中心，由医术之神阿斯克勒庇俄斯及其神庙坐镇；不仅如此，更重要的是，这个地方本身——有疗养院，有与世隔绝的宁静，有远离城市杂乱和喧器的高贵风景——就能带来健康。[4]精神健康还受益于有秩序的环境。柏拉图学园（约公元前387年）坐落于一座园林之中，其修道院式的回廊——亦称"天国乐园"——营造出沉思与求知的理想之境。美国的许多神学院和大学最初都被设计为位于乡间的宁静乐土。规划者认为，这些僻静的校园拥有一种美德，可以令学生耳濡目染。[5]

对于荒野自然，希伯来—基督教传统表现出深深的矛盾。荒野是黑暗与混乱，是撒旦及其爪牙的领地。另一方面，荒芜的沙漠和高山也是上帝与他的子民直接邂逅、体会神圣婚约至福的地方（《何西阿书》2：14—7）。约翰·卡西安（John Cassian，360—435）对圣本笃和圣格里高利都产生过相当大的影响，因此也影响了早期基督教的修道主义。他认为荒漠上的隐士享受着"广袤荒野的自由"和"只有天使的至乐可以相比的生活"。自然景观在某种意义上是"纯净"和"自由"的。道德属性逐渐附着于自然之上。随着中世纪晚期人类定居地的增加以及对未知的恐惧的消退,这种对自然的积极态度获得了越来越多的认同。[6]西多会修士们深入森林,建立了他们的修道院。圣伯纳德(1090—1153)是欧洲最早欣赏自然环境之美并赋予其道德品质和力量的思想家之一,在他的领导下,他们的修道会大为振兴。他认为克莱沃修道院的所在地"充满魅力";而且它"有力地抚慰着疲惫的心灵,缓解着焦虑和担忧,帮助那些虔诚地寻求主的灵魂,使他们忆起他们所向往的天堂般的甜蜜"。[7]

在圣方济各看来,大地和万物之所以美丽善良,是因为上帝创造了它们。这种态度在他所处的时代并不常见,但随着自然神学的日益流行,这种态度越来越为人们所接受。自然神学不同于以详细注释《圣经》为基础的传统神学,它将上帝视为创造者—艺术家和天意。上帝在自然中显现。莎士比亚发现"石中有训诫"。无论看向何处,人都应当能看到上帝的智慧与美。自然神论即建立于此神学基础之上,后来的浪漫主义也是如此。自然神论者强调自然的理性,而浪漫主义者则强调其壮丽与可爱,从18世纪开始,诗人和画家们受此启发,创造出了良莠不齐的作品。美国人民深受影响。19世纪，他们将高耸入云的山峰和参差交错的参天大树视为大自然的教堂，在阳光充盈的早上或午后，人们可以带着敬意靠近并走进它。自然不仅有崇高之美，而且是一种道德存在，美国人若是忽视它、滥用它，便要冒着灵魂被玷污的风险。这种态度在今天依然很有力：若将安塞尔·亚当斯（Ansel Adams）镜头下壮观而纯洁的美国西部与优胜美地挤挤攘攘、塞满垃圾的旅游营地对比，亵渎一词便不可避免地出现在人们的脑海中。自从20世纪60年代以来，生态运动也强化了美国人的这一倾向——自然不仅蕴含着美，也意味着道德的升华。

工匠—艺术家与美学—道德

我们都是具有文化属性的生物，是文化的创造者，是工匠—艺术家。制作任何东西都需要注意力、想象力和技巧。而这些都离不开自律，一个人必须努力克服身心的自我放纵，才能为外部世界增添一些有形之物。大型项目——例如制作石雕——需要人们付出体力和汗水，我们可以想象艺术家会为了完成一个文化上的目标而不惜牺牲自己的健康。精神上的付出则不那么容易被看到，这种工作需要每时每刻精心抉择。正如马尔科姆·考利①从一个作家的角度指出的那样，这种抉择总是包含道德成分。他说，在某种意义上，不仅是小说，"所有写作都关乎道德。几乎所有写在纸上的作品都涉及某种抉择，一页纸上可能包含数百个道德选择。'我应该用这个现成的词，还是停下来再想一个更好的词？'"这些美学抉择是具有道德属性的，哪怕只是因为它们要求"择难弃易"。[8]

各种人工制品，包括普通的工具和器具在内，都可以成为美物，成为家庭和博物馆的珍藏。传统上，工匠自身都会追求把物品做"好"——以不露痕迹的方式将它们整合起来——而不是仅仅让它们实现功能。此类物品中最具代表性的那些无疑都具有审美吸引力。那些锅具和纺车、被褥和长凳，会被形容为可靠、诚实、漂亮——它们是有个性的。诸如"优雅"和"可爱"等单纯的美学形容词似乎并不恰当，这并不是因为长凳（举个例子）是一件普通的实用品，而是因为它意指一种严肃的生活方式。一张简单的长凳代表着劳作和集体生活：它让人联想到手艺人粗糙的双手，还有阳光下打瞌睡或闲聊的农民。多年来，长凳一直被人们以某种方式使

① 马尔科姆·考利(Malcolm Cowley, 1898—1989)，美国评论家、诗人、编辑，代表作《流放者归来》。

用，被磨得平整光滑，这一事实赋予它某种重要性——甚至神圣性。[9]

日常器具和实用品是如此，那些更大的人造之物和人造景观——房舍和谷仓、耕地和梯田——也是如此。乡村，甚至比乡村中的特定事物更容易令人联想到自然和自然所唤起的那种温情。农民很少被视为违背自然、强行改变自然的人。他们属于那里，他们的所作所为是对自然本质的艺术性延伸。这种错觉甚至适用于梯田，梯田正似纪念碑般的雕塑。大多数人都能从精心维护的乡村中看到美；他们可能也同意，乡村的美离不开某种道德氛围和道德分量。

艺术的声望与权威

艺术并非只是玩乐。1972 年，米开朗基罗的《圣殇》遭到一个神志疯狂者的破坏，这一事件不仅登上了欧洲和北美的报纸头版，还登上了印度的报纸头版：圣母玛利亚眉毛上的轻微伤痕成功转移了全世界的注意力，人们竟一时间从残酷的越南战争中日复一日的残害与屠杀中移开了目光。这是艺术威望的一种证明。另一种证明则是极权主义政权系统性地，有时甚至是野蛮地压制或驯服艺术。

即便是抽象绘画,独裁者也不会将其视为可以不受监督的无害活动。他们深知艺术的力量,知道艺术也可以成为他们奴役别人的工具。

艺术有许多种或庸俗、或邪恶的利用方式。但其原本是一种善的力量——一种积极的、人文的、人性化的力量。首先,艺术可以使我们快乐。"以艺术的方式看待事物,其本质是否就是用快乐的眼光看待世界?"维特根斯坦提出了这个问题,并接着说,"艺术的目的是美,美即使人快乐的东西,这一观点肯定是有某种意义的。"[10]美能拓展我们的感官和心灵:幸福就是活得更充实——眼中充满美丽的风景,耳中充满曼妙的音乐,脑中充满有力的论辩。哲学家埃米尔·夏蒂埃①说:"我们应该为他人的幸福着想,这当然非常正确;但有个观点却不是经常能听到——我们能为那些爱我们的人做的最好的事情,就是让自己幸福。"年轻人有一样能献给他们长辈的东西,且这样东西总是令长辈们深受触动,那就是他们的美,这种美往往就只是"绽放的快乐"。[11]

相比于生活的混沌与乱流,艺术是一种清晰且持久的存在。在生活的洪流中,人能感知到的东西

——————
① 埃米尔·夏蒂埃(Emile Chartier,1868—1951),法国哲学家、教育家、散文家,以笔名阿兰闻名于世。

少之又少，因为很少有东西能够保持不变。每一种
情绪或情感都会被相反或不相干的因素混合或冲
淡。艺术的清晰性——小说中精确捕捉的情绪，或
绘画中精确描摹的夏日黄昏——就如在一整夜断
断续续的睡眠之后，在一片明亮的风景中醒来；或
像是经历了一周的感冒之后，突然闻到鸡汤的香
味。因此，清晰和生动是一种美感——感官苏醒
了，于是带来上文所描述的幸福感。除了清晰，艺
术还能让稍纵即逝的主观感受变得客观和持久。
人们可以借由一张照片一次又一次回到夏日黄昏。
此外，人们还可以通过引用一幅画或一首诗向他人
传达自己的感受。因此，艺术是建立相互性——建
立共有世界——的一种手段。而且由于艺术在某
种程度上具有永久性，它能够弥合过去与现在之间
不断扩大的鸿沟。W. H. 奥登说，通过艺术，我们
"能够与逝者分享同一块面包，而如果没有与逝者
的交流，我们便不可能拥有完整的人类生活"[12]。

　　艺术说服我们去关注那些短暂的、微不足道的
东西——我们在追寻永恒及在我们认知视野中被
放大的东西之时，擦肩而过的事件、事物和人。艺
术家告诉我们，某些东西和事件之所以有意义，正
因为它们不长久。没错，当肥皂泡瞬间便破碎时，
我们会感到失望，但罗伯特·格鲁丁提醒我们："如
果我们能把它们放在橱柜里，能像打高尔夫球一样

抽打它们,那同样会令我们觉得索然无味。它们令人愉悦的原因不在于形状或持续时间,而在于两者之间独特的关系。一段和弦、一个交汇的眼神、一次握手或一个吻,如果持续太短或太久,都会失去意义。"[13]芙蕾雅·斯塔克①曾说,凡人之物,仅凭其终将消亡的特质,便可以获得神明无法企及的尊严。"即将上战场的年轻人的欢乐,坍塌的老墙的松软,花朵的优雅,岁月易逝的精巧,一切脆弱都在其自身消亡的光芒中熠熠生辉。"[14]毫不意外,艺术家们想要捕捉稍纵即逝的美的瞬间,但众所周知,他们使用的材料本身并不持久。J. M. W. 特纳就是这样一位艺术家。"他在油彩上使用水彩,在水彩上使用油彩,他在颜料中加入软树脂,还会使用他明知会褪色或变暗的颜料。并不是他不懂行——他很懂。但对他而言,重要的是瞬间,是捕捉那些瞬息万变的瞬间和氛围效果,为此,他愿意尝试各种不靠谱的实验和技巧。"[15]

　　对那些真正观看的人来说,瞬息万变的瞬间却唤起了对永恒的信念。树梢绽放的花和芭蕾伶娜上扬的手臂曲线,它们的美都是由其一瞬间的存在决定的,而正因如此,它们超越了时间性。艾丽

---

① 芙蕾雅·斯塔克(Freya Stark,1893—1993),20世纪传奇女性探险家、作家及东方学家,以其在中东及阿拉伯世界的开拓性探险、精湛的阿拉伯语能力,以及融合文学诗意与地理精确性的旅行书写闻名。

丝·默多克说："艺术向我们展示了永恒及不朽性与易逝性之间唯一相容的可能。"[16]体验和认识这种不可比拟的结合改变了我们对宇宙的感知:那些容易被忽视且经常被忽视的东西,在特定情况下,获得了近乎神秘存在的权威。[17]

在柏拉图影响下的西方思想中,以及在印度思想中,善与真是"一体"的。[18]艺术——好的艺术——具有令我们摆脱唯我论的力量,而唯我论恰恰是我们的一种普遍倾向,我们很容易围绕生活编织起一些自我安慰的幻想。的确,普通的现实也可以而且经常会粗暴地侵入并打破我们处于幻梦中的现实:比如突如其来的阵雨、从邻居家窗户传来的音乐、刚刚拦下我们汽车的警察。但是艺术品虽然也有惊奇的力量,却不会粗暴地闯入我们的主观意识。相反,它是邀请我们摆脱自我本位的焦虑,进入另一个世界——一个更可信、更真实,因而也更好的世界。艾丽丝·默多克笔下的人物朵拉·格林菲尔德①在对人生感到迷茫之时,来到国家美术馆打发时间,她看到那些画作。

　　　她不禁惊叹起来,惊叹中带着感激。她惊叹的是它们依然存在于此,她心中充满了对这

_____

① 艾丽丝·默多克的小说《钟》里的人物。

些画的爱,爱它们的可靠、惊人的慷慨、辉煌……这是她的意识无法吞噬的东西,因为无法令它成为她幻想的一部分,令它丧失价值……但这些画是外在于她的真实之物,它们以和善的、一切尽在掌握的语气向她诉说,它们是一种高级而美好的存在,这种存在摧毁了她先前那种沉闷恍惚的唯我主义情绪。[19]

真实或许不是传统意义上的美丽或漂亮。正如华兹华斯所说,诗歌不能只描绘阿卡迪亚式的幸福。格拉斯米尔的居民或许过着如诗如画的生活,但他们也有人类的痛苦。"难道就没有一种艺术、一种音乐、一种文字能成为……被认可的生命之声?能讲述田间垄上真正发生的、被人感受到的东西,有关确凿的善与真实的恶……?"[20]伟大的 19世纪小说毫不畏缩地洞见人类心灵的幽微与崇高,尽现浮世众生之相,也展现了富贵浮华之间贫困的沉沦、备受尊敬的体制之中暗藏的残酷,以及生命的混乱与高贵。阅读这些作品拓展了我们的知识,加深了我们的共情,也迫使我们关注超越自我的现实,这些现实可能与我们自己的现实截然不同,但却能突破我们存在的核心之茧。我们阅读的时候,以及放下书的一段时间之后,都可能感到思路焕然一新,如得指引——道德上的指引。

人们常说,艺术家不可说教。"一派胡言,"小说家乔伊斯·凯里回答道:"一切严肃艺术家都会说教——他们完全相信自己看到的真相,他们写作就是为了传达真相。"说教——即道德信息——可能存在于艺术呈现的感性之中。"举个例子,托尔斯泰对《克鲁采奏鸣曲》的庄严而独特的处理,可能令我们深受触动。尽管充斥着暴力,但它并没有任何夸张,没有我们所说的'走调',这些都是由道德倾向中而来的道德态度。"书写的艺术,即便仅仅是呈现"事实"时,也在说教。小说揭示了事实的道德意义——真实,我们可以参照自己关于真实的知识来检验它。"例如,狄更斯在《董贝父子》中愤愤描述了一个伦敦流浪儿,他的读者会说:'这正是那可怜人会有的感觉、会产生的反应。'这令他们产生一种愤慨之情,并且他们发现这种感情是他们自己的普遍是非感的一部分。他们毫不怀疑自己之所以愤慨,并不仅仅是因为狄更斯技巧高明,善于调动他们的情感,更因为在现实生活中正该如此。这感情包含在他们对这个世界的道德信念之中,尽管他们以前或许没有注意到这一点。"[21]

绘画艺术则与文学艺术不同,它本质上不太关心、也不太能够描绘人类交往中的细枝末节、人际关系中的暗流涌动——这些是道德世界中的日常内容。绘画中占据主导的似乎是纯粹的美学价值;

而且，众所周知，人们倾向于将审美与可视元素联系在一起——色彩、形状和构成，一件和服袖子上的淡绿色和黄玫瑰色的融合，一张芬兰咖啡桌四四方方的外形，全景观。但即便在这里，也会出现道德色彩。淡绿色和黄玫瑰色可能暗示某种较为冷淡的自我形象——注意与人保持距离；当人们看到斯堪的纳维亚家具时，往往会不自觉想到"诚恳"一词；一览无余的全景则令人体会到自由。此外，在西方艺术史中，基督教的母题——基督的生、死与复活——使人们不仅能接受艺术描绘母爱温情，也能接受艺术描绘受难与折磨，痛苦扭曲、血迹斑斑的身体，尸体与裹尸布。对我们来说，彩玻璃窗是艺术，但它们最初是为了向不识字的公众讲授救赎的故事。面向更成熟的观众的非宗教艺术，同样可能包含强烈的说教元素，例如 17 世纪的静物画——腐烂的水果喻示人终有一死，再比如我们时代的毕加索的反战油画《格尔尼卡》(*Guernica*)。

在西方世界，绘画艺术以一种相当显著的方式迫使我们面对现实的某些方面；比如伦勃朗阴暗的画作《被屠宰的公牛》(*Carcasses*)，或《好撒玛利亚人》(*The Good Samaritan*)，这幅画的前景有一只正在排便的狗。几世纪间，人们一直在批判这一令人震惊的细节。然而正是这一细节，"把世人对善行无动于衷的场景推到我们眼皮底下，由此给这个温情的故事增添了力量、愤怒和道德强度"[22]。马克·史蒂文斯写道，英国画家卢西安·弗洛伊德的现实主义"不是一种镜像……或者对肉体那些令人不悦之处的临床检查。它更尖锐。弗洛伊德的现实主义具有献祭般的强度。自我审查，惯例，希望——盲信的种种诱惑——必须为了真理而受难。弗洛伊德艺术中戏剧性无处不在，但是作为被摒弃而非被表现的东西。未能移开目光的凝视，不眨眼的眼睛——在这方面，他是大师"。在《裸女》(*Naked Girl*, 1966)中，主人公(据说正是画家自己的女儿)呈现出一种公然的赤裸(naked)，而非艺术性的裸露(nude)。人物看上去痛苦而脆弱。"眼睛想要退缩。然而，当它没有退缩时，它得到的报偿是力量、美与悲怆。还有一样东西——温柔。被掌控的厌恶常常留下一种朝向世界的温柔感。"[23]

尽管绘画艺术无法表现人类交流在不断变化的语境中每一瞬间的细节，但它的确不仅能提供视觉细节，还能提供一种对现实的共时性把握——在构图一角是基督的诞生，而另一角是几个男孩在滑冰，对主事件毫无察觉——这是叙事艺术之所不能。故事与图画用各自不同的方式呈现出生活经验中具体而坚实的形象。

与以上两种艺术相比，用列维-斯特劳斯的话说，音乐则是生命的"最高奥秘"(mystère

suprême）。我们或许无法说出它是什么，但我们并不乏言语来描述它能做什么。它可以"影响我们的身心状态，影响那精妙的情绪之网与身体状态，正是这些东西时时刻刻定义着我们的身份。音乐可以令人振奋，也可以让人昏昏欲睡；可以让人激动，也可以让人平静。它可以催人泪下，也可以令我们大笑——这很神秘，但更神秘的是，它还能令我们微笑……"[24]在毕达哥拉斯看来，音乐可以治愈疾病；在柏拉图看来，音乐可以使人疯狂。在中世纪修辞学家让·莫利内特（Jean Molinet）看来："音乐是天堂的共鸣，天使的声音，天空的希望……是重建所有阴郁绝望的心灵，是破坏与驱逐恶魔。"在皮埃尔·德埃利（Pierre d'Ailly）看来，音乐的力量"可令灵魂从其他激情和忧虑，不，从其自身中抽离出来"[25]。维特根斯坦对莫扎特和贝多芬满怀感激，称他们为"真正的上帝之子"。[26]在作家杰拉尔德·布雷南看来，音乐让我们"提前领略到天国乌托邦"。[27]勃拉姆斯的《第三四重奏》中的慢板将维特根斯坦从自我毁灭的边缘拉了回来；这位作曲家的《女低音狂想曲》则似乎对威廉·斯泰伦①产生了同样的效果。[28]乔伊斯·凯里写道："一位朋友曾告诉

———————

① 威廉·斯泰伦（William Styron，1925—2006），美国小说家，普利策奖得主，曾以《苏菲的选择》一书享誉世界。

我，贝多芬的交响乐可以帮助他端正自己的行为。对此我毫不怀疑，就凭这些音乐令他感受到人类命运的悲剧和伟大，让他的患得患失显得微不足道，就已足够。"[29]

这些来自过去与现在不同文化、不同人的见证表明，善与美，道德与审美，是密不可分的——它们成对出现，深深植根于人类共同的经验和憧憬之中。然而，尤其在西方，尤其自 19 世纪以来，美学与道德之间形成了较量，甚至敌对的关系。即便一本书力求将我们的目光重新引向人类感官、思想和文化—美学成就的种种奇迹，它也无法回避这些成就的阴暗面。这些阴影提出了应被关注的道德问题。在许多情况下，文化—美学世界中的缺陷与恐怖是人类文化和天性的固有局限性造成的。让我们直面这些阴影——有些是灰色的，有些则漆黑一片——看看直到最终，我们是否仍认为这些事业是值得的。

尾声　阴影与光明

　　自然与文化:天赋与变形。这一定是一切文化审美地理学的基本主题——一个在神话、传奇、民间故事以及现在的学术著作中被反复讲述的主题。西方世界最耳熟能详的故事莫过于《圣经》中上帝如何剥开原始的黑暗与如水般的混沌,创造出光明和大地,然后将伊甸园与荒野区隔,由此进一步为大地赋予秩序。在上帝创造的世界中,《圣经》提供了两个完美的形象:第一卷(《创世记》)中是无形式的花园,最后一卷(《启示录》)中是形式完整、闪闪发光的城市。同样,在其他文化的起源神话中,神明和文化英雄通过他们的伟大壮举,为原始无序的自然引入了秩序和清晰性。然而,这些神话本应渐进产生的影响被文化理想提前实现的事实颠覆了。神明和文化英雄完成了最初的繁重工作;此后,人类的职责仅仅是维护。尽管如此,文化的发展推力并没有遗失,因为它一定会以某种方式出现在每个孩子的教育当中。

从自然到文化

儿童接受教育的过程时时提醒着我们，儿童是自然，他们的身体是自然，他们的一些迫切需要和冲动——就像外部自然一样——必须得到控制。因此需要梳头，需要穿衣。文化会塑造也会压抑身体，但与外部自然不同的是，身体只能进行表面的调整，不能彻底改变。一个人终其一生，身体始终保持着动物性和激情。纯粹而简单的幸福、强烈的快感和生命的重建都依赖于健康身体的自然功能。因为身体的感官回报是巨大的，可以说不亚于文化的回报，所以文化对身体的"改造"总是带有一些矛盾。以文化为荣的人类，或多或少习惯了这种文化与生物的双层生活，一个主导着白天，一个主导着夜晚。

儿童被教导要规范自己的举止。成人告诉他们各种规矩——一场包含诸多手势和行为的戏剧——让他们去模仿。天生的善良和慷慨受到鼓励，愤怒和暴力则遭到制止。在道德信念的支持下，规矩发出"做什么"和"不做什么"的指令。对经受过文化熏陶的人来说，逾矩之举令人震惊——一种深深的不正当感，同时夹杂着重新陷入混乱和非人状态的恐惧。当然,至于良好行为应在多大范围内被遵守,不同社会有不同的期待。一个极端是,某些部落认为他们的行为规范仅限于自己的部落成员;另一个极端,比如佛教,则主张一切生灵,不论是否是人类,都应做出良好的行为。不同社会对道德成就(有别于物质成就)的重视程度也不尽相同。最后,他们如何以道德观念评价物质成就,比如将其视为衡量耐心、奉献精神、勇气和眼界的尺度,不同社会表现出的程度也不同。

彻底改造:将自然作为食物

人类通过改造自然来维持自身的生存。和所有动物一样,人类也需要进食——也就是说,人类把其他动物和植物转变为自己构成自己身体的物质。人们必须占有食物——动物被追捕、猎杀、烹饪。无论是在简单社会还是复杂社会,人们在准备及消耗食物这件事情上,一般都不会太多愁善感。姆布蒂俾格米人在血腥猎杀并肢解一只大象之后大饱口福,跟古罗马人和中世纪欧洲人的暴食狂欢并没有太大区别,后者的狂欢一般就紧挨着刚刚进行过屠宰的厨房。[1] 在另一些社会,杀戮和食用动物带来了一些道德难题。生活在马来亚热带雨林中的塞芒人把他们温和相待的行为准则延伸至动物身上，以此来应对道德问题。虐待被捕获的野兽是可能受到严惩的恶行，甚至嘲笑动物也不可以。[2]类似地，佛教的核心信条是对一切生命的慈悲，因此对百千万佛教徒来说，杀戮的问题可以通过素食来解决。

在尚无文字的文明的神话中，有一个常见的主题：远古之时，人与动物语言相通。这种天赋的失落象征着堕落，造成了人类与自然界其余生命的疏远。原初的人类假定存在一种早期的共生状态，在这种状态下，人与动物间的血肉残杀是极其可怕、不自然的。有文字的文明中也存在暗示禁止血腥杀戮的神话。在《圣经》中，亚当和夏娃虽然享有对其他动物的统治权，但要想保持伊甸园的纯洁，他们只能保持素食。在中国，居住在道家的神秘仙境中的人，只需摘果为食，啜饮仙露，绝对不见一丝血腥。[3]文化提供了这些可以遮掩我们肉食欲望的故事。烹饪的历史也是如此，正如我们之前所见，那就是以色香味的人工手法掩埋食物本质的故事。在味觉美学高度发达的中国，烹饪被视为一种值得诗人和文人官员关注的艺术形式；但他们谈论食物时，他们长篇大论地谈酒，论茶，讲时令水果，却不提精心调味的肉类。西方美食家在谈论肉类的时候则更坦荡一些，但即使如此，在他们的大量文学写作中,更多的也是讲复杂的酱汁的味道、葡萄酒的年份、面包皮的口感、蔬菜的新鲜度,以及蜜桃冰淇淋这种惊人而又纯真的创造。

在人与自然的复杂关系中,最令人头疼和愧疚的就是与动物的关系。相比于自然中的其他事物,人们显然觉得自己与动物最为亲近。然而动物却被人杀戮、吃下,或遭到残酷的盘剥利用。人有一种著名的分类能力,而这种能力很可能就来源于长期以来对动物的分类——一类是与人有亲缘关系的动物,另一类是可以烤烤吃了的动物。坐在玲珑剔透的水晶杯和闪闪发光的银餐具之间,文明的用餐者必须时刻警惕,防止文化审美的面纱滑落。切勿历数其盘中餐的生命轨迹,这是终极的粗野之举。

建筑与志愿行为

另一个不安之源是在缔造文化美学成就的过程中付出的人力代价。艺术家个人付出的代价并不是一个道德问题。比如贝多芬的故事,他在研究对位法的艰难挣扎中牺牲了自己的健康和精神,这个故事是鼓舞人心的,不仅没有降低,反而提升了其作品的声望。然而,一项大型建筑工程则会牵涉很多工作人员。除非他们是自愿参与的,否则其中的人力代价会给这件作品蒙上阴影。过去,在宗教的激励下,来自社会不同阶层的人们自愿贡献劳力、物资或两者兼有,建造出了一些不朽的工程。公元 5 世纪,中国北方地区出现了一些大型佛雕石窟。墙上的碑文称,魏朝社会的各个阶层,包括皇室、贵族、僧尼和普通百姓,都为这项工程做出了贡献。[4]富人捐献钱财,并可能雇人代劳;平民百姓则提供劳动,并在能力范围内捐献一定钱财。在欧洲,林恩·怀特认为,12 世纪和 13 世纪的大教堂是"有史以来最早的由自由劳工——不,由无组织的劳工建造出来的巨型纪念碑"。[5]沙特尔大教堂拔地而起时,托里尼的罗伯特(Robert of Torigni)热情洋溢地称,1145 名男女,其中有贵族也有普通百姓,共同贡献了他们的物资、体力和精神,用手推车运送建造塔楼的材料。[6]

承载了巨大象征意义的世俗建筑,同样也可以令人们如此投入。在美国,雕刻拉什莫尔山的人们、建造圣路易斯拱门的人们,以及 1980 年修缮自由女神像的人们也都做出了类似的贡献。在所有这些工程中,工人们的团队精神和工作乐趣都是有目共睹的;制作这些巨大的艺术品是一件非常有趣的事情。这种精神的一个结果就是令人惊叹的安全记录。例如,根据规划人员的计算,圣路易斯拱门的建设将造成十三人死亡,但事实上却没有发生任何死亡事故。[7] 即使是普通的建筑,有时也会让工人们深感满足。毕竟,他们的劳动和技能造就了一个新的地标,他们可以引以为豪。建造一座新的医院、酒店甚至停车场的自豪感,更多是美学上的,而非道德上的:人们的直接感受更像是"看看,我参与建造了这段墙",而不是"看看,我参与提供了一项社会需要的服务"。[8]

中世纪大教堂和自由女神像等建筑之所以受到人们的喜爱,既有道德上的原因,也有美学上的原因。然而,在前现代,大型建筑几乎总是要付出巨大的生命代价,因此审美价值与道德价值会发生激烈的碰撞。另一个代价曾经是——而且现在仍然是——对先前的人文景观的破坏。为了建设城市和公园,要破坏掉的可能不仅是自然荒野,还有农田和村庄。古代中国的道德家(包括孟子)曾批评过这种破坏。他们认为,除非那些大型园林偶尔能让普通人也可以享受,否则那种破坏就是不正当的。在 18 世纪的英国,乔治·克拉布和威廉·科贝特等社会思想家虽然看到了封闭农田和科学农业的优点,但同样也认识到小农场和村庄消失的代价。[9] 当然,在我们这个时代,我们无法不想到关于城市翻新的种种道德争论,金碧辉煌的高楼大厦毕竟要建立在被推土机夷为平地的旧式城市生活遗址上。

　　除了被迫迁离者的困苦之外,更有无数农民和士兵的苦难,他们是被征召而来建设那些暴政之下的社会的宏伟工程和建筑丰碑的。在这样的社会中,劳动者充足,且易于取代;他们的人生与他们建造的寺庙和宫殿不同,是短暂的,很快便被遗忘,被人当作微不足道的贡献。6 世纪晚期,中国大兴佛教建筑之时,一名酷吏强令修筑七十二座寺庙,不惜以人畜性命为沉重代价。一位僧人为这些苦难伤亡向他问责,他回答道,后世只会看到成果——宏伟的建筑——而不会想到为此死去的人畜。[10] 凡尔赛宫是 17 世纪法国辉煌的建筑成就,它不仅是为专制君主打造的舞台,也是文明社会理想的体现。不过,一个名义上信仰基督教的社会,不能公开视人命为无足轻重的东西。因此,在工作中受伤或死亡的工人会在夜间被抬走,这样国王的良心就不会受到谴责。[11]

　　这些凄惨的故事层出不穷,构成了前现代人苦难死亡的一长串叙事。纪念碑和大型建筑本身的作用是维持和强化强权者的权力,他们本身即位于社会金字塔的顶端和他们宇宙的中心。人们已经意识到除自然代价之外的人类代价,这种意识已经长久影响了人们看待建筑成就的眼光。由此产生的反应之一是回避奢侈的展示,认为那代表着等级社会的傲慢和道德愚昧。一些人选择拥抱朴素和简约，把这当作另一种理想。举个例子，一位 17 世纪的清教徒认为"教友派会客室整洁纯净的风格和英联邦银器不加装饰的厚重典雅"的美学—道德吸引力远远超过"高教会派祭坛上的黄金珠宝"、牧师法衣，还有"宫廷和贵族华而不实的衣装、繁文缛节和浮夸做派"。对更近于我们时代的乔治·奥威尔来说，"工人阶级自然封闭的阳台、郊区的小洋楼和花园，或者乡村小屋"，在道德和美学上都优于"伦敦富人区宽大的空间和过分营销的高贵感"。[12]

纪念碑工程：人民的创造力

一些过去的纪念碑作为纪念碑留在了现在的景观中。如我们之前所说，人们看待它们时或许会带有一些厌恶。但总体而言，作为一个民族的遗产，它们是受人敬重的。如果把目光聚焦在这些宫殿楼宇建造过程中发生的剥削暴行，联想到那些施行剥削的精英阶级，可能会令这些建筑显得令人厌恶。不过，出于必要性，出于利用现有空间的想法——这一点值得赞许，以及出于用这些建筑遗留的声望来包装自己的欲望——这一点倒没那么值得赞许，新统治者及其统治机关保留并使用了这些建筑。官方的保护理由是这些纪念碑是由人民而不是精英阶层建造的，因此是对人民之天才的致敬。这种看似生搬硬套的宣传，其实蕴含着实实在在的真相。显然，是人民挖开沟渠，平整地面，切分巨石并把它们一块一块垒砌起来；是他们以高超的技艺抬高房梁，切割窗框，粉刷墙壁，种植观赏树木；建筑工地之外，还有大批石匠、木匠、雕刻师、银匠、织布匠和刺绣师，他们各怀技艺，社会地位也各不相同，也都直接或间接地为那具有创造性的工程做出了贡献。

当我们思考一项创造性的工程包含哪些工作时，我们还必须考虑到动机和目的及手段中的选择自由。19世纪的浪漫主义观念认为艺术家应当完全是自我驱动的。但事实上，在欧洲历史上的大部分时期，工匠和艺术家都是受委托而工作，所生产的东西要听命于他人，且受制于经济需求。贵族庄园中的工人被编入工队，受工头监管，其自由度远不及市场上出售技艺的个体匠人与艺术家。然而，尽管武力威胁及实际压迫的确存在于工人们的潜意识里，但实际工作总不可能持续使用武力。一切需要众多专业和非专业团队进行复杂协作的大型建筑项目，都要求工人们具有一定的意愿，这样才能为了共同的目标发挥自己的技能和想象力。这一点，在程序化的任务中如此，在非程序化的、更困

难的任务中更是如此。简言之,凡尔赛宫确确实实
是人民的作品,正如它也是路易·勒沃和路易十四
的作品。它是法国社会的成就。一切产能,一切个
人能力及才华,一切协调能力必须全部就位,凡尔
赛宫才能建成,并且在三百年后的今天仍能令举世
赞叹。

国家剧场:美德与辉煌的形象

纪念碑式的建筑往往是国家剧场的背景。在
气势恢宏的建筑和空间中,优雅的姿态、井然有序
的游行和激动人心的演讲都是为了创造一个理想
化的人类价值典范。它们以一种戏剧化的方式,在
将作为生物存在的人类和作为文明存在及精神存
在的人类之间制造出了距离,前者仅仅回应自然的
冲动,而后者则有把控地回应着和谐、正义和真理
等理想。

当然,不同国家的礼仪——一个社会应当遵循
何种模式——存在广泛的差别。例如,中国传统礼
仪更强调仪式姿态和行动,而非建筑。都城的殿
堂、庙宇、广场和大道基本上就是举行仪式的舞台
或背景。相比之下,在路易十四的宫廷中,建筑与
仪式同样重要。凡尔赛宫富丽堂皇的环境、国事活

动中同时开启的数百座喷泉，都是戏剧的中心，而不仅仅是背景。在美国，虽然建筑和仪式都很重要，但承担着关键而独特作用的环节却是演讲，它并不是几句咒语般的简短文字，而是对国父们的深谋远虑、美德以及智慧的长篇祈语。

在不同的国家剧场中，自然所占的比重也大不相同。在中国这样的农业文明中，宇宙力量和四季变换完全融入了皇家仪式：皇帝作为天子，能沟通天地。与之形成对比的是威尼斯这样的商业国家，在其国家仪式中扮演重要角色的是当地的地理情况而非宏观宇宙：在"海婚"这一盛大仪式中，总督将他的金戒指抛入亚得里亚海，象征威尼斯与其周遭环境的结合——正是威尼斯独特的地理特征赋予了其与众不同的地位。在君主制的法国，自然躬身隐退。凡尔赛宫本身就是人类统治的展示：自然被修剪、装扮，按规矩行事，仿佛它也是那些廷臣。太阳王的出现以及风景园林中众多的太阳符号表明，即便是天气也必须服从更强大的力量，当太阳王出现，乌云就应散开。在美国的国家仪式中，奇怪的是，自然被忽略了，这一点有别于感恩节等民间仪式。在美国，人类对自然的控制力被认为是理所当然的，因此似乎不需要象征性的表达。然而，随着生态危机在国民意识中日益凸显，日后也可能会出现一两项仪式，旨在要求人们更明智地对待自然。

最后，关于人类价值的概念和社会联结的理想化，我们也看到了不同的倾向。一般来说，仪式和典礼能加强人们的群体和个体尊严感。每个参与者都是不可或缺的——走在队伍尾部的孩子与走在队伍前端、荣誉加身的男人一样。哪怕仅仅是旁观者，也能在认识到自己在万事万物中的角色——哪怕只是一个卑微的角色——的时候，获得或重拾一种价值感。对旧社会秩序和等级制度毫无疑义的接受，有违现代民主意识。现代评论家在评价建筑时可以抛开时代错乱——他们可以欣赏一座文艺复兴宫殿之美，尽管其有着不公正的社会起源——却不得不与一种发自内心的偏见抗争：即他们不愿承认过去的等级秩序的确曾是一种理想。除非我们克服这种偏见，否则我们将继续歪曲和误判其他时代、其他地方的道德—美学愿望。

过去对秩序的强调在我们看来有些过度。它意味着僵化——对变化的深刻恐惧。但我们忘记了，混乱（chaos）的含义已经发生了根本性的改变。现在，混乱不过意味着某种大规模的扰乱；但对古人来说，甚至对于 17 世纪的欧洲人来说，这个词更接近宇宙性的失序，意味着创造解体，回归原始黑暗、暴力和动荡。在古代，人们对宇宙失序的恐惧是如此之深、如此之普遍，以至于人们认为有必要采取极端措施,包括用人和动物献祭,来避免这种情况。近代早期的欧洲人不再进行这样的献祭,但全面混乱始终是一种威胁:因此他们强调在社会领域维护秩序,以弥补自然领域的不可预测性,并通过交感魔法诱使自然建立更大的秩序。

秩序并非必须是等级性的,但大部分早期文化都倾向于认为等级秩序是唯一途径。因此,对中国人来说,天不仅是地的补充,而且高于地,二者皆高于无数的地方神灵。人的等级与非人的等级密切交织:皇帝本身就是某种神,其地位高于地方性的山神和水神。在人类社会,等级制度的统治模式是家庭:家庭内部有天然的不平等性——父母掌控子女,子女依赖父母——这种不平等也延伸至全国上下所有统治者与被统治者之间的关系。儒家中国并不认为这种模式是(赤裸裸的)权力模式;相反,他们认为这种模式展现了美德和仁爱,以及责任和义务的相互原则。对中国人来说,家庭模式显然是诚敬且正确的,若背离这种模式,比如父母官虐待他的子民,不仅严重冒犯了人类制度,也严重冒犯了以道德秩序为核心的宇宙。[13]

在世界的其他地区,包括欧洲在内,也会倾向于社会的家庭模式——或称一种良性的家长制。但欧洲还拥有另一种含括宇宙的等级秩序模式,叫作"存在的巨链"。以下是 15 世纪的约翰·福蒂斯丘爵士对此的描述：

> 在这种秩序中，热与冷、干与湿、重与轻、大与小、高与低都是相协调的。在这种秩序中，天国里的天使层层分级，一层统御下一层；人也如此，一层统御下一层；兽、鸟、鱼，地面的、天空的、海里的，尽皆如此：于是爬行于地面的虫、翱翔于高空的鸟、潜游于深海的鱼，无不被这种秩序的链条约束在至高和谐中。

作者接着写道，每一种生物，上至天使，下至最卑微的蠕虫，都有上司和下级，"于是没有任何东西不包含在这秩序的纽带中"[14]。没有任何生物是多余的，互相之间的需要和服务令所有生物共享尊严。

这种源于古典时代的等级观念直到18世纪仍被广泛接受。如果没有关于上帝命定的存在链的信念基础，那么路易十四宫廷中精细的等级划分，包括随之产生的着装规范和礼仪，都是不可理解的。上帝命定的这一切，必然是善与美的。

阴影：人的弱点与邪恶

即便我们克服了我们时代的深刻偏见，在这些等级森严的社会模式中看到了某种道德—美学的宏伟，种种疑虑仍然存在。它们是对文化本身的疑虑，当文化呈现在一个宏大而复杂的政治国家中时，这种疑虑就会加剧和放大。我已经提到了制造和创造过程中自然和人类所付出的一些代价。它们是阴影，在许多情况下都是不可避免的，哪怕仅仅是因为不破就无立。现在，让我再补充一些别的阴影。其一是静止或僵化的阴影。如果说自然是流动，那么文化便是模式——它足够稳固，足够清晰，因此才能被有意识地感知和欣赏。艺术品带来的愉悦就在于它存在于生命之流以外。它就在那里。但长期来看，这种稳固性可能会毁灭生机。我们的感觉有可能被囚禁在文化创造的模式和我们周围的物品中。仪式有可能造成死气沉沉的形式主义；它本应提升生活、为其增添自然无法提供的壮丽，最后却以乏味告终。大量历史记录表明，中国古代的日常国家仪式和凡尔赛宫的日常皇家仪式给那些享受特权——同时也深受其害——的臣子造成了多么大的阴影。几乎所有人类社会都需要周期性地打破文化的束缚,可能是通过狂欢节、朝圣活动以及宗教和艺术中屡次爆发的圣象破坏运动。在某些社会中,打破束缚的激进需求以革命和战争的极端形式出现。

第二种阴影,悖论的是,则是由一种人类美德投射出来的,这种美德即专注于某项事业并以不懈精力将其贯彻到底的能力。相应的代价则是由此构建的世界面临扭曲。个人创作者可能会被某项艺术事业或研究事业所吞噬,以至于不惜冒着丧失共同人性——对他人的需求和权利的认识——的风险。在大型社会工程中,这种扭曲也会带来更大的恶果。例如,当国家仪式一心追求完美,舞台上的每一件道具、服装上的每一个细节、动作上的每一个姿态都力求尽善尽美,仪式本身所代表和追求的整体目标则很容易丧失。那些有良知的中国官员意识到了这一危险,并不时地呼吁缩小现实与表象之间的差距。在凡尔赛宫的礼仪生活中,人们对建筑和礼仪舞蹈投入了大量的精力和关注,它们原本的目的应该是展示以基督教为基础的理想人际关系的形象和模式,但这种目的却被淡忘了。当然,它们没有彻底被遗忘。凡尔赛宫的富丽堂皇不仅仅属于国王和宫廷,也属于法国人民。他们以良好的仪态举止(包括体贴与礼貌)对待男仆和女仆,有时甚至到了可笑的地步,而这一切是为了显示贵族的义务,以及上帝之下人人平等的基本思想永不被遗忘。然而,外在的表象太容易也太经常掩盖真实的情感和关系;在闪耀的烛光、友善的微笑和躬身行礼之下,是嫉妒、仇恨、邪恶的阴谋,甚至谋杀。

如果造成阴影的是人的一些弱点,比如疏于关照,或对错误的东西关注过多,那么这样的阴影只算是有些灰暗。但如果造成阴影的是不加掩饰的虚荣和贪婪,那样的阴影就算得上浓重了。只要一个社会越过了狩猎—采集阶段,这种更浓重的阴影都十分常见。在这些相对复杂的社会中,一切有助于提高人类尊严感的文化成就都会助长特权个人和群体的虚荣心。国家仪式对等级的生动刻画,往往会加剧分歧,令不同的群体成员看起来几乎像不同的物种,而不是形成一个被彼此之间的尊重和义务缔结起来的共同体,尽管每个成员的社会价值并不相同。此外,文化中的人造品——这些声望的象征物——很容易被那些掌握它们的人利用,并投射出一圈合法性的光环,无论其基础多么的不义。

最后则是最黑暗的邪恶阴影,希特勒的德国就是一个最臭名昭著的例子。希特勒,这个失败的艺术家,蓄意利用美学文化来建立一个畸形的国家,美化雅利安种族的权力、对"劣等种族"的奴役,以及对犹太人的灭绝。从纳粹旗帜、臂章和制服的设计,到在纽伦堡的纪念碑式建筑中为党的忠实信徒

定制大型编舞,希特勒为实现其邪恶目标,利用了
人类易被艺术和表演、仪式和典礼吸引的倾向。与
前现代中国、威尼斯和法国等等级分明的道德—审
美国家不同——这些国家都试图塑造一种善意包
容的形象(无论实际情况如何)——纳粹德国公然
宣称排斥某些民族,甚至这些民族就在其文化—语
言疆界之内。此外,纳粹德国还有一点与帝制中
国、共和制威尼斯和君主制法国不同,它根本不为
其较为弱小的成员赋予任何尊严,甚至不提供任何
托词。[15]

光明:道德之美

　　文化是人类试图自我提升,跃居自然之上的努
力。无论群体之间有何等不同,所有群体都存在一
个文明人的典范,并以此作为培养儿童的标准。在
一个更广阔的视野当中,人类的故事是一个感官和
精神意识不断进步的故事。如果这个世界在我们
看来"如此陌生而奇异",那是因为,数千年来,文化
走过了充满艰辛的、迷宫般的道路,已经极大地、丰
富地提升了我们的感官和精神。故而,当一个世界
公民现在发出疑问:什么是人类? 答案是:不仅仅
是一种两足动物,而是一种能驻足嗅闻大海的气

息、倾听音乐间隙中的寂静、思索建筑内部变换的空间、惊奇于仅能用思维之眼才能看到的东西——宇宙的曲率——的个体。因此，从一个头戴花环的小孩，到这位继承了既往财富的世界公民，文化都赋予他们尊严。由此看来，文化是一项道德—美学事业，最终由其道德之美评定。

从狭义上理解，道德之美是人类个体和人际关系中的一种可察觉的属性。无意之间表露出的自发性慷慨之举是道德之美的范例；某些英勇行为、真诚的谦逊以及无私的爱，也都是道德之美的例子。有些人具有道德之美，就像有些人具有外形之美一样。尽管道德之美可能是一种天赋，但在欣赏和鼓励道德美的社会中，它更有可能出现并大放异彩。当然，发现一个人的道德之美，远比发现一个人的外表之美更复杂。我们大都承认两者之间的不同，毕竟常言说道德之美隐藏在表面之下：苏格拉底容貌丑陋，但内心有道德之美。不过，"表面"和"深处"是具有误导性的比喻，因为慷慨的举动、体贴的态度，以及智慧本身，一定都是经验可以触及的真实。那些品质就在那里，并非隐藏在某处，只不过较难辨别。

与他人的关系是道德的核心。尽管所有社会都对此有一些概念，但这些概念在连贯性、全面性、精妙性和深度——也即美感——上各有不同。道德体系的规模往往与群体的大小相关。与大型定居群体相比，狩猎群体的道德体系很可能相对较小，发展程度较低。在规模较大的道德体系中，佛教是最受尊崇的体系之一。作为文明的产物，佛教尽管崇尚苦修和超脱，却也依赖于某些制度与物质基础。步道与大路、圣地、旅行者和朝圣者的客栈、寺院，都是佛教的道德大厦的脚手架。因此，物质文化在发明、阐释和维护道德行为的结构中，在超越血缘与部落的感情与尊重、义务与责任的复杂交流中，发挥着必要的作用。如果没有物质支持和制度支持，道德之美就只能是个人的偶然禀赋，无法成长，也无法渗透到整个社会。然而，物质文化很容易以牺牲个人美德和社会关系为代价而膨胀，有可能变成吞噬一切才能与资源的怪兽，这一切仅仅是为了达到其自身的目的。佛教印度似乎避免了这种结果。但儒家中国和基督教欧洲则不那么成功：随着时间的推移，这些地方的建筑和仪式往往越来越精妙，但确实为其自身之故，而忽略了它们本应展示和服务的人类关系。

　　美国是一个有关人类生活的更新的实验，其核心也有道德考量。在这方面，美国不同于欧洲——后者倾向于精致教养与世俗智慧，而非"正义"；而与中国相似——后者认为宇宙本质上是一种道德秩序。不论美国人在追求经济利益时多么重视物质,他们的仪式对物质的强调却远不如欧洲社会。
美国人也有气势恢宏的官方建筑。华盛顿特区对
自己辐射状的、庄严的巴洛克式风格颇为自豪。然
而其中最重要的建筑之一——白宫,却是一座极为
简朴的住宅,它的规模远远小于欧洲和亚洲的宫
殿。在美国,能够激起人宗教般敬畏的纪念碑,往
往是自然的杰作,而非出自人手。美国人对宏大事
物的尊敬,正体现在他们给这些纪念碑所起的名字
上:巨型红杉、强大的密西西比河、大平原、大提顿
山脉、大峡谷。人工建造的巨型建筑,比如帝国大
厦和华盛顿纪念碑,所引发的更多是自我欣赏,而
非宗教感情。自由女神像或许是个例外,但这位高
高耸立的"女神"毕竟独特,她捕捉到了美国人关于
自由和机遇的神话般的价值观。

　　国家仪式也与官方建筑类似,在美国,这类仪
式有种简朴的气质。即便它们原本具备某些更正
式的设置,但这些东西也都很容易更改或废弃,就
像吉米·卡特和罗莎琳·卡特在就职典礼之后,以
一种更民主的方式在宾夕法尼亚大道漫步,以此代
替了传统的车队游行。更加大众化的国家仪式,诸
如国庆日和阵亡将士纪念日,大多是无中心的、非
正式的。即使是国家成立200周年纪念活动,也主
要是分散在各州各地举行,而不是集中于某个神圣
场所,举国同庆,抒发感情。美国的仪式无疑也有

其高昂的、庄严的时刻,但这些往往被永远在近处的孩子们的欢笑、飞跑的气球和爆米花的气味带来的清醒感觉冲淡了。

在美国,各种建筑和仪式无处不在地提醒着人们,国家及其公民机构是尊严的:圆顶式国会大厦、柱廊式的邮局、身着黑袍的法官和穿着笔挺制服的海军陆战队卫兵。在一个民主国家,国家的尊严即是其公民的尊严。这其中有骄傲,甚至偶尔也会有些浮夸。但令人高兴的是,尊严的外在形式及物质形式一般不具有压迫感。和君主制时期的欧洲及帝制时期的中国不同,美国的国家仪式不会让人们过多关注仪式本身,也不会让它们所象征和宣扬的关于人类和社会关系的原则及理想淡出人们的视线。还有一个原因可以解释为什么在这里,自有其美感的道德安排不会褪色。美国人并非一个格外擅长文辞的民族,但恰恰是在这个国家,而非在欧洲或中国,文字和文本获得了纪念碑般的公共存在感。"我们认为以下真理是不言而喻的,人人生而平等,造物者赋予他们若干不可剥夺的权利,其中包括生命权、自由权和追求幸福的权利。"这些话,以及其他同样广为人知、受人珍重的话语(《宪法》《葛底斯堡演说》《我们必胜》《我有一个梦想》),已构成美国思想景观的一部分。作为一个美国人就意味着让这些语言,就如同让优胜美地、帝国大厦和棒球,渗入他或她的意识。

　　当然,建筑和礼仪与文字和文本之间存在着显著的差异。物质符号、仪式手势和音乐具有内涵,而文字既具有内涵又具有外延。前者本身就可以成为审美欣赏的对象;而后者,不论其艺术性如何,同时也是命题——它们具体到足以不断提醒人们表象与现实之间的差异,因此也自然成为呼吁行动的议程。我们拥有平等吗?我们的梦想是什么?我们如何克服困难?如果军乐能赋予我们勇气,高耸的建筑能令我们立于高处,那么林肯在葛底斯堡所说的那些话,其分量与道德之美便能疗愈和提升一个人,并提醒他:作为一个民族意味着什么。

注释

第一章

[1] Montaigne, *Essays*, trans. J. M. Cohen (Harmondsworth: Penguin Books, 1958), p. 250.

[2] Helen Vendler, *The Odes of John Keats* (Cambridge, Mass.: Harvard University Press, 1983), pp. 20—39.

[3] Paul Goodman, *Five Years* (New York: Vintage Books, 1969), p. 107.

[4] Jasper Griffin, *Homer on Life and Death* (Oxford: Clarendon Press, 1983), pp. 20—21, 38—39, 89—90.

[5] Carol Z. Stearns and Peter N. Stearns, Anger: *The Struggle for Emotional Control in America's History* (Chicago: University of Chicago Press, 1986).

[6] Peter Winch, *Simone Weil: "The Just Balance"* (Cambridge: Cambridge University Press, 1989), p.114.

[7] John Updike, *The Music School: Short Stories* (New York: Vintage Books, 1980), p. 155·

[8] Susan Sontag, *Styles of Radical Will* (New York: Dell, n.d.), p. 57.

[9] John Osborne, *A Patriot for Me* (London: Faber&Faber, 1965), p. 101; Roger Scruton, *Sexual Desire: A Moral*

Philosophy of the Erotic (New York: Free Press, 1986).

[10] Roland Barthes, *Roland Barthes* (New York: Hill and Wang, 1977), p. 103.

[11] Marshall McLuhan and Harley Parker, *Through the Vanishing Point: Space in Poetry and Painting* (New York: Harper Colophon Books, 1969), p. 75.

[12] David Hawkes, ed. and trans., *Ch'u Tz'u: The Songs of the South* (Boston: Beacon Press, 1962), p. 34·

[13] Quoted in Henry S. F. Cooper, Jr., "Explorers," *New Yorker,* March 7, 1988, pp. 59—60.

[14] Andrew Hodges, *Alan Turing: The Enigma* (New York: Simon and Schuster, 1983), p. 127.

[15] S. Chandrasekhar, *Truth and Beauty: Aesthetics and Motivations in Science* (Chicago: University of Chicago Press, 1987), pp. 54, 61.

[16] *The Autobiography of Bertrand Russell,* 1872—1914 (Toronto: McClelland and Stewart, 1967), pp. 158—159.

[17] C. M. H. Clark, *Select Documents in Australian History,* 1851—1900 (Sydney: Angus and Robertson, 1955), p. 94.

第二章

[1] J. S. Bruner, *Processes of Cognitive Growth: Infancy* (Worcester, Mass.: Clark University Press, 1968), p. 32.

[2] "Beauty is in the Eye of the Baby," *Psychology Today,* August 1987, p. 12; report of Judith H. Langlois's re-

search in *Developmental Psychology*, 23 (1987), 363—369.

[3] Yi-Fu Tuan, "Children and the Natural Environment," in *Children and the Environment*, ed. Irwin Altman and Joachim F. Wohlwill (New York and London: Plenum Press, 1978), p. 21; see also J. Douglas Porteous, "Childscape," in *Landscapes of the Mind* (Toronto: University of Toronto Press, I990), pp. 145—173.

[4] Robert Grudin, *Time and the Art of Living* (New York: Ticknor & Fields, 1988), pp. 90—91.

[5] Richard N. Coe, *When the Grass Was Taller: Autobiography and the Experience of Childhood(New* Haven: Yale University Press, 1984), p. 135.

[6] Ibid., p. 210.

[7] Vladimir Nabokov, *Speak, Memory* (New York: Putnam's Sons, 1966), p. 24.

[8] Pierre Teilhard de Chardin, *The Heart of the Matter*, trans. Rene Hague (New York and London: Harcourt Brace Jovanovich, 1978), pp. 18—19.

[9] C. S. Lewis, *Surprised by Joy: The Shape of My Early Life* (London: Collins, 1959), p. 12.

[10] Ibid., p. 11.

[11] John Holt, *How Children Learn* (New York: Dell, 1976), p. 76.

[12] Keith Swanwick, *Music, Mind, and Education* (London and New York: Routledge, 1988).

[13] Ibid., p. 64, citing R. Bunting, *The Common Language of Music, Music in the Secondary School Curriculum*, Working Paper 6 (York, U. K.: Schools Council, York University, I977).

[14] Keith Swanwick and J. Tillman, "The Sequence of Musical Development," *British journal of Music Education*, 3, no. 3 (1986), 305—339.

[15] Swanwick, *Music, Mind, and Education*, pp. 70—83.

[16] Rudolf Arnheim, *Art and Visual Perception* (Berkeley: University of California Press, 1956); Miriam Lindstrom, *Children's Art: A Study of Normal Development in Children's Modes of Visualization* (Berkeley: University of California Press, 1974).

[17] Lindstrom, *Children's Art*, pp. 48—49; see also Roger Downs and Lynn S. Liben, "The Development of Expertise in Geography: A Cognitive Developmental Approach to Geographic Education," *Annals of the Association of American Geographers*, 81, no. 2 (1991), 304—327.

[18] Howard Gardner, *Art, Mind, and Brain: A Cognitive Approach to Creativity* (New York: Basic Books, 1982), pp. 88—89, 94—95.

[19] Ibid., pp. 96—98; S. Honkavaara, "The Psychology of Expression," *British journal of Psychology Monograph Supplements*, no. 32 (1961), 41—42.

[20] Gardner, *Art, Mind, and Brain*, pp. 99—100, 158—167; Kenneth Olwig, "Childhood, Artistic Creation, and the Educated Sense of Place," *Children's Environments Quarterly* 3, no. 2 (1991), 4—18.

第三章

[1] Toni Bentley, *Winter Season: A Dancer's journal* (New York: Vintage Books, 1982), p. 138.

[2] Roger Bannister, *The Four-Minute Mile* (New York:

Dodd, 1955), pp. 11—12.

[3] Quoted in Studs Terkel, *Working* (New York: Pantheon, 1974), pp. 385—386.

[4] Albert Camus, *Lyrical and Critical*, trans. Philip Thrody (London: Hamilton, 1967), p. 53.

[5] Quoted in Philip Hamburger, "All in the Artist's Head," *New Yorker,* June 13, 1977. P. 49.

[6] Mihaly Csikszentmihalyi, *Flow: The Psychology of Optimal Experience* (New York: Harper&Row, 1990).

[7] Leo Tolstoy, *Anna Karenina*, trans. Rosemary Edmondo (Harmondsworth: Penguin, 1954), p. 271.

[8] Quoted in Susan Leigh Foster, *Reading Dancing: Bodies and Subjects in Contemporary American Dance* (Berkeley: University of California Press, 1986), pp. 7, 11.

[9] Ibid. , p. 16.

[10] Ashley Montagu, *Touching: The Human Significance of the Skin* (New York: Harper & Row, 1978), p. 8.

[11] Ibid. , p. 38.

[12] Lisa Heschong, *Thermal Delight in Architecture* (Cambridge, Mass. : MIT Press, 1982), p. 19.

[13] Nicholson Baker, "Shoelace," *New Yorker,* March 21, 1988, p. 30.

[14] D. H. Lawrence, *Women in Love* (London: Seeker, 1921), pp. 120—121.

[15] Locus J. Milne and Margery Milne, *The Senses of Animals and Men* (New York: Atheneum, 1962), p. 18.

[16] James J. Gibson, *The Senses Considered as Perceptual Systems* (Boston: Houghton Mifflin, 1966), pp. 100—101.

[17] Susanne K. Langer, *Mind: An Essay on Human Feeling*

(Baltimore: Johns Hopkins University Press, 1972),
vol. 2, p. 259.

[18] Bernard Berenson, *Florentine Painters of the Renais-
sance*, 2d ed. (New York: Putnam's, 1906); see also
Ian Chilvers, Harold Osborne, and Dennis Farr, eds.,
The Oxford Dictionary of Art (Oxford: Oxford Univer-
sity Press, 1988), p. 486.

[19] Robert Hughes, "When God Was an Englishman,"
Time, March 1, 1976, p. 56; quoted in Montagu,
Touching, p. 247.

[20] Steen Eiler Rasmussen, *Experiencing Architecture*
(Cambridge, Mass.: MIT Press, 1964).

[21] Simone Weil, *Intimations of Christianity among the
Ancient Greeks* (London: Routledge, 1957), p. 190.

[22] Simone Weil, *Waiting for God* (New York: Capricorn
Books, 1959), pp. 169—170.

[23] Colin Thubron, *Behind the Wall: A journey through
China* (London: Heinemann, 1987), pp. 182—184.

[24] Bridget Ann Henisch, *Fast and Feast: Food in Medieval
Society* (University Park: Pennsylvania State University
Press, 1976), pp. 110—111.

[25] Elizabeth Burton, *The Early Tudors at Home* 1485—
1558 (London: Allen Lane, 1976), p. 129.

[26] W. H. Lewis, *The Splendid Century: Life in the France
of Louis XIV* (New York: Morrow Quill Paperbacks,
1978), pp. 208—209.

[27] Robert Mandrou, *Introduction to Modern France*,
1500—1640 (New York: Harper Torchbooks, 1977), p.
25. On methods of cooking, see Louis Stouff, *Ravitail-
lement et alimentation aux XIV et XV siecles* (Paris La

Haye: Mouton, 1970), pp. 258—262.

[28] Stephen Mennell, *All Manners of Food: Eating and Taste in England and France from the Middle Ages to the Present*(Oxford: Blackwell, 1985), pp. 146—147.

[29] Lady Sydney Morgan, *France in* 1829—1830 (London: Saunder & Otley, 1831), vol. 2, pp. 416—417; quoted in ibid. , p. 147.

[30] Jean-François Revel, *Unfestin en paroles* (Paris: J. J. Pauvert, 1979), p. 300; quoted in ibid. , p. 148.

[31] Petronius, "Dinner with Trimalchio," in *The Satyricon*, trans. William Arrowsmith(NewYork: Mentor Books, 1960), pp. 38—83.

[32] Mennell, *All Manners of Food*, p. 160.

[33] Georges Auguste Escoffier, *A Guide to Modern Cookery* (1903; reprint, London: Hutchinson, 1957); Mennell, *All Manners of Food*, p. 161.

[34] *Li Chi*, trans. James Legge (1885; reprint, Hong Kong: Hong Kong University Press, 1967), vol. 1, pp. 369—370.

[35] Quoted in K. C. Chang, ed. , *Food in Chinese Culture: Anthropological and Historical Perspectives* (New Haven: Yale University Press, 1977), pp. 37—38.

[36] "Lun Yu" in *The Four Books*, trans. James Legge (New York: Paragon Reprint, 1966), p. 130.

[37] Arthur Waley, *Yuan Mei: Eighteenth-Century Chinese Poet* (New York: Grove Press, 1957), p. 196.

[38] Frederick W. Mote, "Yuan and Ming," in Chang, *Food in Chinese Culture*, p. 238.

[39] Ibid. , p. 201.

[40] Jacques Gerner, *Daily Life in China on the Eve of the*

Mongol Invasion 1250 — 1276 (London: George Allen&.Unwin, 1962), p. 137.

[41] E. N. Anderson, *The Food of China* (New Haven: Yale University Press, 1988), p. 158.

[42] Lin Yutang, *My Country and My People* (New York: John Day, 1939), pp. 342—344

[43] Edmond Routnitska, *L'Esthetique en question* (Paris: Presses Universitaires de France, 1977).

[44] Sigmund Freud, "Civilisation and Its Discontents," in *The Standard Edition of the Complete Psychological Works of Sigmund Freud*, ed. James Strachey (London, I975), vol. 21, pp. 99—100.

[45] R. W. Moncrieff, *Odour Preferences* (London: Leonard Hill, 1966), p. 270.

[46] D. B. Gower, A. Nixon, and A. I. Mallet, "The Significance of Odorous Steroids in Axillary Odour," in *Perfumery: The Psychology and Biology of Fragrance*, ed. Steve Van Toller and George H. Dodd (London and New York: Chapman and Hall, 1988), p. 49.

[47] Robert Rivlin and Karen Gravelle, *Deciphering the Senses* (New York: Simon and Schuster, 1984), p. 89.

[48] Oliver Sacks, *The Man Who Mistook His Wife for a Hat* (New York: Harper &. Row, 1987), p. 159.

[49] Berton Roueche, "Annals of Medicine," *New Yorker*, September I977, p. 97·

[50] Sacks, *Man Who Mistook His Wife*, p. 157.

[51] T. Eugen, "The Acquisition of Odour Hedonics," in Toller and Dodd, *Perfumery*, p. 80, 85 ; Moncrieff, *Odour Preferences*, p. 65 .

[52] Moncrieff, *Odour Preferences*, p. 194.

[53] Burton Watson, *Chinese Lyricism: Shih Poetry from the Second to the Twelfth Century* (New York: Columbia University Press, 1971), pp. 42, 87.

[54] Alain Corbin, *The Foul and the Fragrant: Odor and the French Social Imagination* (Cambridge, Mass.: Harvard University Press, 1986), pp. 22—23, 32—33.

[55] Edward H. Schafer, *The Vermilion Bird: T'ang Images of the South* (Berkeley: University of California Press, 1967), pp. 248—249.

[56] J.D. Porteous, "Smellscape," *Progress in Human Geography*, 9, no. 3 (1985), 362.

[57] Moncrieff, *Odour Preferences*, pp. 205—206.

[58] Leo Tolstoy, "The Hunt," in *Childhood*; quoted in George Steiner, *Tolstoy or Dostoevsky* (New York: Vintage Books, 1961), p. 74.

[59] Gerald Brenan, "Village in Andalusia," *The Anchor Review*, no. 1 (1955), 63.

[60] Corbin, *The Foul and the Fragrant*, p. 79.

[61] "Notes and Comments," *New Yorker*, February 19, 1990, p. 14.

[62] Nigel Groom, *Frankincense and Myrrh: A Study of the Arabian Incense Trade* (London and New York: Longman, 1981).

[63] Edwin T. Morris, *Fragrance: The Story of Perfume from Cleopatra to Chanel* (New York: Scribner's, 1984), pp. 71, 96.

[64] Ibid., pp. 57, 108.

[65] Jacques Gernet, *Daily Life in China on the Eve of the Mongol Invasion* 1250—1276 (London: George Allen& Unwin, 1962), pp. 120—121.

[66] Henry Alabaster, *The Wheel of the Law: Buddhism Il-lustrated from Siamese Sources* (London: Triibner, 1981), p. 294.

[67] *The Meaning of the Glorious Koran*, trans. M. M. Pickthall (New York: Mentor Books, 1953).

[68] Colleen McDannell and Bernhard Lang, *Heaven: A History* (New Haven: Yale University Press, 1988), pp. 70—72.

[69] Henry Inn and S. C. Lee, Chinese House and Gardens (New York: Hastings House, 1950), p. 25.

[70] Ralph Bienfang, *The Subtle Sense* (Norman: University of Oklahoma Press, 1946), p. 44.

第四章

[1] John Updike, *Self-Consciousness* (New York: Alfred A. Knopf, 1990), p. 233.

[2] Robert Rivlin and Karen Gravelle, *Deciphering the Senses* (New York: Simon and Schuster, 1984), p. 78; Gina Kolata, "Studying Learning in the Womb," *Science*, 225 (2o July 1984), 302—303.

[3] Desmond Morris, *The Naked Ape* (London: Corgi Books, 1968), pp. 94—96.

[4] R. Murray Schafer, *The Tuning of the World* (New York: Alfred A. Knopf, 1977), pp. 226—227.

[5] Quoted in Max Picard, *The World of Silence* (Chicago: Gateway/Henry Regnery, 1952), p. 39·

[6] Thomas Nuttall, *A journal of Travels into the Arkansa Territory, During the Year* 1819 ... (Philadelphia, 1821), in R. G. Thwaites, *Early Western Travels*, vol.

13, pp. 80－81, 93, 205; quoted in Howard Mumford Jones, *O Strange New World* (New York: Viking, 1964), p. 372.

[7] Richard E. Byrd, *Alone* (Los Angeles: Tarcher, 1986), p. 119.

[8] Schafer, *The Tuning o fthe World*, p. 23.

[9] Ernest Shackleton, *South* (London: Heinemann, 1920), p. 40.

[10] Gilbert C. Klingel, *lnagua* (London: Robert Hale); quoted in Margaret S. Anderson, *Splendour of Earth: An Anthology of Travel* (London: George Philip, 1963), p. 67.

[11] Schafer, *The Tuning of the World*, pp. 35－36.

[12] Alex Shoumatoff, "The Ituri Forest," *New Yorker*, February 6, 1984, p. 90.

[13] Schafer, *The Tuning of the World*, p. 22.

[14] Maxim Gorky, *Childhood*, quoted in Marco Valsecchi, trans. Arthur Coppotelli, *Landscape Painting of the Nineteenth Century* (Greenwich, Conn.: New York Graphic Society, 1971), p. 279.

[15] Boris Pasternak, *Doctor Zhivago* (New York: Ballantine Books, 1958), p. 11; quoted in Schafer, *The Tuning of the World*, p. 32.

[16] LeoTolstoy, *Anna Karenina* (NewYork: Signet Classic, 1961), p. 165.

[17] Ibid., p. 175.

[18] Quoted in Ronald Blythe, *The Pleasures of Diaries* (New York: Pantheon, 1989), p. 101.

[19] *The Epic of Gilgamesh*, ed. N. K. Sandars (Harmondsworth: Penguin, 1960), p. 105.

[20] Juvenal, *Satires* III. 236—259; Jerome Carcopino, *Daily Life in Ancient Rome: The People and the City and the Height of the Empire* (New Haven: Yale University Press, 1940), pp. 50, 180.

[21] Quotations in Carl Bridenbaugh, *Cities in Revolt: Urban Life in America, 1743 — 1776* (New York: Alfred A. Knopf, 1955), p. 243.

[22] Rosamond Bayne-Powell, *Eighteenth-Century London Life* (London: John Murray, 1937), p. 33.

[23] John Betjeman, *Victorian and Edwardian London* (London: B. T. Batsford, 1969), pp. ix—xi.

[24] Sheldon Cohen, "Sound Effects on Behavior," *Psychology Today*, October 1981, pp. 38—49.

[25] Steen Eiler Rasmussen, *Experiencing Architecture* (Cambridge, Mass.: MIT Press, 1964), p. 225.

[26] Michael Southworth, "The Sonic Environment of Cities," *Environment and Behavior*, 1, no. 1 (1969), 49—70; see also J. Douglas Porteous and Jane F. Mastin, "Soundscape," *Journal of Architectural Planning and Research*, 2 (1985), 169—186.

[27] George S. Welsh, "The Perception of Our Urban Environment," in *Perceptions and Environment: Foundations of Urban Design*, ed. Robert E. Stipe (Chapel Hill: Institute of Government, University of North Carolina, 1966), p. 8.

[28] Jacques Le Goff, *Time, Work, and Culture in the Middle Ages* (Chicago: University of Chicago Press, 1980), p. 46.

[29] Max Picard, *The World of Silence* (Chicago: Gateway/Henry Regnery, 1952).

[30] Colin Turnbull, "Liminality: A Synthesis of Subjective and Objective Experience," in *By Means of Performance: Intercultural Studies of Theatre and Ritual*, ed. Richard Schechner and Willa Appel (Cambridge: Cambridge University Press, 1990), pp. 54, 56, 58.

[31] Colin Turnbull, "Legends of the BaMbuti," *Journal of the Royal Anthropological Institute*, 89 (1959), 45—60.

[32] St. John Chrysostom, *Exposition of Psalm XLI*, translated in *Source Readings in Music History*, ed. Oliver Strunk (New York: W. W. Norton, 1950), pp. 69—70.

[33] Victor Zuckerkandl, *Man the Musician* (Princeton: Princeton University Press, 1976), pp. 12—13.

[34] Anton Chekhov, *Selected Letters*, ed. L. Hellman (New York: Farrar, Straus & Young, 1955), p. 142.

[35] Bliss Wiant, *The Music of China* (Hong Kong: Chung Chi Publication, Chinese University of Hong Kong, n. d.), p. 7.

[36] Li Ki [Chi], "Yueh Chi," book XVII, in *The Sacred Books of the East*, trans. James Legge (Oxford: Clarendon Press, 1884), vol. 28, p. 115.

[37] Julius Portnoy, *The Philosopher and Music* (New York: Humanities Press, 1954), pp. 4—44.

[38] Cicero, *De Re Publica* VI. 8, trans. C. W. Keyes (Cambridge, Mass.: Harvard University Press, Loeb Library, 1928), pp. 271—273.

[39] Plato, *Republic* 617a—b, trans. Benjamin Jowett; quoted in John Hollander, *The Untuning of the Sky: Ideas of Music in English Poetry*, 1500—1700 (Princeton:

Princeton University Press, 1961), p. 29.

[40] Macrobius, *Commentary on the Dream of Scipio*, trans. W. H. Stahl (New York: Columbia University Press, 1952), p. 195; quoted in Hollander, *The Untuning of the Sky*, p. 30.

[41] A. C. Schuldt, "The Voices of Time," *American Scholar*, Autumn 1976, pp. 554, 549—559.

[42] Schafer, *The Tuning of the World*, p. 117.

[43] Edward Rothstein, "Beethoven at Dusk," *New Republic*, March 21, 1988, p. 28.

[44] Pablo *Casals, Joys and Sorrows: Reflections*, as told to Albert E. Kahn (New York: Simon&Schuster, 1970), p. 17.

[45] George Steiner, "Orpheus with His Myths," in *Claude Levi-Strauss: The Anthropologist as Hero*, ed. E. Nelson Hayes and Tanya Hayes (Cambridge, Mass.: MIT Press, 1970), p. 182.

[46] George Steiner, Review of Brian McGuinness's *Wittgenstein: A Life*, in *London Review of Books*, June 23, 1988.

[47] Peter Kivy, *Music Alone: Philosophical Reflections on the Purely Musical Experience* (Ithaca: Cornell University Press, 1990).

[48] Gerald Brenan, *Thoughts in a Dry Season* (Cambridge: Cambridge University Press, 1978), p. 77.

[49] Kivy, *Music Alone*, p. 88.

[50] Lawrence Weschler, "Boy Wonder," *New Yorker*, November 18, 1986, pp. 88—89.

第五章

[1] Bernard G. Campbell, *Human Evolution: An Introduc-

tion to Man's Adaptations (Chicago: Aldine, 1974).

[2] E. H. Gombrich, *The Sense of Order: A Study in the Psychology of Decorative Art* (Ithaca: Cornell University Press, 1984).

[3] Colin M. Turnbull, *The Forest People* (London: Chatto&Windus, 1961), p. 228.

[4] Oliver Sacks, *The Man Who Mistook His Wife for a Hat* (New York: Harper & Row, 1987), p. 199.

[5] Claude Levi-Strauss, *Myth and Meaning* (New York: Schocken Books, 1979), p. 18.

[6] Bernard Berenson, *Seeing and Knowing* (Greenwich, Conn.: New York Graphic Society, 1953), p. 23.

[7] Raymond Firth, *We, the Tikopeia* (London: George Allen & Unwin, 1957), p. 29.

[8] Oliver Sacks and Robert Wasserman, "The Case of the Colorblind Painter," *New York Review of Books*, November 19, 1987, pp. 25—34.

[9] Brent Berlin and Paul Kay, *Basic Color Terms: Their Universality and Evolution* (Berkeley: University of California Press, 1969).

[10] Quoted in Peter Brown, *Augustine of Hippo* (Berkeley: University of California Press, 1969), pp. 180, 329.

[11] Simone de Beauvoir, *Force of Circumstance,* trans. Richard Howard (London: Weidenfeld & Nicolson, 1965), pp. 206—207.

[12] Johan Huizinga, *The Waning of the Middle Ages* (Garden City, N. Y.: Doubleday Anchor, 1954), pp. 269—270.

[13] Georges Duby, *The Age of the Cathedrals: Art and Society,* 980—1420 (Chicago: University of Chicago Press,

1981), p. 148.

[14] Richard Sennett, *The Fall of Public Man* (Cambridge: Cambridge University Press, 1976), p. 163.

[15] Alasdair Clayre, ed., *Nature and Industrialization: An Anthology* (Oxford: Oxford University Press, 1977), pp. 128—129.

[16] Asa Briggs, *Iron Bridge to Crystal Palace: Impact and Images of the Industrial Revolution* (London: Thames and Hudson, 1979); Stephen Daniels, "Loutherbourg's Chemical Theatre: *Coalbrookdale by Night*," in *Painting and the Politics of Culture*, ed. John Barrell (Oxford: Oxford University Press, 1992), pp. 195—230.

[17] Mark Stevens, "Church's Church," *New Republic*, January 8 and 15, 1990, pp. 30—32.

[18] *George Talbot, At Home: Domestic Life in the Post-Centennial Era*, 1876—1920 (Madison: State Historical Society of Wisconsin, 1976), p. 15.

[19] C. S. Lewis, "The Shoddy Lands," in *Of Other Worlds*, ed. Walter Hooper(New York: Harper, Brace&World, I966), pp. 99—106.

[20] Quoted in Georges Poulet, *Studies in Human Time* (Baltimore: Johns Hopkins Press, 1956), p. 249.

[21] Quoted in Peter Quennell, *The Pursuit of Happiness* (Boston: Little, Brown, 1988), p. 80.

[22] Robert Bernard Martin, *Gerard Manley Hopkins: A Very Private Life* (New York: Putnam's, 1991), p. 190.

[23] John Updike, "Monet Isn't Everything," *New Republic*, March 19, 1990, p. 28.

[24] Suzannah Lessard, "Kinds of Places," *New Yorker*, Oc-

tober 14, 1985, p. 55·

[25] Viktor E. Frankl, *Man's Search for Meaning* (New York: Washington Square Press, 1963), pp. 62—63.

[26] Quoted in Aristotle, *Ethica Eudemia,* 1216a.

[27] Hans Jonas, *The Gnostic Religion* (Boston: Beacon Press, 1963), pp. 257—258.

[28] C. S. Lewis, *The Discarded Image* (Cambridge: Cambridge University Press, 1964), p. 55.

[29] *Iliad,* bk. 18, in *Greek Literature in Translation,* ed. G. Howe, G. A. Harrer, and P. H. Epps (New York: Harper&Row, 1948), pp. 28—29.

[30] Gilbert Highet, *Poets in a Landscape* (New York: Alfred A. Knopf, 1957).

[31] English translation of Tao Yuan-ming's poem in Robert Payne, ed., *The White Pony: An Anthology of Chinese Poetry* (New York: Mentor Books, 1960), p. 140.

[32] Leo Marx, *The Machine in the Garden: Technology and the Pastoral Ideal in America* (New York: Oxford University Press, 1964).

[33] James Dougherty, *The Fivesquare City: The City in the Religious Imagination* (Notre Dame: University of Notre Dame Press, 1980); John S. Dunne, *The City of the Gods: A Study in Myth and Mortality* (Notre Dame: University of Notre Dame Press, 1978); Helen Rosenau, *The Ideal City: Its Architectural Evolution* (New York: Harper & Row, 1972); Paul Wheatley, *The Pivot of the Four Quarters* (Chicago: Aldine, 1971).

[34] Paul Lavedan, "Les Hittites et la cite circulaire," in *Histoire de l'urbanisme* (Paris: Henry Laurens, 1926), vol. 1, pp. 56—63; Guy Le Strange, *Baghdad during the*

Abbasid Caliphate from Contemporary and Persian Sources (Oxford: Clarendon Press, 1924); A. F. Wright, "Symbolism and Function: Reflections on Ch'ang—an and Other Great Cities," *Journal of Asian Studies*, 24(1965), 667—679.

[35] Diana Eck, "The City as a Sacred Center," in *The City as a Sacred Center: Essays on Six Asian Contexts*, ed. Bardwell Smith and Holly Baker Reynolds (Leiden: E. J. Brill, 1987), pp. 5, 7.

[36] Thomas Sharp, *Oxford Replanned* (London: Architectural Press, 1948), p. 32.

[37] Rudolf Otto, *The Idea of the Holy* (London: Oxford University Press, 1958), pp. 12—24.

[38] John K. Wright, "The Open Polar Sea," *Geographical Review*, 43 (1953), 338—365.

[39] L. P. Kirwan, *A History of Polar Exploration* (Harmondsworth: Penguin Books, 1962); Chauncy C. Loomis, "The Arctic Sublime," in *Nature and the Victorian Imagination*, ed. U. C. Knoepflmacher and G. B. Tennson (Berkeley: University of California Press, 1977), pp. 95—112.

[40] Fridtjof Nansen, *Farthest North: Being the Record of a Voyage of Exploration of the Ship "Pram"* 1893 — 1896 ··· (New York: Harper & Brothers, 1897), vol. 2, pp. 446—447.

[41] Fridtjof Nansen, *The First Crossing of Greenland* (London: Longmans, 1892), p. 313.

[42] Nansen, *Farthest North*, vol. 1, p. 1.

[43] Ibid., vol. 2, p. 41.

[44] Richard E. Byrd, *Discovery* (New York: Putnam's,

1935), p. 167; idem, *Alone* (1938; reprint, Los Angeles: Tarcher, n.d.), p. 178.

[45] Byrd, *Alone*, pp. 25, 73—74, 85.

[46] Nansen, *Farthest North*, vol. 2, p. 446.

[47] Byrd, *Alone*, p. 179.

第六章

[1] Bernard Smith, *European Visionand the South Pacific*, 1768—1850 (Oxford: Clarendon Press, 1960).

[2] R. Brough Smyth, *The Aborigines of Victoria* (London: Trubner, 1878), vol. 1, p. 291.

[3] A. P. Elkin, *The Australian Aborigines* (Garden City, N.Y.: Doubleday Anchor, 1964), p. 236.

[4] Ronald M. Berndt and Catherine H. Berndt, *The World of the First Australians* (Chicago: University of Chicago Press, 1964), p. 95.

[5] W. E. H. Stanner, *White Man Got No Dreaming: Essays*, 1938—1973 (Canberra: Australia National University Press, 1979), pp. 38—39.

[6] Elkin, *Australian Aborigines*, pp. 255, 271.

[7] Ibid., p. 243.

[8] Peter Sutton, ed., *Dreamings: The Art of Aboriginal Australia* (New York: George Braziller, 1989), pp. 96, 201.

[9] Berndt and Berndt, *World of the First Australians*, p. 355.

[10] Elkin, *Australian Aborigines*, p. 245.

[11] Berndt and Berndt, *World of the First Australians*, pp. 314, 319.

[12] T. G. H. Strehlow, *Aranda Traditions* (Carlton, Victoria: Melbourne University Press, 1947), pp. 26—30.

[13] Bruce Chatwin, *The Songlines* (Harmondsworth: Penguin Books, 1988).

[14] Elkin, *Australian Aborigines*, pp. 156—157.

[15] David Hawkes, ed. and trans., *Ch'u Tz'u: The Songs of the South* (Boston: Beacon Paperback, 1962), pp. 119—120.

[16] B. Karlgren, "Some Fecundity Symbols in Ancient China," *Bulletin of the Museum of Far Eastern Antiquities* (Stockholm), no. 2 (1930), 1—21; Maurice Freedman, "Geomancy and Ancestor Worship," in *Chinese Lineage and Society* (London: Athlone Press, 1966), pp. 124—127.

[17] Michael Sullivan, *The Birth of Landscape Painting in China* (Berkeley: University of California Press, 1962).

[18] Ibid., pp. 29—30.

[19] T'ao Yuan-ming, "The Return," in *The White Pony*, trans. Robert Payne (New York: Mentor Books, 1960), p. 144.

[20] Michael Sullivan, *Symbols of Eternity: The Art of Painting in China* (Stanford: Stanford University Press, 1979), pp. 80—81.

[21] Quoted in Richard Edwards, *The World around the Chinese Artist: Aspects of Realism in Chinese Painting* (Ann Arbor: University of Michigan Press, 1989), p. 68.

[22] Quoted in James C. Y. Watt, "The Literati Environment," in Chu-tsing Li and James C. Y. Watt, *The Chinese Scholar's Studio: Artistic Life in the Late Ming Pe-

riod (New York: Asia Society/Thames and Hudson, 1987), p. 5.

[23] Joanna F. Handlin Smith, "Gardens in Ch'i Piao-chia's Social World: Wealth and Values in Late-Ming *Kiangnan*," *Journal of Asian Studies*, 51, no. 1 (1992), 55—81.

[24] Maggie Keswick, "Foreword," in Ji Cheng, *The Craft of Gardens* (New Haven: Yale University Press, 1988), p. 23.

[25] Sullivan, *Symbols of Eternity*, p. 26.

[26] Watt, "The Literati Environment," p. 17.

[27] Chu-tsing Li, "The Artistic Theories of the Literati," in Li and Watt, *The Chinese Scholar's Studio*, p. 20.

[28] Arthur de Carle Sowerby, *Nature in Chinese Art* (New York: John Day, 1940), pp. 153—160.

[29] *Sullivan, Symbols of Eternity, pp.* 57, 69—70.

[30] Edwards, *World around the Chinese Artist*, p. 86.

[31] Ibid., p. 91.

[32] Ibid., pp. 110, 112.

[33] Ibid., pp. 24, 29.

[34] Chu-tsing Li, "Artistic Theories of the Literati," p. 21.

[35] Edwards, *World around the Chinese Artist*, pp. 146—147.

[36] Derek Pearsall and Elizabeth Salter, *Landscapes and Seasons of the Medieval World* (London: Paul Elek, 1973).

[37] C. S. Lewis, *The Discarded Image: An Introduction to Medieval and Renaissance Literature* (Cambridge: Cambridge University Press, 1964), p. 101.

[38] Georges Duby, *The Age of the Cathedrals: Art and Society*, 980—1420, trans. Eleanor Levieux and Barbara

Thompson (Chicago: University of Chicago Press, 1981), p. 152.

[39] Quoted in Edward A. Armstrong, *Saint Francis: Nature Mystic* (Berkeley: University of California Press, 1976), p. 9.

[40] Quoted in Duby, *The Age of the Cathedrals, p.* 210.

[41] Lewis, *The Discarded Image,* pp. 98—100.

[42] Umberto Eco, *Art and Beauty in the Middle Ages,* trans. Hugh Bredin (New Haven: Yale University Press, 1986), p. 32.

[43] Quoted in Lewis, *The Discarded Image, pp.* 111—112.

[44] Jean Gimpel, *The Cathedral Builders* (New York: Harper Colophon Books, 1984), pp. 41—42.

[45] Quoted in Duby, *The Age of the Cathedrals,* pp. 80—81.

[46] Johan Huizinga, *The Waning of the Middle Ages* (Garden City, N. Y.: Doubleday Anchor, 1954), pp. 270—273.

[47] Eco, *Art and Beauty,* pp. 44—46.

[48] Otto von Simson, *The Gothic Cathedral: Origins of Gothic Architecture and the Medieval Concept of Order* (New York: Pantheon Books, 1962), p. 52.

[49] Duby, *The Age of the Cathedrals,* p. 102.

[50] Patrick Nuttgens, *The Landscape of Ideas* (London: Faber and Faber, 1972), p. 60.

[51] J. R. Johnson, *The Radiance of Chartres,* Columbia University Studies in Art and Archaeology no. 4 (New York: Phaidon, 1964), pp. 56—57.

[52] Erwin Panofsky, *Abbot Suger on the Abbey Church of St. -Denis and Its Art Treasures* (Princeton: Princeton

University Press, 1946), p. 14.

[53] Quoted in ibid. , p. 63.

[54] Ibid. , pp. 63, 65.

[55] Quoted in Duby, *The Age of the Cathedrals*, *p.* 89.

[56] *Panofsky, Abbot Suger on St. -Denis*, p. 19.

[57] Simson, *The Gothic Cathedral*, pp. 3—4.

[58] Quoted in Panofsky, *Abbot Suger on St. -Denis*, p. 22.

第七章

[1] Helen Hooven Santmyer, *Ohio Town* (Columbus: Ohio State University Press, 1962), pp. 308—309.

[2] Ibid. , p. 50.

[3] Paul Horgan, *Whitewater* (New York: Paperback Library, 1971), p. 163.

[4] John R. Stilgoe, "Fair Fields and Blasted Rock: American Land Classification Systems and Landscape Aesthetics," *American Studies*, 22 (Spring 1981), 21—33; Dwight quoted in Allen Carlson, "On Appreciating Agricultural Landscapes," *Journal of Aesthetics and Art Criticism*, 43, no. 3 (Spring 1985), 301—311.

[5] *The Writings of Colonel William Byrd of Westover in Virginia Esqr'*, ed. John Spencer Bassett (New York: Doubleday, 1901), pp. 135, 146, 163, 172, 186.

[6] Thomas Jefferson, *Notes on the State of Virginia*, ed. William Peden (Chapel Hill: University of North Carolina, 1955), p. 19.

[7] Roderick Nash, *Wilderness and the American Mind* (New Haven: Yale University Press, 1967), p. 60.

[8] Mark Stevens, "Church's Church," *New Republic*, Janu-

ary 8 and 15, 1990, pp. 30—32; Yi-Fu Tuan, "Paradoxical Images of the American West," in Ellen M. Murgy and Jeane M. Knapp, *Kaleidoscope of History*, American Geographical Society Collection Special Publication no. 1 (Milwaukee: University of Wisconsin, 1990), pp. 104—106.

[9] Howard Mumford Jones, *O Strange New World* (New York: Viking, 1964), p. 270.

[10] Hildegard BinderJohnson, *The Orderly Landscape: Landscape Tastes and the United States Survey*, James Ford Bell Lectures no. 15 (Minneapolis: University of Minnesota, 1977); Robert David Sack, *Human Territoriality: Its Theory and History* (Cambridge: Cambridge University Press, 1986), pp. 144—163.

[11] J. B. Jackson, *Discovering the Vernacular Landscape* (New Haven: Yale University Press, 1984), p. 67.

[12] St. John de Crèvecoeur, *Letters from an American Farmer* (London:J. M. Dent; New York: E. P. Dutton, 1912), p. 11.

[13] *Landscapes: Selected Writing of J. B. Jackson*, ed. Ervin H. Zube (Amherst: University of Massachusetts Press, 1970), pp. 47—48.

[14] Perry Miller, *Errand into Wilderness* (New York: Harper Torchbooks, 1964), pp. 210,211—212.

[15] Quotations in Michael H. Cowan, *City of the West: Emerson, America, and Urban Metaphor* (New Haven: Yale University Press, 1967), pp. 44—47.

[16] David Lowenthal, "The Past in the American Landscape," in *Geographies of the Mind*, ed. David Lowenthal and Martyn J. Bowden (New York: Oxford U-

niversity Press, 1976), p. 91.

[17] Quotations in ibid. , pp. 91, 93, 94—95.

[18] Ned Rorem, *The Final Diary* (New York: Holt, Rine-hart and Winston, 1974), p. 146.

[19] Quotations in Susan Edmiston and Linda D. Cirino, eds. , *Literary New York: A History and Guide* (Boston: Houghton Mifflin, 1976), pp. 251—252.

[20] *New Yorker,* July 27, 1981, p. 25.

[21] David Lowenthal, "The American Scene," *Geographical Review,* 58 (1968), 69. The two observers are, re-spectively, John A. Kouwenhoven and David Lo-wenthal.

[22] Ibid. , p. 77.

[23] Edmund Wilson, *I Thought of Daisy;* quoted by John Updike, *Hugging the Shore* (New York: Alfred A. Knopf, 1983), p. 204.

[24] John Cheever, *Bullet Park* (New York: Alfred A. Knopf, 1969), pp. 3—4.

[25] Tom McKnight, "Irrigation Technology: A Photo-Es-say," *Focus,* 40 (Summer 1990), 1—6.

[26] Jackson, *Landscapes,* p. 57.

[27] J. B. Jackson, "The Abstract World of the Hot-Rodder," *Landscape,* 7 (Winter 1957—1958), 22—27.

[28] *The Prose of Philip Freneau,* ed. Philip M. Marsh (New Brunswick, N. J. : Scarecrow Press, 1955), p. 228.

[29] Nash, *Wilderness and the American Mind,* pp. 108, 113.

[30] Hans Huth, *Nature and the American: Three Centuries of Changing Attitudes* (Lincoln: University of Nebras-

ka Press, 1972), p. 137.

[31] Karal Ann Marling, *The Colossus of Roads: Myth and Symbol along the American Highway* (Minneapolis: University of Minnesota Press, 1984), pp. 2—3.

[32] Jackson, *Landscapes*, pp. 64—65.

[33] Ibid. , p. 66.

[34] Robert Venturi, Denise Scott Brown, and Steven Ize-nour, *Learning from Las Vegas* (Cambridge, Mass. : MIT Press, 1972), p. 31.

第八章

[1] John Cowper Powys, *The Art of Growing Old* (London: Jonathan Cape, 1944), p. 100.

[2] T. F. Karwoski and H. S. Odbert, "Color-Music," *Psychological Monographs*, 50, no. 2 (1938), 3.

[3] Lawrence E. Marks, "Synesthesia," *Psychology Today*, 9, no. 1 (1975), 48—52; *The Unity of the Senses: Interrelations among the Modalities* (New York: Academic Press, 1978).

[4] Philip Wheelwright, *Metaphor and Reality* (Bloomington: Indiana University Press, 1962), p. 76.

[5] Vladimir Nabokov, *Speak, Memory* (New York: Putnam's, 1966), pp. 34—35.

[6] A. R. Luria, *The Mind of a Mnemonist* (New York: Basic Books, 1968), pp. 24, 38.

[7] Charles E. Osgood, "The Cross-Cultural Generality of Visual-Verbal Synesthetic Tendencies," *Behavioral Science*, 5, no. 2 (1960), 146—169.

[8] Ibid. , p. 168; see also Charles E. Osgood, William H.

May, and Murray S. Miron, *Cross-Cultural Universals of Affective Meaning* (Urbana: University of Illinois Press, 1975), pp. 397—399.

[9] Howard Gardner, *Art, Mind, and Brain* (New York: Basic Books, 1982), p. 99.

[10] James Fernandez, "The Mission of Metaphor in Expressive Culture," *Current Anthropology*, 15, no. 2 (1974), 122; see also Cecil H. Brown and Stanley R. Witkowski, "Figurative Language in a Universalist Perspective," *American Ethnologist*, 8, no. 3 (1981), 596—615.

[11] Jane H. Stolper, "Color Induced Physiological Response," *Man Environment Systems*, 7 (1977), 101—108.

[12] Yi-Fu Tuan, "Sign and Metaphor," *Annals of the Association of American Geographers*, 68, no. 3 (1978), 363—372.

[13] Robert David Sack, *Conceptions of Space in Social Thought: A Geographic Perspective* (London: Macmillan, 1980).

[14] Karl A. Nowotny, *Beitrage zur Geschichte des Weltbildes* (Vienna: Ferdinand Berger, 1970).

[15] John G. Neihardt, *Black Elk Speaks: Being the Life Story of a Holy Man of the Oglala Sioux* (Lincoln: University of Nebraska Press, 1961), p. 279.

[16] Ibid., pp. 198—199, 277—279.

[17] Alfred Forke, *The World-Conception of the Chinese* (London: Arthur Probsthain, 1925); Marcel Graner, *La Pensee Chinoise* (Paris: Albin Michel, 1934), especially the section "Le Microcosme," pp. 361—388; see also

John B. Henderson, *The Development and Decline of Chinese Cosmology* (New York: Columbia University Press, 1984).

[18] Joseph Needham, *Science and Civilisation in China* (Cambridge: Cambridge University Press, 1956), vol. 2, p. 261.

[19] Translation in E. R. Hughes, *Chinese Philosophy in Classical Times* (London: J. M. Dent, 1942), p. 294.

[20] Nelson I. Wu, *Chinese and Indian Architecture* (New York: George Braziller, 1963), pp. 29—45; Arthur F. Wright, "Symbolism and Function: Reflections on Changan and Other Great Cities," *Journal of Asian Studies,* 24(1965), 670—671.

[21] Russel Ward, *The Australian Legend* (Melbourne: Oxford University Press, 1966).

[22] "The middle is seen as more typical than the periphery, the small community more typical than the metropolis. Taken to an extreme-finding the middle of the middle of the middle-the very essence of American life ought to be found in a small town located in the middle of the state of Iowa"; John C. Hudson, Review of Thomas J. Morain, *Prairie Grass Roots: An Iowa Small Town in the Early Twentieth Century, Indiana Magazine of History,* December 1989, p. 364; see also James R. Shortridge, "The Vernacular Middle West," *Annals of the Association of American Geographers,* 75, no. 1 (1985), 48—57.

[23] J. B. Jackson, *American Space: The Centennial Years,* 1865—1876 (New York: Norton, 1970), p. 58.

[24] Howard Mumford Jones, *The Age of Energy: Varieties*

of American Experience, 1865—1915 (New York: Vi-
king Press, 1971), pp. 71—72.

[25] Leslie Fiedler, *The Return of the Vanishing American*
(New York: Stein & Day, 1968), pp. 16—22.

第九章

[1] Jacques Soustelle, *Daily Lift of the Aztecs on the Eve of
the Spanish Conquest* (Stanford: Stanford University
Press, 1970), pp. 95—102; Bernard R. Ortiz de Montel-
lano, "Aztec Cannibalism: An Ecological Necessity?" *Sci-
ence,* May 12, 1978, pp. 611—617.

[2] *Wolfram Eberhard, A History of China,* 2d ed. (Berke-
ley: University of California Press, 1960), p. 23.

[3] Marcel Graner, *Chinese Civilization* (New York: Meridi-
an Books, 1958), pp. 191, 208.

[4] Louis A. Hieb, "Meaning and Mismeaning toward an Un-
derstanding of the Ritual Clown," in *New Perspectives on
the Pueblos,* ed. Alfonso Ortiz (Albuquerque: University
of New Mexico Press, 1972), pp. 171—187.

[5] Mikhail Bakhtin, *Rabelais and His World* (Cambridge,
Mass.: MIT Press, 1968), pp. 19—21.

[6] Benjamin I. Schwartz, "Transcendence in Ancient China,"
Daedalus, 104 (Spring 1975), 58—59.

[7] David I. Kertzer, *Ritual, Politics, and Power* (New Ha-
ven: Yale University Press, 1988).

[8] Nelson I. Wu, *Chinese and Indian Architecture: The City
of Man, the Mountain of God, and the Realm of the Im-
mortals* (New York: Braziller, 1963), pp. 37—38.

[9] Arthur F. Wright, *The Sui Dynasty: The Unification of*

China, A. D. 581—617 (New York: Alfred A. Knopf, 1978), pp. 87—88.

[10] Arthur F. Wright, "Symbolism and Function: Reflections on Ch'angan and Other Great *Cities,*" *Journal of Asian Studies,* 23 (1965), 667—679.

[11] W. E. Soothill, *The Hall of Light: A Study of Early Chinese Kingship* (London: Lutterworth Press, 1951), pp. 25—29.

[12] Howard J. Wechsler, *Offerings of Jade and Silk: Ritual and Symbol in the Legitimation of the T'ang Dynasty* (New Haven: Yale University Press, 1985), p. 210.

[13] *Hsun Tzu: Basic Writings,* trans. Burton Watson (New York: Columbia University Press, 1963), pp. 109—110.

[14] Ibid. , p. 89.

[15] Wechsler, *Offerings of Jade and Silk,* p. 29.

[16] David McMullen, "Bureaucrats and Cosmology: The Ritual Code of Tang China," in *Rituals of Royalty: Power and Ceremonial in Traditional Societies,* ed. David Cannadine and Simon Price (Cambridge: Cambridge University Press, 1987), p. 219.

[17] Colin Morris, *The Discovery of the Individual,* 1050—1200 (New York: Harper Torchbook, 1973), p. 25.

[18] Janet L. Nelson, "The Lord's Anointed and the People's Choice: Carolingian Royal Ritual," in Cannadine and Price, *Rituals of Royalty,* p. 143.

[19] Edward Shils and Michael Young, "The Meaning of Coronation," *Sociological Review,* 1 (1953), 80.

[20] Lauro Martines, *Power and Imagination: City-States in Renaissance Italy* (New York: Vintage Books, 1980),

p. 232.

[21] Edward Muir, *Civic Ritual in Renaissance Venice* (Princeton: Princeton University Press, 1981), pp. 15—16.

[22] Denis Cosgrove, "Venice, the Veneto and Sixteenth Century Landscape," in *Social Formation and Symbolic Landscape* (Beckenham, Kent: Croom Helm, 1984), pp. 102—141.

[23] Muir, *Civic Ritual in Renaissance Venice*, pp. 112, 209, 219.

[24] Frederic C. Lane, *Venice: A Maritime Republic* (Baltimore: Johns Hopkins University Press, 1973), p. 271.

[25] Ibid.

[26] Muir, *Civic Ritual in Renaissance Venice*, p. 50.

[27] Julia S. Berrall, *The Garden: An Illustrated History* (New York: Viking Press, 1966), p. 200.

[28] Olivier Bernier, *Louis XIV: A Royal Life* (New York: Doubleday, 1987), pp. 212, 227.

[29] Ibid., p. 97.

[30] Ibid., pp. 101—102, 220.

[31] W. H. Lewis, *The Splendid Century: Life in the France of Louis* XIV (New York: Morrow Quill Paperback, 1978), pp. 47, 202.

[32] George Santayana, *The Sense of Beauty: Being the Outlines of Aesthetic Theory* (New York: Charles Scribner, 1896), pp. 84—85.

[33] Daniel J. Boorstin, *The Americans: The National Experience* (New York: Vintage Books, 1965), p. 219.

[34] Jacob Burckhardt, *The Civilization of the Renaissance in Italy* (1860; reprint, London: Penguin Books, 1990), pp. 19—97.

[35] James Thomas Flexner, *George Washington and the New Nation*, 1783 – 1793 (Boston: Little, Brown, 1970), pp. 182, 194.

[36] John W. Reps, *Town Planning in Frontier America* (Princeton: Princeton University Press, 1969), pp. 304—343.

[37] Hans Paul Caemmerer, *Washington: The National Capital City* (Washington, D. C.: U. S. Government Printing Office, 1932), p. 29.

[38] Marshall Berman, *All That Is Solid Melts into Air: The Experience of Modernity* (New York: Penguin Books, 1988), p. 178.

[39] Charles Hurd, *The White House: A Biography* (New York: Harper & Brothers, 1940), p. 125.

[40] John Burchard and Albert Bush-Brown, *The Architecture of America: A Social and Cultural History* (Boston: Little, Brown, 1966), p. 21.

[41] David Lowenthal, "The American Way of History," *Columbia University Forum*, 9, no. 3 (1966), 32.

[42] St. John de Crevecoeur, *Letters from an American Farmer* (London: T. Davies, 1782), pp. 46—48.

[43] Quoted in Flexner, *George Washington and the New Nation*, p. 71.

[44] W. Lloyd Warner, "An American Sacred Ceremony," in Russel E. Richey and Donald G. Jones, *American Civil Religion* (New York: Harper&Row, 1974), pp. 91—99.

[45] Ibid., p. 99.

[46] Boorstin, *The Americans*, p. 245; Robert David Sack, "The American Territorial System," in *Human Territo-*

riality: Its Theory and History (Cambridge: Cambridge University Press, 1986), pp. 127—168.

[47] Burchard and Bush-Brown, *The Architecture of America*, p. 311.

[48] Flexner, *George Washington and the New Nation*, p. 159.

[49] James Madison, *The Federalist* no. 51 (February 19, 1788), reprinted in Robert C. Baron, ed., *Soul of America: Documenting Our Past*, 1492 — 1974 (Golden, Colo.: Fulcrum, 1989), pp. 111 — 112; Arthur O. Lovejoy, *Reflections on Human Nature* (Baltimore: Johns Hopkins Press, 1961), pp. 37—65.

[50] Quoted in Baron, *Soul of America*, p. 343.

第十章

[1] Clyde Kluckhohn, "Expressive Activities," in Evon Vogt and Ethel Albert, *People of Rimrock: A Study of Values in Five Cultures* (Cambridge, Mass.: Harvard University Press, 1966), p. 283.

[2] Roland H. Bainton, *Behold the Christ: A Portrayal of Christ in Words and Pictures* (New York: Harper & Row, 1974).

[3] Camille Paglia, *Sexual Personae: Art and Decadence from Nefertiti to Emily Dickinson* (New York: Vintage Books, 1991), p. 594; Richard Chase, *Herman Melville: A Critical Study* (New York: Macmillan, 1949), p. 266.

[4] Lewis Mumford, *The City in History* (New York: Harcourt, Brace & World, 1961), p. 137.

[5] Walter L. Creese, *The Crowning of American Land:*

Eight Great Spaces and Their Buildings (Princeton: Princeton University Press, 1985).

[6] George H. Williams, *Paradise and Wilderness in Christian Thought* (New York: Harper&Row, 1962).

[7] *Life and Works of Saint Bernard, Abbot of Clairvaux*, ed. J. Mabillon, trans. with additional notes S. E. Eales (London: J. Hodges, 1889), vol. 2, p. 464.

[8] Interview with Malcolm Cowley in George Plimpton, ed., *Writers at Work: The Paris Interviews* (New York: Viking, 1986), pp. 19—20.

[9] Wright Morris, *The Home Place* (New York: Scribner's, 1948), p. 143.

[10] Brian McGuinness, *Wittgenstein, A Life: Young Ludwig*, 1889 — 1921 (Berkeley: University of California Press, 1988), p. 252.

[11] Alain {Emile Chartier}, *On Happiness* (New York: Ungar, 1973), p. 243·

[12] Quoted byJonathan Schell, who himself writes: "The timeless appeal of the greatest works of art, in fact, testifies to our common humanity as few other things do, and is one of the strongest grounds we have for supposing that a political community that would embrace the whole earth and all generations is also possible"; "The Fate of the Earth," pt. 2, *New Yorker*, February 8, 1982, p. 95.

[13] Robert Grudin, *Time and the Art of Living* (New York: Ticknor & Fields, 1988), pp. 168—169.

[14] Freya Stark, *The Journey's End* (London: John Murray, 1963), p. 220.

[15] Calvin Tomkins, "Profile of John M. Brealey," *New*

Yorker, March 16, 1987, pp. 50—51.

[16] Iris Murdoch, *The Sovereignty of Good* (New York: Schocken Books, 1971), p. 88.

[17] Peter Winch, *Simone Weil: "The Just Balance"* (Cambridge: Cambridge University Press, 1989), p. 173.

[18] "That the good and true are one and the same is part of our heavy legacy from Plato; in India, too, the ideas merge so completely that one Sanskrit word *(sat,* related to our 'is') means not only what is true, and what is good, but what is real"; Wendy Doniger O'Flaherty, "The Boundary between Myth and Reality," in *Intelligence and Imagination, Daedalus,* Spring 1980, pp. 104—105.

[19] Iris Murdoch, *The Bell* (Harmondsworth: Penguin, 1962), pp. 191—192.

[20] Quoted in Stephen Gill, *William Wordsworth: A Life* (Oxford: Clarendon Press, 1989), pp. 181—182.

[21] Joyce Cary, *Art and Reality: Ways of the Creative Process* (Garden City, N. Y.: Doubleday Anchor, 1961), pp. 127, 161. Some authors insist, unconvincingly, that their works are wholly without moral implication, such as Vladimir Nabokov, *Strong Opinions* (New York: Vintage International, 1990); see also Tobin Siebers, *Morals and Stories* (New York: Columbia University Press, 1992).

[22] Mark Stevens, "Retouching Rembrandt," *New Republic,* August 22, 1988, p. 29.

[23] Mark Stevens, "The Unblinking Eye,"" *New Republic,* November 9, 1987, p. 33.

[24] George Steiner, *Martin Heidegger* (Chicago: University

of Chicago Press, 1987), p. 43.

[25] Quotations in Johan Huizinga, *The Waning of the Middle Ages* (Garden City, N. Y.: Doubleday Anchor, 1954), p. 268.

[26] McGuinness, *Wittgenstein,* p. 112.

[27] GeraldBrenan, *Thoughts in a Dry Season* (Cambridge: Cambridge University Press, 1978), p. 77.

[28] William Styron, *Darkness Visible: A Memoir of Madness* (New York: Random House, 1990), pp. 66—67.

[29] Cary, *Art and Reality,* p. 161.

尾声

[1] Kevin Duffy, *Children of the Forest* (New York: Dodd Mead & Co., 1984), pp. 161—166; on Roman and medieval orgies, see Reay Tannahill, *Food in History* (New York: Stein & Day, 1974).

[2] Iskandar Carey, *Orang Asli: The Aboriginal Tribes of Penimular Malaysia* (Kuala Lumpur: Oxford University Press, 1976), p. 99.

[3] Joseph Levenson and Franz Schurmann, *China: An Interpretive History* (Berkeley: University of California Press, 1971), pp. 114—115.

[4] Kenneth K. S. Chen, *Buddhism* (Woodbury, N. Y.: Barron's Educational Series, 1968), p. 149.

[5] Lynn White, Jr., *Machina ex Deo* (Cambridge, Mass.: MIT Press, 1968), p. 63.

[6] Pierre du Colombier, *Les Chantiers des cathédrales* (Paris: J. Picard, 1953), p. 18; quoted in Adolf Katzenellenbogen, *The Sculptural Programs of Chartres Cathedral*

(New York: Norton, 1964), p. vii.

[7] John Updike, "Our National Monument," in *Odd Jobs* (New York: Alfred A. Knopf, 1991), pp. 77—84.

[8] E. E. LeMasters, *Blue-Collar Aristocrats: Life-Styles at a Working-Class Tavern* (Madison: University of Wisconsin Press, 1976), pp. 23—24.

[9] Mencius, *The Four Books*, trans. James Legge (New York: Paragon, 1966), bk. 3, pt. 2, pp. 674 — 675; Raymond Williams, *The Country and the City* (New York: Oxford University Press, 1973), pp. 66, 82, 109.

[10] Arthur F. Wright, *The Sui Dynasty* (New York: Alfred A. Knopf, 1978), pp. 49—50.

[11] Gilette Ziegler, *The Court of Versailles in the Reign of Louis XIV* (London: George Allen & Unwin, 1966), p. 30.

[12] Stuart Hampshire, "The Tory Anarchist," Review of Michael Shelden, *Orwell: The Authorized Biography* (HarperCollins, 1991), in *New York Review of Books, January* 30, 1992, p. 12.

[13] Yi-Fu Tuan, "Geopiety: A Theme in Man's Attachment to Nature and to Place," in David Lowenthal and Martyn J. Bowden, *Geographies of the Mind* (New York: Oxford University Press, 1976), pp. 15 — 17; idem, *Morality and Imagination: Paradoxes of Progress* (Madison: University of Wisconsin Press, 1989), pp. 38—49.

[14] E. M. W. Tillyard, *The Elizabethan World Picture* (London: Chatto & Windus, 1960), p. 24—25.

[15] John P. Sisk, "The Tyranny of Harmony," *American Scholar*, Spring 1977, pp. 193 — 205; Barbara Miller Lane, *Architecture and Politics in Germany, 1918 —*

1945 (Cambridge, Mass.: Harvard University Press, 1985); David I. Kertzer, *Ritual, Politics, and Power* (New Haven: Yale University Press, 1988), pp. 163—167.

致谢

    我想再次感谢威斯康辛大学维拉斯基金在过去八年间对我工作的慷慨支持。至于有恩于我的的个人,躬身写作时间越长,所负的文债自然就越多。不过,能够汲取他人的学识与洞见——成为一个知识上的债务人,是何等快事!随着时间流逝,列名致谢愈发成为难题——而且愈显武断。即便如此,我仍想感谢以下五位学者——默尔·柯蒂(Merle Curti),尼古拉斯·恩特里金(Nicholas Entrikin),大卫·洛文塔尔(David Lowenthal),肯尼思·奥尔维格(Kenneth Olwig)和罗伯特·萨克(Robert Sack)——他们给予我或直接或间接的鼓励,正应我之所需;还有四位编辑——汤姆·恩格尔哈特(Tom Engelhardt)、杰克·基尔施鲍姆(Jack Kirschbaum),以及本书编辑霍华德·博耶(Howard Boyer)和安·霍桑(Ann Hawthorne)。我素知编辑能让文稿大为增色,但直到目睹霍华德和安在校样上挥动蓝色铅笔、贴上黄色标签,我才真正意识到这一点。

图书在版编目(CIP)数据

　　如此陌生而奇异 ：感官与审美的地理学 ／（美）段义孚著；王如菲译. -- 上海 ：上海人民出版社，2025.（新人文科学译丛 ／ 周计武主编）. -- ISBN 978-7-208-19698-8

　　Ⅰ. K90；B83-0

中国国家版本馆 CIP 数据核字第 2025GF3174 号

出版统筹　杨全强　杨芳州
责任编辑　赵　伟
特约编辑　傅红雪
装帧设计　彭振威

Passing Strange and Wonderful：*Aesthetics*，*Nature*，*and Culture*
by Yi-Fu Tuan

Copyright © 1993 by Island Press
Published by arrangement with Island Press
Simplified Chinese translation copyright © 2025 by Neo-cogito
Culture Exchange Beijing Ltd
All rights reserved.

新人文科学译丛/周计武主编
如此陌生而奇异
——感官与审美的地理学
[美]段义孚 著
王如菲 译

出　　版　上海人民出版社
　　　　　（201101　上海市闵行区号景路 159 弄 C 座）
发　　行　上海人民出版社发行中心
印　　刷　浙江新华数码印务有限公司
开　　本　787×1092　1/32
印　　张　12.5
插　　页　5
字　　数　202,000
版　　次　2025 年 8 月第 1 版
印　　次　2025 年 8 月第 1 次印刷
ISBN 978-7-208-19698-8/B·1859
定　　价　68.00 元